INDONÉSIO

VOCABULÁRIO

PORTUGUÊS BRASILEIRO

PORTUGUÊS INDONÉSIO

Para alargar o seu léxico e apurar
as suas competências linguísticas

9000 palavras

Vocabulário Português Brasileiro-Indonésio - 9000 palavras
Por Andrey Taranov

Os vocabulários da T&P Books destinam-se a ajudar a aprender, a memorizar, e a rever palavras estrangeiras. O dicionário é dividido em temas, cobrindo todas as principais esferas de atividades quotidianas, negócios, ciência, cultura, etc.

O processo de aprendizagem, utilizando os dicionários baseados em temáticas da T&P Books dá-lhe as seguintes vantagens:

* Informação de origem corretamente agrupada predetermina o sucesso em fases subsequentes da memorização de palavras
* Disponibilização de palavras derivadas da mesma raiz, o que permite a memorização de unidades de texto (em vez de palavras separadas)
* Pequenas unidades de palavras facilitam o processo de estabelecimento de vínculos associativos necessários para a consolidação do vocabulário
* O nível de conhecimento da língua pode ser estimado pelo número de palavras aprendidas

T&P Books Publishing
www.tpbooks.com

ISBN: 978-1-78767-280-2

Este livro também está disponível em formato E-book.
Por favor visite www.tpbooks.com ou as principais livrarias on-line.

VOCABULÁRIO INDONÉSIO
palavras mais úteis

Os vocabulários da T&P Books destinam-se a ajudar a aprender, a memorizar, e a rever palavras estrangeiras. O vocabulário contém mais de 9000 palavras de uso comum organizadas tematicamente.

O vocabulário contém as palavras mais comummente usadas
Recomendado como adicional para qualquer curso de línguas
Satisfaz as necessidades dos iniciados e dos alunos avançados de línguas estrangeiras
Conveniente para o uso diário, sessões de revisão e atividades de auto-teste
Permite avaliar o seu vocabulário

Características especias do vocabulário

· As palavras estão organizadas de acordo com o seu significado, e não por ordem alfabética
· As palavras são apresentadas em três colunas para facilitar os processos de revisão e auto-teste
· As palavras compostas são divididas em pequenos blocos para facilitar o processo de aprendizagem
· O vocabulário oferece uma transcrição simples e adequada de cada palavra estrangeira

O vocabulário contém 256 tópicos incluindo:

Conceitos básicos, Números, Cores, Meses, Estações do ano, Unidades de medida, Roupas & Acessórios, Alimentos & Nutrição, Restaurante, Membros da Família, Parentes, Caráter, Sentimentos, Emoções, Doenças, Cidade, Passeios, Compras, Dinheiro, Casa, Lar, Escritório, Trabalho no Escritório, Importação & Exportação, Marketing, Pesquisa de Emprego, Esportes, Educação, Computador, Internet, Ferramentas, Natureza, Países, Nacionalidades e muito mais ...

TABELA DE CONTEÚDOS

GUIA DE PRONUNCIAÇÃO

Letra	Exemplo indonésio	Alfabeto fonético T&P	Exemplo Português
Aa	zaman	[a]	chamar
Bb	besar	[b]	barril
Cc	kecil, cepat	[ʧ]	Tchau!
Dd	dugaan	[d]	dentista
Ee	segera, mencium	[e], [ə]	mover
Ff	berfungsi	[f]	safári
Gg	juga, lagi	[g]	gosto
Hh	hanya, bahwa	[h]	[h] aspirada
Ii	izin, sebagai ganti	[i], [j]	sinônimo, Vietnã
Jj	setuju, ijin	[ʤ]	tajique
Kk	kemudian, tidak	[k], [']	kiwi, oclusiva glotal
Ll	dilarang	[l]	libra
Mm	melihat	[m]	magnólia
Nn	berenang	[n], [ŋ]	natureza, alcançar
Oo	toko roti	[o:]	albatroz
Pp	peribahasa	[p]	presente
Qq	Aquarius	[k]	aquilo
Rr	ratu, riang	[r]	[r] vibrante
Ss	sendok, syarat	[s], [ʃ]	sanita, mês
Tt	tamu, adat	[t]	tulipa
Uu	ambulans	[u]	bonita
Vv	renovasi	[v]	fava
Ww	pariwisata	[w]	página web
Xx	boxer	[ks]	perplexo
Yy	banyak, syarat	[j]	Vietnã
Zz	zamrud	[z]	sésamo

Combinações de letras

aa	maaf	[aˀa]	a+oclusiva glotal
kh	khawatir	[h]	[h] aspirada
th	Gereja Lutheran	[t]	tulipa
-k	tidak	[']	oclusiva glotal

ABREVIATURAS
usadas no vocabulário

Abreviaturas do Português

adj	-	adjetivo
adv	-	advérbio
anim.	-	animado
conj.	-	conjunção
desp.	-	esporte
etc.	-	Etcetera
ex.	-	por exemplo
f	-	nome feminino
f pl	-	feminino plural
fem.	-	feminino
inanim.	-	inanimado
m	-	nome masculino
m pl	-	masculino plural
m, f	-	masculino, feminino
masc.	-	masculino
mat.	-	matemática
mil.	-	militar
pl	-	plural
prep.	-	preposição
pron.	-	pronome
sb.	-	sobre
sing.	-	singular
v aux	-	verbo auxiliar
vi	-	verbo intransitivo
vi, vt	-	verbo intransitivo, transitivo
vr	-	verbo reflexivo
vt	-	verbo transitivo

CONCEITOS BÁSICOS

Conceitos básicos. Parte 1

1. Pronomes

eu	saya, aku	[saja], [aku]
você	engkau, kamu	[eŋkau], [kamu]
ele, ela	beliau, dia, ia	[beliau], [dia], [ia]

nós	kami, kita	[kami], [kita]
vocês	kalian	[kalian]
o senhor, -a	Anda	[anda]
senhores, -as	Anda sekalian	[anda sekalian]
eles, elas	mereka	[mereka]

2. Cumprimentos. Saudações. Despedidas

Oi!	Halo!	[halo!]
Olá!	Halo!	[halo!]
Bom dia!	Selamat pagi!	[slamat pagi!]
Boa tarde!	Selamat siang!	[slamat siaŋ!]
Boa noite!	Selamat sore!	[slamat sore!]

cumprimentar (vt)	menyapa	[mənjapa]
Oi!	Hai!	[hey!]
saudação (f)	sambutan, salam	[sambutan], [salam]
saudar (vt)	menyambut	[mənjambut]
Tudo bem?	Apa kabar?	[apa kabar?]
E aí, novidades?	Apa yang baru?	[apa yaŋ baru?]

Tchau!	Selamat tinggal! Selamat jalan!	[slamat tiŋgal!], [slamat dʒʲalan!]
Até logo!	Dadah!	[dadah!]
Até breve!	Sampai bertemu lagi!	[sampaj bərtemu lagi!]
Adeus! (sing.)	Sampai jumpa!	[sampaj dʒʲumpa!]
Adeus! (pl)	Selamat tinggal!	[slamat tiŋgal!]
despedir-se (dizer adeus)	berpamitan	[bərpamitan]
Até mais!	Sampai nanti!	[sampaj nanti!]

Obrigado! -a!	Terima kasih!	[tərima kasih!]
Muito obrigado! -a!	Terima kasih banyak!	[tərima kasih banjaʔ!]
De nada	Kembali! Sama-sama!	[kembali!], [sama-sama!]
Não tem de quê	Kembali!	[kembali!]
Não foi nada!	Kembali!	[kembali!]
Desculpa! -pe!	Maaf, ...	[maʔaf, ...]
desculpar (vt)	memaafkan	[memaʔafkan]

desculpar-se (vr)	meminta maaf	[meminta ma'af]
Me desculpe	Maafkan saya	[ma'afkan saja]
Desculpe!	Maaf!	[ma'af!]
perdoar (vt)	memaafkan	[mema'afkan]
Não faz mal	Tidak apa-apa!	[tida' apa-apa!]
por favor	tolong	[toloŋ]
Não se esqueça!	Jangan lupa!	[dʒ¹aŋan lupa!]
Com certeza!	Tentu!	[tentu!]
Claro que não!	Tentu tidak!	[tentu tida'!]
Está bem! De acordo!	Baiklah! Baik!	[bajklah!], [baj'!]
Chega!	Cukuplah!	[ʧukuplah!]

3. Como se dirigir a alguém

Desculpe ...	Maaf, ...	[ma'af, ...]
senhor	tuan	[tuan]
senhora	nyonya	[nenja]
senhorita	nona	[nona]
jovem	nak	[na']
menino	nak, bocah	[nak], [boʧah]
menina	nak	[na']

4. Números cardinais. Parte 1

zero	nol	[nol]
um	satu	[satu]
dois	dua	[dua]
três	tiga	[tiga]
quatro	empat	[empat]
cinco	lima	[lima]
seis	enam	[enam]
sete	tujuh	[tudʒ¹uh]
oito	delapan	[delapan]
nove	sembilan	[sembilan]
dez	sepuluh	[sepuluh]
onze	sebelas	[sebelas]
doze	dua belas	[dua belas]
treze	tiga belas	[tiga belas]
catorze	empat belas	[empat belas]
quinze	lima belas	[lima belas]
dezesseis	enam belas	[enam belas]
dezessete	tujuh belas	[tudʒ¹uh belas]
dezoito	delapan belas	[delapan belas]
dezenove	sembilan belas	[sembilan belas]
vinte	dua puluh	[dua puluh]
vinte e um	dua puluh satu	[dua puluh satu]
vinte e dois	dua puluh dua	[dua puluh dua]

vinte e três	dua puluh tiga	[dua puluh tiga]
trinta	tiga puluh	[tiga puluh]
trinta e um	tiga puluh satu	[tiga puluh satu]
trinta e dois	tiga puluh dua	[tiga puluh dua]
trinta e três	tiga puluh tiga	[tiga puluh tiga]

quarenta	empat puluh	[empat puluh]
quarenta e um	empat puluh satu	[empat puluh satu]
quarenta e dois	empat puluh dua	[empat puluh dua]
quarenta e três	empat puluh tiga	[empat puluh tiga]

cinquenta	lima puluh	[lima puluh]
cinquenta e um	lima puluh satu	[lima puluh satu]
cinquenta e dois	lima puluh dua	[lima puluh dua]
cinquenta e três	lima puluh tiga	[lima puluh tiga]

sessenta	enam puluh	[enam puluh]
sessenta e um	enam puluh satu	[enam puluh satu]
sessenta e dois	enam puluh dua	[enam puluh dua]
sessenta e três	enam puluh tiga	[enam puluh tiga]

setenta	tujuh puluh	[tudʒʲuh puluh]
setenta e um	tujuh puluh satu	[tudʒʲuh puluh satu]
setenta e dois	tujuh puluh dua	[tudʒʲuh puluh dua]
setenta e três	tujuh puluh tiga	[tudʒʲuh puluh tiga]

oitenta	delapan puluh	[delapan puluh]
oitenta e um	delapan puluh satu	[delapan puluh satu]
oitenta e dois	delapan puluh dua	[delapan puluh dua]
oitenta e três	delapan puluh tiga	[delapan puluh tiga]

noventa	sembilan puluh	[sembilan puluh]
noventa e um	sembulan puluh satu	[sembulan puluh satu]
noventa e dois	sembilan puluh dua	[sembilan puluh dua]
noventa e três	sembilan puluh tiga	[sembilan puluh tiga]

5. Números cardinais. Parte 2

cem	seratus	[seratus]
duzentos	dua ratus	[dua ratus]
trezentos	tiga ratus	[tiga ratus]
quatrocentos	empat ratus	[empat ratus]
quinhentos	lima ratus	[lima ratus]

seiscentos	enam ratus	[enam ratus]
setecentos	tujuh ratus	[tudʒʲuh ratus]
oitocentos	delapan ratus	[delapan ratus]
novecentos	sembilan ratus	[sembilan ratus]

mil	seribu	[seribu]
dois mil	dua ribu	[dua ribu]
três mil	tiga ribu	[tiga ribu]
dez mil	sepuluh ribu	[sepuluh ribu]
cem mil	seratus ribu	[seratus ribu]

um milhão	juta	[dʒiuta]
um bilhão	miliar	[miliar]

6. Números ordinais

primeiro (adj)	pertama	[pərtama]
segundo (adj)	kedua	[kedua]
terceiro (adj)	ketiga	[ketiga]
quarto (adj)	keempat	[keempat]
quinto (adj)	kelima	[kelima]

sexto (adj)	keenam	[keenam]
sétimo (adj)	ketujuh	[ketudʒiuh]
oitavo (adj)	kedelapan	[kedelapan]
nono (adj)	kesembilan	[kesembilan]
décimo (adj)	kesepuluh	[kesepuluh]

7. Números. Frações

fração (f)	pecahan	[petʃahan]
um meio	seperdua	[seperdua]
um terço	sepertiga	[sepertiga]
um quarto	seperempat	[seperempat]

um oitavo	seperdelapan	[seperdelapan]
um décimo	sepersepuluh	[sepersepuluh]
dois terços	dua pertiga	[dua pərtiga]
três quartos	tiga perempat	[tiga pərempat]

8. Números. Operações básicas

subtração (f)	pengurangan	[peŋuraŋan]
subtrair (vi, vt)	mengurangkan	[mənuraŋkan]
divisão (f)	pembagian	[pembagian]
dividir (vt)	membagi	[membagi]

adição (f)	penambahan	[penambahan]
somar (vt)	menambahkan	[mənambahkan]
adicionar (vt)	menambahkan	[mənambahkan]
multiplicação (f)	pengalian	[peŋalian]
multiplicar (vt)	mengalikan	[məŋalikan]

9. Números. Diversos

algarismo, dígito (m)	angka	[aŋka]
número (m)	nomor	[nomor]
numeral (m)	kata bilangan	[kata bilaŋan]
menos (m)	minus	[minus]

| mais (m) | plus | [plus] |
| fórmula (f) | rumus | [rumus] |

cálculo (m)	perhitungan	[pərhituŋan]
contar (vt)	menghitung	[məŋhituŋ]
calcular (vt)	menghitung	[məŋhituŋ]
comparar (vt)	membandingkan	[membandiŋkan]

Quanto, -os, -as?	Berapa?	[bərapa?]
soma (f)	jumlah	[dʒʲumlah]
resultado (m)	hasil	[hasil]
resto (m)	sisa, baki	[sisa], [baki]

alguns, algumas …	beberapa	[beberapa]
pouco (~ tempo)	sedikit	[sedikit]
resto (m)	selebihnya, sisanya	[selebihnja], [sisanja]
um e meio	satu setengah	[satu seteŋah]
dúzia (f)	lusin	[lusin]

ao meio	dua bagian	[dua bagian]
em partes iguais	rata	[rata]
metade (f)	setengah	[seteŋah]
vez (f)	kali	[kali]

10. Os verbos mais importantes. Parte 1

abrir (vt)	membuka	[membuka]
acabar, terminar (vt)	mengakhiri	[məŋahiri]
aconselhar (vt)	menasihati	[mənasihati]
adivinhar (vt)	menerka	[mənerka]
advertir (vt)	memperingatkan	[memperiŋatkan]

ajudar (vt)	membantu	[membantu]
almoçar (vi)	makan siang	[makan siaŋ]
alugar (~ um apartamento)	menyewa	[mənjewa]
amar (pessoa)	mencintai	[məntʃintaj]
ameaçar (vt)	mengancam	[məŋantʃam]

anotar (escrever)	mencatat	[məntʃatat]
apressar-se (vr)	tergesa-gesa	[tərgesa-gesa]
arrepender-se (vr)	menyesal	[mənjesal]
assinar (vt)	menandatangani	[mənandataŋani]
brincar (vi)	bergurau	[bərgurau]

brincar, jogar (vi, vt)	bermain	[bərmajn]
buscar (vt)	mencari …	[məntʃari …]
caçar (vi)	berburu	[bərburu]
cair (vi)	jatuh	[dʒʲatuh]
cavar (vt)	menggali	[məŋgali]
chamar (~ por socorro)	memanggil	[memaŋgil]

chegar (vi)	datang	[dataŋ]
chorar (vi)	menangis	[mənaŋis]
começar (vt)	memulai, membuka	[memulaj], [membuka]

comparar (vt)	membandingkan	[membandiŋkan]
concordar (dizer "sim")	setuju	[setudʒiu]

confiar (vt)	mempercayai	[mempertʃajaj]
confundir (equivocar-se)	bingung membedakan	[biŋuŋ membedakan]
conhecer (vt)	kenal	[kenal]
contar (fazer contas)	menghitung	[məŋhituŋ]
contar com ...	mengharapkan ...	[məŋharapkan ...]
continuar (vt)	meneruskan	[məneruskan]

controlar (vt)	mengontrol	[məŋontrol]
convidar (vt)	mengundang	[məŋundaŋ]
correr (vi)	lari	[lari]
criar (vt)	menciptakan	[məntʃiptakan]
custar (vt)	berharga	[bərharga]

11. Os verbos mais importantes. Parte 2

dar (vt)	memberi	[memberi]
dar uma dica	memberi petunjuk	[memberi petundʒiu?]
decorar (enfeitar)	menghiasi	[məŋhiasi]
defender (vt)	membela	[membela]
deixar cair (vt)	tercecer	[tərtʃetʃer]

descer (para baixo)	turun	[turun]
desculpar (vt)	memaafkan	[mema?afkan]
desculpar-se (vr)	meminta maaf	[meminta ma?af]
dirigir (~ uma empresa)	memimpin	[memimpin]
discutir (notícias, etc.)	membicarakan	[membitʃarakan]

disparar, atirar (vi)	menembak	[mənemba?]
dizer (vt)	berkata	[bərkata]
duvidar (vt)	ragu-ragu	[ragu-ragu]
encontrar (achar)	menemukan	[mənemukan]
enganar (vt)	menipu	[mənipu]

entender (vt)	mengerti	[məŋerti]
entrar (na sala, etc.)	masuk, memasuki	[masuk], [memasuki]
enviar (uma carta)	mengirim	[məŋirim]
errar (enganar-se)	salah	[salah]
escolher (vt)	memilih	[memilih]

esconder (vt)	menyembunyikan	[mənjembunjikan]
escrever (vt)	menulis	[mənulis]
esperar (aguardar)	menunggu	[mənuŋgu]
esperar (ter esperança)	berharap	[bərharap]
esquecer (vt)	melupakan	[melupakan]

estar (vi)	sedang	[sedaŋ]
estudar (vt)	mempelajari	[mempeladʒiari]
exigir (vt)	menuntut	[mənuntut]
existir (vi)	ada	[ada]
explicar (vt)	menjelaskan	[məndʒielaskan]
falar (vi)	berbicara	[bərbitʃara]

faltar (a la escuela, etc.)	absen	[absen]
fazer (vt)	membuat	[membuat]
ficar em silêncio	diam	[diam]
gabar-se (vr)	membual	[membual]

gostar (apreciar)	suka	[suka]
gritar (vi)	berteriak	[bərteria?]
guardar (fotos, etc.)	menyimpan	[mənjimpan]
informar (vt)	menginformasikan	[məninformasikan]
insistir (vi)	mendesak	[məndesa?]

insultar (vt)	menghina	[mənhina]
interessar-se (vr)	menaruh minat pada …	[mənaruh minat pada …]
ir (a pé)	berjalan	[bərdʒ'alan]
ir nadar	berenang	[bərenaŋ]
jantar (vi)	makan malam	[makan malam]

12. Os verbos mais importantes. Parte 3

ler (vt)	membaca	[membatʃa]
libertar, liberar (vt)	membebaskan	[membebaskan]
matar (vt)	membunuh	[membunuh]
mencionar (vt)	menyebut	[mənjebut]
mostrar (vt)	menunjukkan	[mənundʒ'u?kan]

mudar (modificar)	mengubah	[mənubah]
nadar (vi)	berenang	[bərenaŋ]
negar-se a … (vr)	menolak	[mənola?]
objetar (vt)	keberatan	[keberatan]

observar (vt)	mengamati	[mənamati]
ordenar (mil.)	memerintahkan	[memerintahkan]
ouvir (vt)	mendengar	[mləndeŋar]
pagar (vt)	membayar	[membajar]
parar (vi)	berhenti	[bərhenti]

parar, cessar (vt)	menghentikan	[mənhentikan]
participar (vi)	turut serta	[turut serta]
pedir (comida, etc.)	memesan	[memesan]
pedir (um favor, etc.)	meminta	[meminta]
pegar (tomar)	mengambil	[mənambil]

pegar (uma bola)	menangkap	[mənaŋkap]
pensar (vi, vt)	berpikir	[bərpikir]
perceber (ver)	memperhatikan	[memperhatikan]
perdoar (vt)	memaafkan	[mema?afkan]
perguntar (vt)	bertanya	[bərtanja]

permitir (vt)	mengizinkan	[mənizinkan]
pertencer a … (vi)	kepunyaan …	[kepunja?an …]
planejar (vt)	merencanakan	[merentʃanakan]
poder (~ fazer algo)	bisa	[bisa]
possuir (uma casa, etc.)	memiliki	[memiliki]
preferir (vt)	lebih suka	[lebih suka]

preparar (vt)	memasak	[memasaʔ]
prever (vt)	menduga	[mənduga]
prometer (vt)	berjanji	[bərdʒ'andʒi]
pronunciar (vt)	melafalkan	[melafalkan]

propor (vt)	mengusulkan	[məŋusulkan]
punir (castigar)	menghukum	[məŋhukum]
quebrar (vt)	memecahkan	[memetʃahkan]
queixar-se de ...	mengeluh	[məŋeluh]
querer (desejar)	mau, ingin	[mau], [iŋin]

13. Os verbos mais importantes. Parte 4

ralhar, repreender (vt)	memarahi, menegur	[memarahi], [menegur]
recomendar (vt)	merekomendasi	[merekomendasi]
repetir (dizer outra vez)	mengulangi	[məŋulaŋi]
reservar (~ um quarto)	memesan	[memesan]
responder (vt)	menjawab	[məndʒ'awab]

rezar, orar (vi)	bersembahyang, berdoa	[bərsembahjaŋ], [bərdoa]
rir (vi)	tertawa	[tərtawa]
roubar (vt)	mencuri	[məntʃuri]
saber (vt)	tahu	[tahu]
sair (~ de casa)	keluar	[keluar]

salvar (resgatar)	menyelamatkan	[mənjelamatkan]
seguir (~ alguém)	mengikuti ...	[məŋikuti ...]
sentar-se (vr)	duduk	[duduʔ]
ser (vi)	ialah, adalah	[ialah], [adalah]
ser necessário	dibutuhkan	[dibutuhkan]

| significar (vt) | berarti | [bərarti] |
| sorrir (vi) | tersenyum | [tərsenyum] |

| subestimar (vt) | meremehkan | [meremehkan] |
| surpreender-se (vr) | heran | [heran] |

tentar (~ fazer)	mencoba	[məntʃoba]
ter (vt)	mempunyai	[mempunjaj]
ter fome	lapar	[lapar]

ter medo	takut	[takut]
ter sede	haus	[haus]
tocar (com as mãos)	menyentuh	[mənjentuh]
tomar café da manhã	sarapan	[sarapan]

| trabalhar (vi) | bekerja | [bekerdʒ'a] |
| traduzir (vt) | menerjemahkan | [mənerdʒ'emahkan] |

unir (vt)	menyatukan	[mənjatukan]
vender (vt)	menjual	[məndʒ'ual]
ver (vt)	melihat	[melihat]
virar (~ para a direita)	membelok	[membeloʔ]
voar (vi)	terbang	[tərbaŋ]

14. Cores

cor (f)	warna	[warna]
tom (m)	nuansa	[nuansa]
tonalidade (m)	warna	[warna]
arco-íris (m)	pelangi	[pelaɲi]
branco (adj)	putih	[putih]
preto (adj)	hitam	[hitam]
cinza (adj)	kelabu	[kelabu]
verde (adj)	hijau	[hiʤ¡au]
amarelo (adj)	kuning	[kuniŋ]
vermelho (adj)	merah	[merah]
azul (adj)	biru	[biru]
azul claro (adj)	biru muda	[biru muda]
rosa (adj)	pink	[pinˀ]
laranja (adj)	oranye, jingga	[oranje], [ʤiŋga]
violeta (adj)	violet, ungu muda	[violet], [uŋu muda]
marrom (adj)	cokelat	[tʃokelat]
dourado (adj)	keemasan	[keemasan]
prateado (adj)	keperakan	[keperakan]
bege (adj)	abu-abu kecokelatan	[abu-abu ketʃokelatan]
creme (adj)	krem	[krem]
turquesa (adj)	pirus	[pirus]
vermelho cereja (adj)	merah tua	[merah tua]
lilás (adj)	ungu	[uŋu]
carmim (adj)	merah lembayung	[merah lembajuŋ]
claro (adj)	terang	[teraŋ]
escuro (adj)	gelap	[gelap]
vivo (adj)	terang	[teraŋ]
de cor	berwarna	[bərwarna]
a cores	warna	[warna]
preto e branco (adj)	hitam-putih	[hitam-putih]
unicolor (de uma só cor)	polos, satu warna	[polos], [satu warna]
multicolor (adj)	berwarna-warni	[bərwarna-warni]

15. Questões

Quem?	Siapa?	[siapa?]
O que?	Apa?	[apa?]
Onde?	Di mana?	[di mana?]
Para onde?	Ke mana?	[ke mana?]
De onde?	Dari mana?	[dari mana?]
Quando?	Kapan?	[kapan?]
Para quê?	Mengapa?	[məŋapa?]
Por quê?	Mengapa?	[məŋapa?]
Para quê?	Untuk apa?	[untuˀ apa?]

Como?	Bagaimana?	[bagajmana?]
Qual (~ é o problema?)	Apa? Yang mana?	[apa?], [yaŋ mana?]
Qual (~ deles?)	Yang mana?	[yaŋ mana?]

A quem?	Kepada siapa?	[kepada siapa?],
	Untuk siapa?	[untu' siapa?]
De quem?	Tentang siapa?	[tentaŋ siapa?]
Do quê?	Tentang apa?	[tentaŋ apa?]
Com quem?	Dengan siapa?	[deŋan siapa?]

| Quanto, -os, -as? | Berapa? | [bərapa?] |
| De quem (~ é isto?) | Milik siapa? | [mili' siapa?] |

16. Preposições

com (prep.)	dengan	[deŋan]
sem (prep.)	tanpa	[tanpa]
a, para (exprime lugar)	ke	[ke]
sobre (ex. falar ~)	tentang ...	[tentaŋ ...]
antes de ...	sebelum	[sebelum]
em frente de ...	di depan ...	[di depan ...]

debaixo de ...	di bawah	[di bawah]
sobre (em cima de)	di atas	[di atas]
em ..., sobre ...	di atas	[di atas]
de, do (sou ~ Rio de Janeiro)	dari	[dari]
de (feito ~ pedra)	dari	[dari]

| em (~ 3 dias) | dalam | [dalam] |
| por cima de ... | melalui | [melalui] |

17. Palavras funcionais. Advérbios. Parte 1

Onde?	Di mana?	[di mana?]
aqui	di sini	[di sini]
lá, ali	di sana	[di sana]

| em algum lugar | di suatu tempat | [di suatu tempat] |
| em lugar nenhum | tak ada di mana pun | [ta' ada di mana pun] |

| perto de ... | dekat | [dekat] |
| perto da janela | dekat jendela | [dekat dʒʲendela] |

Para onde?	Ke mana?	[ke mana?]
aqui	ke sini	[ke sini]
para lá	ke sana	[ke sana]
daqui	dari sini	[dari sini]
de lá, dali	dari sana	[dari sana]

perto	dekat	[dekat]
longe	jauh	[dʒʲauh]
perto de ...	dekat	[dekat]

à mão, perto	dekat	[dekat]
não fica longe	tidak jauh	[tida' dʒ'auh]
esquerdo (adj)	kiri	[kiri]
à esquerda	di kiri	[di kiri]
para a esquerda	ke kiri	[ke kiri]
direito (adj)	kanan	[kanan]
à direita	di kanan	[di kanan]
para a direita	ke kanan	[ke kanan]
em frente	di depan	[di depan]
da frente	depan	[depan]
adiante (para a frente)	ke depan	[ke depan]
atrás de ...	di belakang	[di belakaŋ]
de trás	dari belakang	[dari belakaŋ]
para trás	mundur	[mundur]
meio (m), metade (f)	tengah	[teŋah]
no meio	di tengah	[di teŋah]
do lado	di sisi, di samping	[di sisi], [di sampiŋ]
em todo lugar	di mana-mana	[di mana-mana]
por todos os lados	di sekitar	[di sekitar]
de dentro	dari dalam	[dari dalam]
para algum lugar	ke suatu tempat	[ke suatu tempat]
diretamente	terus	[terus]
de volta	kembali	[kembali]
de algum lugar	dari mana pun	[dari mana pun]
de algum lugar	dari suatu tempat	[dari suatu tempat]
em primeiro lugar	pertama	[pərtama]
em segundo lugar	kedua	[kedua]
em terceiro lugar	ketiga	[ketiga]
de repente	tiba-tiba	[tiba-tiba]
no início	mula-mula	[mula-mula]
pela primeira vez	untuk pertama kalinya	[untu' pərtama kalinja]
muito antes de ...	jauh sebelum ...	[dʒauh sebelum ...]
de novo	kembali	[kembali]
para sempre	untuk selama-lamanya	[untu' selama-lamanja]
nunca	tidak pernah	[tida' pərnah]
de novo	lagi, kembali	[lagi], [kembali]
agora	sekarang	[sekaraŋ]
frequentemente	sering, seringkali	[seriŋ], [seriŋkali]
então	ketika itu	[ketika itu]
urgentemente	segera	[segera]
normalmente	biasanya	[biasanja]
a propósito, ...	ngomong-ngomong ...	[ŋomoŋ-ŋomoŋ ...]
é possível	mungkin	[muŋkin]
provavelmente	mungkin	[muŋkin]

talvez	mungkin	[muŋkin]
além disso, ...	selain itu ...	[selajn itu ...]
por isso ...	karena itu ...	[karena itu ...]
apesar de ...	meskipun ...	[meskipun ...]
graças a ...	berkat ...	[berkat ...]

que (pron.)	apa	[apa]
que (conj.)	bahwa	[bahwa]
algo	sesuatu	[sesuatu]
alguma coisa	sesuatu	[sesuatu]
nada	tidak sesuatu pun	[tida' sesuatu pun]

quem	siapa	[siapa]
alguém (~ que ...)	seseorang	[seseoraŋ]
alguém (com ~)	seseorang	[seseoraŋ]

ninguém	tidak seorang pun	[tida' seoraŋ pun]
para lugar nenhum	tidak ke mana pun	[tida' ke mana pun]
de ninguém	tidak milik siapa pun	[tida' mili' siapa pun]
de alguém	milik seseorang	[mili' seseoraŋ]

tão	sangat	[saŋat]
também (gostaria ~ de ...)	juga	[dʒʲuga]
também (~ eu)	juga	[dʒʲuga]

18. Palavras funcionais. Advérbios. Parte 2

Por quê?	Mengapa?	[məŋapa?]
por alguma razão	entah mengapa	[entah məŋapa]
porque ...	karena ...	[karena ...]
por qualquer razão	untuk tujuan tertentu	[untu' tudʒʲuan tərtentu]

e (tu ~ eu)	dan	[dan]
ou (ser ~ não ser)	atau	[atau]
mas (porém)	tetapi, namun	[tetapi], [namun]
para (~ a minha mãe)	untuk	[untu']

muito, demais	terlalu	[tərlalu]
só, somente	hanya	[hanja]
exatamente	tepat	[tepat]
cerca de (~ 10 kg)	sekitar	[sekitar]

aproximadamente	kira-kira	[kira-kira]
aproximado (adj)	kira-kira	[kira-kira]
quase	hampir	[hampir]
resto (m)	selebihnya, sisanya	[selebihnja], [sisanja]

o outro (segundo)	kedua	[kedua]
outro (adj)	lain	[lain]
cada (adj)	setiap	[setiap]
qualquer (adj)	sebarang	[sebaraŋ]
muito, muitos, muitas	banyak	[banja']
muitas pessoas	banyak orang	[banja' oraŋ]
todos	semua	[semua]

em troca de ...	sebagai ganti ...	[sebagaj ganti ...]
em troca	sebagai gantinya	[sebagaj gantinja]
à mão	dengan tangan	[deŋan taŋan]
pouco provável	hampir tidak	[hampir tidaʔ]

provavelmente	mungkin	[muŋkin]
de propósito	sengaja	[seŋadʒʲa]
por acidente	tidak sengaja	[tidaʔ seŋadʒʲa]

muito	sangat	[saŋat]
por exemplo	misalnya	[misalnja]
entre	antara	[antara]
entre (no meio de)	di antara	[di antara]
tanto	banyak sekali	[banjaʔ sekali]
especialmente	terutama	[terutama]

Conceitos básicos. Parte 2

19. Opostos

rico (adj)	kaya	[kaja]
pobre (adj)	miskin	[miskin]
doente (adj)	sakit	[sakit]
bem (adj)	sehat	[sehat]
grande (adj)	besar	[besar]
pequeno (adj)	kecil	[ketʃil]
rapidamente	cepat	[tʃepat]
lentamente	perlahan-lahan	[pərlahan-lahan]
rápido (adj)	cepat	[tʃepat]
lento (adj)	lambat	[lambat]
alegre (adj)	riang	[riaŋ]
triste (adj)	sedih	[sedih]
juntos (ir ~)	bersama	[bərsama]
separadamente	terpisah	[tərpisah]
em voz alta (ler ~)	dengan keras	[deŋan keras]
para si (em silêncio)	dalam hati	[dalam hati]
alto (adj)	tinggi	[tiŋgi]
baixo (adj)	rendah	[rendah]
profundo (adj)	dalam	[dalam]
raso (adj)	dangkal	[daŋkal]
sim	ya	[ya]
não	tidak	[tidaʔ]
distante (adj)	jauh	[dʒˈauh]
próximo (adj)	dekat	[dekat]
longe	jauh	[dʒˈauh]
à mão, perto	dekat	[dekat]
longo (adj)	panjang	[pandʒˈaŋ]
curto (adj)	pendek	[pendeʔ]
bom (bondoso)	baik hati	[bajʔ hati]
mal (adj)	jahat	[dʒˈahat]
casado (adj)	menikah	[mənikah]

solteiro (adj)	bujang	[budʒˈaŋ]
proibir (vt)	melarang	[melaraŋ]
permitir (vt)	mengizinkan	[məŋizinkan]
fim (m)	akhir	[ahir]
início (m)	permulaan	[pərmulaʔan]
esquerdo (adj)	kiri	[kiri]
direito (adj)	kanan	[kanan]
primeiro (adj)	pertama	[pərtama]
último (adj)	terakhir	[tərahir]
crime (m)	kejahatan	[kedʒˈahatan]
castigo (m)	hukuman	[hukuman]
ordenar (vt)	memerintahkan	[memerintahkan]
obedecer (vt)	mematuhi	[mematuhi]
reto (adj)	lurus	[lurus]
curvo (adj)	melengkung	[meleŋkuŋ]
paraíso (m)	surga	[surga]
inferno (m)	neraka	[neraka]
nascer (vi)	lahir	[lahir]
morrer (vi)	mati, meninggal	[mati], [meniŋgal]
forte (adj)	kuat	[kuat]
fraco, débil (adj)	lemah	[lemah]
velho, idoso (adj)	tua	[tua]
jovem (adj)	muda	[muda]
velho (adj)	tua	[tua]
novo (adj)	baru	[baru]
duro (adj)	keras	[keras]
macio (adj)	lunak	[lunaʔ]
quente (adj)	hangat	[haŋat]
frio (adj)	dingin	[diŋin]
gordo (adj)	gemuk	[gemuʔ]
magro (adj)	kurus	[kurus]
estreito (adj)	sempit	[sempit]
largo (adj)	lebar	[lebar]
bom (adj)	baik	[bajʔ]
mau (adj)	buruk	[buruʔ]
valente, corajoso (adj)	pemberani	[pemberani]
covarde (adj)	penakut	[penakut]

20. Dias da semana

segunda-feira (f)	Hari Senin	[hari senin]
terça-feira (f)	Hari Selasa	[hari selasa]
quarta-feira (f)	Hari Rabu	[hari rabu]
quinta-feira (f)	Hari Kamis	[hari kamis]
sexta-feira (f)	Hari Jumat	[hari dʒʲumat]
sábado (m)	Hari Sabtu	[hari sabtu]
domingo (m)	Hari Minggu	[hari miŋgu]

hoje	hari ini	[hari ini]
amanhã	besok	[besoʔ]
depois de amanhã	besok lusa	[beso' lusa]
ontem	kemarin	[kemarin]
anteontem	kemarin dulu	[kemarin dulu]

dia (m)	hari	[hari]
dia (m) de trabalho	hari kerja	[hari kerdʒʲa]
feriado (m)	hari libur	[hari libur]
dia (m) de folga	hari libur	[hari libur]
fim (m) de semana	akhir pekan	[ahir pekan]

o dia todo	seharian	[seharian]
no dia seguinte	hari berikutnya	[hari bərikutnja]
há dois dias	dua hari lalu	[dua hari lalu]
na véspera	hari sebelumnya	[hari sebelumnja]
diário (adj)	harian	[harian]
todos os dias	tiap hari	[tiap hari]

semana (f)	minggu	[miŋgu]
na semana passada	minggu lalu	[miŋgu lalu]
semana que vem	minggu berikutnya	[miŋgu bərikutnja]
semanal (adj)	mingguan	[miŋguan]
toda semana	tiap minggu	[tiap miŋgu]
duas vezes por semana	dua kali seminggu	[dua kali semiŋgu]
toda terça-feira	tiap Hari Selasa	[tiap hari selasa]

21. Horas. Dia e noite

manhã (f)	pagi	[pagi]
de manhã	pada pagi hari	[pada pagi hari]
meio-dia (m)	tengah hari	[teŋah hari]
à tarde	pada sore hari	[pada sore hari]

tardinha (f)	sore, malam	[sore], [malam]
à tardinha	waktu sore	[waktu sore]
noite (f)	malam	[malam]
à noite	pada malam hari	[pada malam hari]
meia-noite (f)	tengah malam	[teŋah malam]

segundo (m)	detik	[detiʔ]
minuto (m)	menit	[menit]
hora (f)	jam	[dʒʲam]

meia hora (f)	setengah jam	[seteŋah ʤʲam]
quarto (m) de hora	seperempat jam	[seperempat ʤʲam]
quinze minutos	lima belas menit	[lima belas menit]
vinte e quatro horas	siang-malam	[siaŋ-malam]

nascer (m) do sol	matahari terbit	[matahari tərbit]
amanhecer (m)	subuh	[subuh]
madrugada (f)	dini pagi	[dini pagi]
pôr-do-sol (m)	matahari terbenam	[matahari tərbenam]

de madrugada	pagi-pagi	[pagi-pagi]
esta manhã	pagi ini	[pagi ini]
amanhã de manhã	besok pagi	[beso' pagi]

esta tarde	sore ini	[sore ini]
à tarde	pada sore hari	[pada sore hari]
amanhã à tarde	besok sore	[beso' sore]

esta noite, hoje à noite	sore ini	[sore ini]
amanhã à noite	besok malam	[beso' malam]

às três horas em ponto	pukul 3 tepat	[pukul tiga tepat]
por volta das quatro	sekitar pukul 4	[sekitar pukul empat]
às doze	pada pukul 12	[pada pukul belas]

em vinte minutos	dalam 20 menit	[dalam dua puluh menit]
em uma hora	dalam satu jam	[dalam satu ʤʲam]
a tempo	tepat waktu	[tepat waktu]

... um quarto para	... kurang seperempat	[... kuraŋ seperempat]
dentro de uma hora	selama sejam	[selama seʤʲam]
a cada quinze minutos	tiap 15 menit	[tiap lima belas menit]
as vinte e quatro horas	siang-malam	[siaŋ-malam]

22. Meses. Estações

janeiro (m)	Januari	[ʤʲanuari]
fevereiro (m)	Februari	[februari]
março (m)	Maret	[maret]
abril (m)	April	[april]
maio (m)	Mei	[mei]
junho (m)	Juni	[ʤʲuni]

julho (m)	Juli	[ʤʲuli]
agosto (m)	Augustus	[augustus]
setembro (m)	September	[september]
outubro (m)	Oktober	[oktober]
novembro (m)	November	[november]
dezembro (m)	Desember	[desember]

primavera (f)	musim semi	[musim semi]
na primavera	pada musim semi	[pada musim semi]
primaveril (adj)	musim semi	[musim semi]
verão (m)	musim panas	[musim panas]

| no verão | pada musim panas | [pada musim panas] |
| de verão | musim panas | [musim panas] |

outono (m)	musim gugur	[musim gugur]
no outono	pada musim gugur	[pada musim gugur]
outonal (adj)	musim gugur	[musim gugur]

inverno (m)	musim dingin	[musim diŋin]
no inverno	pada musim dingin	[pada musim diŋin]
de inverno	musim dingin	[musim diŋin]
mês (m)	bulan	[bulan]
este mês	bulan ini	[bulan ini]
mês que vem	bulan depan	[bulan depan]
no mês passado	bulan lalu	[bulan lalu]

um mês atrás	sebulan lalu	[sebulan lalu]
em um mês	dalam satu bulan	[dalam satu bulan]
em dois meses	dalam 2 bulan	[dalam dua bulan]
todo o mês	sepanjang bulan	[sepandʒian bulan]
um mês inteiro	sebulan penuh	[sebulan penuh]

mensal (adj)	bulanan	[bulanan]
mensalmente	tiap bulan	[tiap bulan]
todo mês	tiap bulan	[tiap bulan]
duas vezes por mês	dua kali sebulan	[dua kali sebulan]

ano (m)	tahun	[tahun]
este ano	tahun ini	[tahun ini]
ano que vem	tahun depan	[tahun depan]
no ano passado	tahun lalu	[tahun lalu]
há um ano	setahun lalu	[setahun lalu]
em um ano	dalam satu tahun	[dalam satu tahun]
dentro de dois anos	dalam 2 tahun	[dalam dua tahun]
todo o ano	sepanjang tahun	[sepandʒian tahun]
um ano inteiro	setahun penuh	[setahun penuh]

cada ano	tiap tahun	[tiap tahun]
anual (adj)	tahunan	[tahunan]
anualmente	tiap tahun	[tiap tahun]
quatro vezes por ano	empat kali setahun	[empat kali setahun]

data (~ de hoje)	tanggal	[taŋgal]
data (ex. ~ de nascimento)	tanggal	[taŋgal]
calendário (m)	kalender	[kalender]

meio ano	setengah tahun	[seteŋah tahun]
seis meses	enam bulan	[enam bulan]
estação (f)	musim	[musim]
século (m)	abad	[abad]

23. Tempo. Diversos

| tempo (m) | waktu | [waktu] |
| momento (m) | sekejap | [sekedʒiap] |

instante (m)	saat, waktu	[sa'at], [waktu]
instantâneo (adj)	seketika	[seketika]
lapso (m) de tempo	jangka waktu	[dʒ'aŋka waktu]
vida (f)	kehidupan, hidup	[kehidupan], [hidup]
eternidade (f)	keabadiaan	[keabadia'an]
época (f)	zaman	[zaman]
era (f)	era	[era]
ciclo (m)	siklus	[siklus]
período (m)	periode, kurun waktu	[periode], [kurun waktu]
prazo (m)	jangka waktu	[dʒ'aŋka waktu]
futuro (m)	masa depan	[masa depan]
futuro (adj)	yang akan datang	[yaŋ akan dataŋ]
da próxima vez	lain kali	[lain kali]
passado (m)	masa lalu	[masa lalu]
passado (adj)	lalu	[lalu]
na última vez	terakhir kali	[tərahir kali]
mais tarde	kemudian	[kemudian]
depois de ...	sesudah	[sesudah]
atualmente	sekarang	[sekaraŋ]
agora	saat ini	[sa'at ini]
imediatamente	segera	[segera]
em breve	segera	[segera]
de antemão	sebelumnya	[sebelumnja]
há muito tempo	dahulu kala	[dahulu kala]
recentemente	baru-baru ini	[baru-baru ini]
destino (m)	nasib	[nasib]
recordações (f pl)	kenang-kenangan	[kenaŋ-kenaŋan]
arquivo (m)	arsip	[arsip]
durante ...	selama ...	[selama ...]
durante muito tempo	lama	[lama]
pouco tempo	tidak lama	[tida' lama]
cedo (levantar-se ~)	pagi-pagi	[pagi-pagi]
tarde (deitar-se ~)	terlambat	[tərlambat]
para sempre	untuk selama-lamanya	[untu' selama-lamanja]
começar (vt)	memulai	[memulaj]
adiar (vt)	menunda	[mənunda]
ao mesmo tempo	serentak	[serenta']
permanentemente	tetap	[tetap]
constante (~ ruído, etc.)	terus menerus	[terus menerus]
temporário (adj)	sementara	[sementara]
às vezes	kadang-kadang	[kadaŋ-kadaŋ]
raras vezes, raramente	jarang	[dʒ'araŋ]
frequentemente	sering, seringkali	[seriŋ], [seriŋkali]

24. Linhas e formas

quadrado (m)	bujur sangkar	[budʒ'ur saŋkar]
quadrado (adj)	persegi	[pərsegi]

círculo (m)	lingkaran	[liŋkaran]
redondo (adj)	bundar	[bundar]
triângulo (m)	segi tiga	[segi tiga]
triangular (adj)	segi tiga	[segi tiga]

oval (f)	oval	[oval]
oval (adj)	oval	[oval]
retângulo (m)	segi empat	[segi empat]
retangular (adj)	siku-siku	[siku-siku]

pirâmide (f)	piramida	[piramida]
losango (m)	rombus	[rombus]
trapézio (m)	trapesium	[trapesium]
cubo (m)	kubus	[kubus]
prisma (m)	prisma	[prisma]

circunferência (f)	lingkar	[liŋkar]
esfera (f)	bulatan	[bulatan]
globo (m)	bola	[bola]
diâmetro (m)	diameter	[diameter]
raio (m)	radius, jari-jari	[radius], [ʤ'ari-ʤ'ari]
perímetro (m)	perimeter	[pərimeter]
centro (m)	pusat	[pusat]

horizontal (adj)	horizontal, mendatar	[horizontal], [mendatar]
vertical (adj)	vertikal, tegak lurus	[vertikal], [tega' lurus]
paralela (f)	sejajar	[seʤ'aʤ'ar]
paralelo (adj)	sejajar	[seʤ'aʤ'ar]

linha (f)	garis	[garis]
traço (m)	garis	[garis]
reta (f)	garis lurus	[garis lurus]
curva (f)	garis lengkung	[garis leŋkuŋ]
fino (linha ~a)	tipis	[tipis]
contorno (m)	kontur	[kontur]

interseção (f)	titik potong	[titi' potoŋ]
ângulo (m) reto	sudut siku-siku	[sudut siku-siku]
segmento (m)	segmen	[segmen]
setor (m)	sektor	[sektor]
lado (de um triângulo, etc.)	segi	[segi]
ângulo (m)	sudut	[sudut]

25. Unidades de medida

peso (m)	berat	[berat]
comprimento (m)	panjang	[panʤ'aŋ]
largura (f)	lebar	[lebar]
altura (f)	ketinggian	[ketiŋgian]
profundidade (f)	kedalaman	[kedalaman]
volume (m)	volume, isi	[volume], [isi]
área (f)	luas	[luas]
grama (m)	gram	[gram]
miligrama (m)	miligram	[miligram]

quilograma (m)	kilogram	[kilogram]
tonelada (f)	ton	[ton]
libra (453,6 gramas)	pon	[pon]
onça (f)	ons	[ons]

metro (m)	meter	[meter]
milímetro (m)	milimeter	[milimeter]
centímetro (m)	sentimeter	[sentimeter]
quilômetro (m)	kilometer	[kilometer]
milha (f)	mil	[mil]

polegada (f)	inci	[intʃi]
pé (304,74 mm)	kaki	[kaki]
jarda (914,383 mm)	yard	[yard]

metro (m) quadrado	meter persegi	[meter pərsegi]
hectare (m)	hektar	[hektar]

litro (m)	liter	[liter]
grau (m)	derajat	[deradʒⁱat]
volt (m)	volt	[volt]
ampère (m)	ampere	[ampere]
cavalo (m) de potência	tenaga kuda	[tenaga kuda]

quantidade (f)	kuantitas	[kuantitas]
um pouco de ...	sedikit ...	[sedikit ...]
metade (f)	setengah	[seteŋah]
dúzia (f)	lusin	[lusin]
peça (f)	buah	[buah]

tamanho (m), dimensão (f)	ukuran	[ukuran]
escala (f)	skala	[skala]

mínimo (adj)	minimal	[minimal]
menor, mais pequeno	terkecil	[tərketʃil]
médio (adj)	sedang	[sedaŋ]
máximo (adj)	maksimal	[maksimal]
maior, mais grande	terbesar	[tərbesar]

26. Recipientes

pote (m) de vidro	gelas	[gelas]
lata (~ de cerveja)	kaleng	[kaleŋ]
balde (m)	ember	[ember]
barril (m)	tong	[toŋ]

bacia (~ de plástico)	baskom	[baskom]
tanque (m)	tangki	[taŋki]
cantil (m) de bolso	pelples	[pelples]
galão (m) de gasolina	jeriken	[dʒⁱeriken]
cisterna (f)	tangki	[taŋki]

caneca (f)	mangkuk	[maŋkuʔ]
xícara (f)	cangkir	[ʧaŋkir]

pires (m)	alas cangkir	[alas tʃaŋkir]
copo (m)	gelas	[gelas]
taça (f) de vinho	gelas anggur	[gelas aŋgur]
panela (f)	panci	[pantʃi]

garrafa (f)	botol	[botol]
gargalo (m)	leher	[leher]

jarra (f)	karaf	[karaf]
jarro (m)	kendi	[kendi]
recipiente (m)	wadah	[wadah]
pote (m)	pot	[pot]
vaso (m)	vas	[vas]

frasco (~ de perfume)	botol	[botol]
frasquinho (m)	botol kecil	[botol ketʃil]
tubo (m)	tabung	[tabuŋ]

saco (ex. ~ de açúcar)	karung	[karuŋ]
sacola (~ plastica)	kantong	[kantoŋ]
maço (de cigarros, etc.)	bungkus	[buŋkus]

caixa (~ de sapatos, etc.)	kotak, kardus	[kotak], [kardus]
caixote (~ de madeira)	kotak	[kotaʔ]
cesto (m)	bakul	[bakul]

27. Materiais

material (m)	bahan	[bahan]
madeira (f)	kayu	[kaju]
de madeira	kayu	[kaju]

vidro (m)	kaca	[katʃa]
de vidro	kaca	[katʃa]

pedra (f)	batu	[batu]
de pedra	batu	[batu]

plástico (m)	plastik	[plastiʔ]
plástico (adj)	plastik	[plastiʔ]

borracha (f)	karet	[karet]
de borracha	karet	[karet]

tecido, pano (m)	kain	[kain]
de tecido	kain	[kain]

papel (m)	kertas	[kertas]
de papel	kertas	[kertas]

papelão (m)	karton	[karton]
de papelão	karton	[karton]
polietileno (m)	polietilena	[polietilena]
celofane (m)	selofana	[selofana]

linóleo (m)	linoleum	[linoleum]
madeira (f) compensada	kayu lapis	[kaju lapis]

porcelana (f)	porselen	[porselen]
de porcelana	porselen	[porselen]
argila (f), barro (m)	tanah liat	[tanah liat]
de barro	gerabah	[gerabah]
cerâmica (f)	keramik	[keramiʔ]
de cerâmica	keramik	[keramiʔ]

28. Metais

metal (m)	logam	[logam]
metálico (adj)	logam	[logam]
liga (f)	aloi, lakur	[aloy], [lakur]

ouro (m)	emas	[emas]
de ouro	emas	[emas]
prata (f)	perak	[peraʔ]
de prata	perak	[peraʔ]

ferro (m)	besi	[besi]
de ferro	besi	[besi]
aço (m)	baja	[badʒia]
de aço (adj)	baja	[badʒia]
cobre (m)	tembaga	[tembaga]
de cobre	tembaga	[tembaga]

alumínio (m)	aluminium	[aluminium]
de alumínio	aluminium	[aluminium]
bronze (m)	perunggu	[pəruŋgu]
de bronze	perunggu	[pəruŋgu]

latão (m)	kuningan	[kuniŋan]
níquel (m)	nikel	[nikel]
platina (f)	platinum	[platinum]
mercúrio (m)	air raksa	[air raksa]
estanho (m)	timah	[timah]
chumbo (m)	timbal	[timbal]
zinco (m)	seng	[seŋ]

O SER HUMANO

O ser humano. O corpo

29. Humanos. Conceitos básicos

ser (m) humano	manusia	[manusia]
homem (m)	laki-laki, pria	[laki-laki], [pria]
mulher (f)	perempuan, wanita	[pərempuan], [wanita]
criança (f)	anak	[ana']
menina (f)	anak perempuan	[ana' pərempuan]
menino (m)	anak laki-laki	[ana' laki-laki]
adolescente (m)	remaja	[remadʒia]
velho (m)	lelaki tua	[lelaki tua]
velha (f)	perempuan tua	[pərempuan tua]

30. Anatomia humana

organismo (m)	organisme	[organisme]
coração (m)	jantung	[dʒiantuŋ]
sangue (m)	darah	[darah]
artéria (f)	arteri, pembuluh darah	[arteri], [pembuluh darah]
veia (f)	vena	[vena]
cérebro (m)	otak	[ota']
nervo (m)	saraf	[saraf]
nervos (m pl)	saraf	[saraf]
vértebra (f)	ruas	[ruas]
coluna (f) vertebral	tulang belakang	[tulaŋ belakaŋ]
estômago (m)	lambung	[lambuŋ]
intestinos (m pl)	usus	[usus]
intestino (m)	usus	[usus]
fígado (m)	hati	[hati]
rim (m)	ginjal	[gindʒial]
osso (m)	tulang	[tulaŋ]
esqueleto (m)	skelet, rangka	[skelet], [raŋka]
costela (f)	tulang rusuk	[tulaŋ rusu']
crânio (m)	tengkorak	[teŋkora']
músculo (m)	otot	[otot]
bíceps (m)	bisep	[bisep]
tríceps (m)	trisep	[trisep]
tendão (m)	tendon	[tendon]
articulação (f)	sendi	[sendi]

pulmões (m pl)	paru-paru	[paru-paru]
órgãos (m pl) genitais	kemaluan	[kemaluan]
pele (f)	kulit	[kulit]

31. Cabeça

cabeça (f)	kepala	[kepala]
rosto, cara (f)	wajah	[wadʒiah]
nariz (m)	hidung	[hiduŋ]
boca (f)	mulut	[mulut]

olho (m)	mata	[mata]
olhos (m pl)	mata	[mata]
pupila (f)	pupil, biji mata	[pupil], [bidʒi mata]
sobrancelha (f)	alis	[alis]
cílio (f)	bulu mata	[bulu mata]
pálpebra (f)	kelopak mata	[kelopaˀ mata]

língua (f)	lidah	[lidah]
dente (m)	gigi	[gigi]
lábios (m pl)	bibir	[bibir]
maçãs (f pl) do rosto	tulang pipi	[tulaŋ pipi]
gengiva (f)	gusi	[gusi]
palato (m)	langit-langit mulut	[laŋit-laŋit mulut]

narinas (f pl)	lubang hidung	[lubaŋ hiduŋ]
queixo (m)	dagu	[dagu]
mandíbula (f)	rahang	[rahaŋ]
bochecha (f)	pipi	[pipi]

testa (f)	dahi	[dahi]
têmpora (f)	pelipis	[pelipis]
orelha (f)	telinga	[teliŋa]
costas (f pl) da cabeça	tengkuk	[teŋkuˀ]
pescoço (m)	leher	[leher]
garganta (f)	tenggorok	[teŋgoroˀ]

cabelo (m)	rambut	[rambut]
penteado (m)	tatanan rambut	[tatanan rambut]
corte (m) de cabelo	potongan rambut	[potoŋan rambut]
peruca (f)	wig, rambut palsu	[wig], [rambut palsu]

bigode (m)	kumis	[kumis]
barba (f)	janggut	[dʒiaŋgut]
ter (~ barba, etc.)	memelihara	[memelihara]
trança (f)	kepang	[kepaŋ]
suíças (f pl)	brewok	[brewoˀ]

ruivo (adj)	merah pirang	[merah piraŋ]
grisalho (adj)	beruban	[bəruban]
careca (adj)	botak, plontos	[botak], [plontos]
calva (f)	botak	[botaˀ]
rabo-de-cavalo (m)	ekor kuda	[ekor kuda]
franja (f)	poni rambut	[poni rambut]

32. Corpo humano

mão (f)	tangan	[taŋan]
braço (m)	lengan	[leŋan]
dedo (m)	jari	[dʒ¹ari]
dedo (m) do pé	jari	[dʒ¹ari]
polegar (m)	jempol	[dʒ¹empol]
dedo (m) mindinho	jari kelingking	[dʒ¹ari keliŋkiŋ]
unha (f)	kuku	[kuku]
punho (m)	kepalan tangan	[kepalan taŋan]
palma (f)	telapak	[telapaʔ]
pulso (m)	pergelangan	[pərgelaŋan]
antebraço (m)	lengan bawah	[leŋan bawah]
cotovelo (m)	siku	[siku]
ombro (m)	bahu	[bahu]
perna (f)	kaki	[kaki]
pé (m)	telapak kaki	[telapaʔ kaki]
joelho (m)	lutut	[lutut]
panturrilha (f)	betis	[betis]
quadril (m)	paha	[paha]
calcanhar (m)	tumit	[tumit]
corpo (m)	tubuh	[tubuh]
barriga (f), ventre (m)	perut	[perut]
peito (m)	dada	[dada]
seio (m)	payudara	[pajudara]
lado (m)	rusuk	[rusuʔ]
costas (dorso)	punggung	[puŋguŋ]
região (f) lombar	pinggang bawah	[piŋgaŋ bawah]
cintura (f)	pinggang	[piŋgaŋ]
umbigo (m)	pusar	[pusar]
nádegas (f pl)	pantat	[pantat]
traseiro (m)	pantat	[pantat]
sinal (m), pinta (f)	tanda lahir	[tanda lahir]
sinal (m) de nascença	tanda lahir	[tanda lahir]
tatuagem (f)	tato	[tato]
cicatriz (f)	parut luka	[parut luka]

Vestuário & Acessórios

33. Roupa exterior. Casacos

roupa (f)	pakaian	[pakajan]
roupa (f) exterior	pakaian luar	[pakajan luar]
roupa (f) de inverno	pakaian musim dingin	[pakajan musim diɲin]
sobretudo (m)	mantel	[mantel]
casaco (m) de pele	mantel bulu	[mantel bulu]
jaqueta (f) de pele	jaket bulu	[dʒ'aket bulu]
casaco (m) acolchoado	jaket bulu halus	[dʒ'aket bulu halus]
casaco (m), jaqueta (f)	jaket	[dʒ'aket]
impermeável (m)	jas hujan	[dʒ'as hudʒ'an]
a prova d'água	kedap air	[kedap air]

34. Vestuário de homem & mulher

camisa (f)	kemeja	[kemedʒ'a]
calça (f)	celana	[tʃelana]
jeans (m)	celana jins	[tʃelana dʒins]
paletó, terno (m)	jas	[dʒ'as]
terno (m)	setelan	[setelan]
vestido (ex. ~ de noiva)	gaun	[gaun]
saia (f)	rok	[roʔ]
blusa (f)	blus	[blus]
casaco (m) de malha	jaket wol	[dʒ'aket wol]
casaco, blazer (m)	jaket	[dʒ'aket]
camiseta (f)	baju kaus	[badʒ'u kaus]
short (m)	celana pendek	[tʃelana pendeʔ]
training (m)	pakaian olahraga	[pakajan olahraga]
roupão (m) de banho	jubah mandi	[dʒ'ubah mandi]
pijama (m)	piyama	[piyama]
suéter (m)	sweter	[sweter]
pulôver (m)	pulover	[pulover]
colete (m)	rompi	[rompi]
fraque (m)	jas berbuntut	[dʒ'as berbuntut]
smoking (m)	jas malam	[dʒ'as malam]
uniforme (m)	seragam	[seragam]
roupa (f) de trabalho	pakaian kerja	[pakajan kerdʒ'a]
macacão (m)	baju monyet	[badʒ'u monjet]
jaleco (m), bata (f)	jas	[dʒ'as]

35. Vestuário. Roupa interior

roupa (f) íntima	pakaian dalam	[pakajan dalam]
cueca boxer (f)	celana dalam lelaki	[ʧelana dalam lelaki]
calcinha (f)	celana dalam wanita	[ʧelana dalam wanita]
camiseta (f)	singlet	[siŋlet]
meias (f pl)	kaus kaki	[kaus kaki]
camisola (f)	baju tidur	[badʒʲu tidur]
sutiã (m)	beha	[beha]
meias longas (f pl)	kaus kaki selutut	[kaus kaki selutut]
meias-calças (f pl)	pantihos	[pantihos]
meias (~ de nylon)	kaus kaki panjang	[kaus kaki pandʒʲaŋ]
maiô (m)	baju renang	[badʒʲu renaŋ]

36. Adereços de cabeça

chapéu (m), touca (f)	topi	[topi]
chapéu (m) de feltro	topi bulat	[topi bulat]
boné (m) de beisebol	topi bisbol	[topi bisbol]
boina (~ italiana)	topi pet	[topi pet]
boina (ex. ~ basca)	baret	[baret]
capuz (m)	kerudung kepala	[keruduŋ kepala]
chapéu panamá (m)	topi panama	[topi panama]
touca (f)	topi rajut	[topi radʒʲut]
lenço (m)	tudung kepala	[tuduŋ kepala]
chapéu (m) feminino	topi wanita	[topi wanita]
capacete (m) de proteção	topi baja	[topi badʒʲa]
bibico (m)	topi lipat	[topi lipat]
capacete (m)	helm	[helm]
chapéu-coco (m)	topi bulat	[topi bulat]
cartola (f)	topi tinggi	[topi tiŋgi]

37. Calçado

calçado (m)	sepatu	[sepatu]
botinas (f pl), sapatos (m pl)	sepatu bot	[sepatu bot]
sapatos (de salto alto, etc.)	sepatu wanita	[sepatu wanita]
botas (f pl)	sepatu lars	[sepatu lars]
pantufas (f pl)	pantofel	[pantofel]
tênis (~ Nike, etc.)	sepatu tenis	[sepatu tenis]
tênis (~ Converse)	sepatu kets	[sepatu kets]
sandálias (f pl)	sandal	[sandal]
sapateiro (m)	tukang sepatu	[tukaŋ sepatu]
salto (m)	tumit	[tumit]

par (m)	sepasang	[sepasaŋ]
cadarço (m)	tali sepatu	[tali sepatu]
amarrar os cadarços	mengikat tali	[məŋikat tali]
calçadeira (f)	sendok sepatu	[sendoʔ sepatu]
graxa (f) para calçado	semir sepatu	[semir sepatu]

38. Têxtil. Tecidos

algodão (m)	katun	[katun]
de algodão	katun	[katun]
linho (m)	linen	[linen]
de linho	linen	[linen]
seda (f)	sutra	[sutra]
de seda	sutra	[sutra]
lã (f)	wol	[wol]
de lã	wol	[wol]
veludo (m)	beledu	[beledu]
camurça (f)	suede	[suede]
veludo (m) cotelê	korduroi	[korduroy]
nylon (m)	nilon	[nilon]
de nylon	nilon	[nilon]
poliéster (m)	poliester	[poliester]
de poliéster	poliester	[poliester]
couro (m)	kulit	[kulit]
de couro	kulit	[kulit]
pele (f)	kulit berbulu	[kulit bərbulu]
de pele	bulu	[bulu]

39. Acessórios pessoais

luva (f)	sarung tangan	[saruŋ taŋan]
mitenes (f pl)	sarung tangan	[saruŋ taŋan]
cachecol (m)	selendang	[selendaŋ]
óculos (m pl)	kacamata	[katʃamata]
armação (f)	bingkai	[biŋkaj]
guarda-chuva (m)	payung	[pajuŋ]
bengala (f)	tongkat jalan	[toŋkat dʒˈalan]
escova (f) para o cabelo	sikat rambut	[sikat rambut]
leque (m)	kipas	[kipas]
gravata (f)	dasi	[dasi]
gravata-borboleta (f)	dasi kupu-kupu	[dasi kupu-kupu]
suspensórios (m pl)	bretel	[bretel]
lenço (m)	sapu tangan	[sapu taŋan]
pente (m)	sisir	[sisir]
fivela (f) para cabelo	jepit rambut	[dʒˈepit rambut]

grampo (m)	harnal	[harnal]
fivela (f)	gesper	[gesper]

cinto (m)	sabuk	[sabu']
alça (f) de ombro	tali tas	[tali tas]

bolsa (f)	tas	[tas]
bolsa (feminina)	tas tangan	[tas taŋan]
mochila (f)	ransel	[ransel]

40. Vestuário. Diversos

moda (f)	mode	[mode]
na moda (adj)	modis	[modis]
estilista (m)	perancang busana	[pərantʃaŋ busana]

colarinho (m)	kerah	[kerah]
bolso (m)	saku	[saku]
de bolso	saku	[saku]
manga (f)	lengan	[leŋan]
ganchinho (m)	tali kait	[tali kait]
bragueta (f)	golbi	[golbi]

zíper (m)	ritsleting	[ritsletiŋ]
colchete (m)	kancing	[kantʃiŋ]
botão (m)	kancing	[kantʃiŋ]
botoeira (casa de botão)	lubang kancing	[lubaŋ kantʃiŋ]
soltar-se (vr)	terlepas	[tərlepas]

costurar (vi)	menjahit	[məndʒ'ahit]
bordar (vt)	membordir	[membordir]
bordado (m)	bordiran	[bordiran]
agulha (f)	jarum	[dʒ'arum]
fio, linha (f)	benang	[benaŋ]
costura (f)	setik	[seti']

sujar-se (vr)	kena kotor	[kena kotor]
mancha (f)	bercak	[bertʃa']
amarrotar-se (vr)	kumal	[kumal]
rasgar (vt)	merobek	[merobe']
traça (f)	ngengat	[ŋeŋat]

41. Cuidados pessoais. Cosméticos

pasta (f) de dente	pasta gigi	[pasta gigi]
escova (f) de dente	sikat gigi	[sikat gigi]
escovar os dentes	menggosok gigi	[məŋgoso' gigi]

gilete (f)	pisau cukur	[pisau tʃukur]
creme (m) de barbear	krim cukur	[krim tʃukur]
barbear-se (vr)	bercukur	[bertʃukur]
sabonete (m)	sabun	[sabun]

xampu (m)	sampo	[sampo]
tesoura (f)	gunting	[guntiŋ]
lixa (f) de unhas	kikir kuku	[kikir kuku]
corta-unhas (m)	pemotong kuku	[pemotoŋ kuku]
pinça (f)	pinset	[pinset]

cosméticos (m pl)	kosmetik	[kosmetiˀ]
máscara (f)	masker	[masker]
manicure (f)	manikur	[manikur]
fazer as unhas	melakukan manikur	[melakukan manikur]
pedicure (f)	pedi	[pedi]

bolsa (f) de maquiagem	tas kosmetik	[tas kosmetiˀ]
pó (de arroz)	bedak	[bedaˀ]
pó (m) compacto	kotak bedak	[kotaˀ bedaˀ]
blush (m)	perona pipi	[perona pipi]

perfume (m)	parfum	[parfum]
água-de-colônia (f)	minyak wangi	[minjaˀ waŋi]
loção (f)	losion	[losjon]
colônia (f)	kolonye	[kolone]

sombra (f) de olhos	pewarna mata	[pewarna mata]
delineador (m)	pensil alis	[pensil alis]
máscara (f), rímel (m)	celak	[tʃelaˀ]

batom (m)	lipstik	[lipstiˀ]
esmalte (m)	kuteks, cat kuku	[kuteks], [tʃat kuku]
laquê (m), spray fixador (m)	semprotan rambut	[semprotan rambut]
desodorante (m)	deodoran	[deodoran]

creme (m)	krim	[krim]
creme (m) de rosto	krim wajah	[krim wadʒˈah]
creme (m) de mãos	krim tangan	[krim taŋan]
creme (m) antirrugas	krim antikerut	[krim antikerut]
creme (m) de dia	krim siang	[krim siaŋ]
creme (m) de noite	krim malam	[krim malam]
de dia	siang	[siaŋ]
da noite	malam	[malam]

absorvente (m) interno	tampon	[tampon]
papel (m) higiênico	kertas toilet	[kertas toylet]
secador (m) de cabelo	pengering rambut	[peŋeriŋ rambut]

42. Joalheria

joias (f pl)	perhiasan	[perhiasan]
precioso (adj)	mulia, berharga	[mulia], [berharga]
marca (f) de contraste	tanda kadar	[tanda kadar]

anel (m)	cincin	[tʃintʃin]
aliança (f)	cincin kawin	[tʃintʃin kawin]
pulseira (f)	gelang	[gelaŋ]
brincos (m pl)	anting-anting	[antiŋ-antiŋ]

colar (m)	**kalung**	[kaluŋ]
coroa (f)	**mahkota**	[mahkota]
colar (m) de contas	**kalung manik-manik**	[kaluŋ maniʔ-maniʔ]

diamante (m)	**berlian**	[bərlian]
esmeralda (f)	**zamrud**	[zamrud]
rubi (m)	**batu mirah delima**	[batu mirah delima]
safira (f)	**nilakandi**	[nilakandi]
pérola (f)	**mutiara**	[mutiara]
âmbar (m)	**batu amber**	[batu amber]

43. Relógios de pulso. Relógios

relógio (m) de pulso	**arloji**	[arlodʒi]
mostrador (m)	**piringan jam**	[piriŋan dʒʲam]
ponteiro (m)	**jarum**	[dʒʲarum]
bracelete (em aço)	**rantai arloji**	[rantaj arlodʒi]
bracelete (em couro)	**tali arloji**	[tali arlodʒi]

pilha (f)	**baterai**	[bateraj]
acabar (vi)	**mati**	[mati]
trocar a pilha	**mengganti baterai**	[məŋganti bateraj]
estar adiantado	**cepat**	[tʃepat]
estar atrasado	**terlambat**	[tərlambat]

relógio (m) de parede	**jam dinding**	[dʒʲam dindiŋ]
ampulheta (f)	**jam pasir**	[dʒʲam pasir]
relógio (m) de sol	**jam matahari**	[dʒʲam matahari]
despertador (m)	**weker**	[weker]
relojoeiro (m)	**tukang jam**	[tukaŋ dʒʲam]
reparar (vt)	**mereparasi, memperbaiki**	[mereparasi], [memperbajki]

Alimentação. Nutrição

44. Comida

carne (f)	daging	[dagiŋ]
galinha (f)	ayam	[ajam]
frango (m)	anak ayam	[ana' ajam]
pato (m)	bebek	[bebe']
ganso (m)	angsa	[aŋsa]
caça (f)	binatang buruan	[binataŋ buruan]
peru (m)	kalkun	[kalkun]
carne (f) de porco	daging babi	[dagiŋ babi]
carne (f) de vitela	daging anak sapi	[dagiŋ ana' sapi]
carne (f) de carneiro	daging domba	[dagiŋ domba]
carne (f) de vaca	daging sapi	[dagiŋ sapi]
carne (f) de coelho	kelinci	[kelintʃi]
linguiça (f), salsichão (m)	sosis	[sosis]
salsicha (f)	sosis	[sosis]
bacon (m)	bakon	[beykon]
presunto (m)	ham, daging kornet	[ham], [dagiŋ kornet]
pernil (m) de porco	ham	[ham]
patê (m)	pasta	[pasta]
fígado (m)	hati	[hati]
guisado (m)	daging giling	[dagiŋ giliŋ]
língua (f)	lidah	[lidah]
ovo (m)	telur	[telur]
ovos (m pl)	telur	[telur]
clara (f) de ovo	putih telur	[putih telur]
gema (f) de ovo	kuning telur	[kuniŋ telur]
peixe (m)	ikan	[ikan]
mariscos (m pl)	makanan laut	[makanan laut]
crustáceos (m pl)	krustasea	[krustasea]
caviar (m)	caviar	[kaviar]
caranguejo (m)	kepiting	[kepitiŋ]
camarão (m)	udang	[udaŋ]
ostra (f)	tiram	[tiram]
lagosta (f)	lobster berduri	[lobster bərduri]
polvo (m)	gurita	[gurita]
lula (f)	cumi-cumi	[tʃumi-tʃumi]
esturjão (m)	ikan sturgeon	[ikan sturdʒien]
salmão (m)	salmon	[salmon]
halibute (m)	ikan turbot	[ikan turbot]
bacalhau (m)	ikan kod	[ikan kod]

cavala, sarda (f)	ikan kembung	[ikan kembuŋ]
atum (m)	tuna	[tuna]
enguia (f)	belut	[belut]

truta (f)	ikan forel	[ikan forel]
sardinha (f)	sarden	[sarden]
lúcio (m)	ikan pike	[ikan paik]
arenque (m)	ikan haring	[ikan hariŋ]

pão (m)	roti	[roti]
queijo (m)	keju	[kedʒ'u]
açúcar (m)	gula	[gula]
sal (m)	garam	[garam]

arroz (m)	beras, nasi	[beras], [nasi]
massas (f pl)	makaroni	[makaroni]
talharim, miojo (m)	mi	[mi]

manteiga (f)	mentega	[məntega]
óleo (m) vegetal	minyak nabati	[minja' nabati]
óleo (m) de girassol	minyak bunga matahari	[minja' buŋa matahari]
margarina (f)	margarin	[margarin]

| azeitonas (f pl) | buah zaitun | [buah zajtun] |
| azeite (m) | minyak zaitun | [minja' zajtun] |

leite (m)	susu	[susu]
leite (m) condensado	susu kental	[susu kental]
iogurte (m)	yogurt	[yogurt]
creme (m) azedo	krim asam	[krim asam]
creme (m) de leite	krim, kepala susu	[krim], [kepala susu]

| maionese (f) | mayones | [majones] |
| creme (m) | krim | [krim] |

grãos (m pl) de cereais	menir	[menir]
farinha (f)	tepung	[tepuŋ]
enlatados (m pl)	makanan kalengan	[makanan kaleŋan]

flocos (m pl) de milho	emping jagung	[empiŋ dʒ'aguŋ]
mel (m)	madu	[madu]
geleia (m)	selai	[selaj]
chiclete (m)	permen karet	[pərmen karet]

45. Bebidas

água (f)	air	[air]
água (f) potável	air minum	[air minum]
água (f) mineral	air mineral	[air mineral]

sem gás (adj)	tanpa gas	[tanpa gas]
gaseificada (adj)	berkarbonasi	[bərkarbonasi]
com gás	bergas	[bərgas]
gelo (m)	es	[es]

com gelo	dengan es	[deŋan es]
não alcoólico (adj)	tanpa alkohol	[tanpa alkohol]
refrigerante (m)	minuman ringan	[minuman riŋan]
refresco (m)	minuman penygar	[minuman penigar]
limonada (f)	limun	[limun]

bebidas (f pl) alcoólicas	minoman beralkohol	[minoman bəralkohol]
vinho (m)	anggur	[aŋgur]
vinho (m) branco	anggur putih	[aŋgur putih]
vinho (m) tinto	anggur merah	[aŋgur merah]

licor (m)	likeur	[likeur]
champanhe (m)	sampanye	[sampanje]
vermute (m)	vermouth	[vermut]

uísque (m)	wiski	[wiski]
vodca (f)	vodka	[vodka]
gim (m)	jin, jenewer	[dʒin], [dʒʲenewer]
conhaque (m)	konyak	[konjaʔ]
rum (m)	rum	[rum]

café (m)	kopi	[kopi]
café (m) preto	kopi pahit	[kopi pahit]
café (m) com leite	kopi susu	[kopi susu]
cappuccino (m)	cappuccino	[kaputʃino]
café (m) solúvel	kopi instan	[kopi instan]

leite (m)	susu	[susu]
coquetel (m)	koktail	[koktajl]
batida (f), milkshake (m)	susu kocok	[susu kotʃoʔ]

suco (m)	jus	[dʒʲus]
suco (m) de tomate	jus tomat	[dʒʲus tomat]
suco (m) de laranja	jus jeruk	[dʒʲus dʒʲeruʔ]
suco (m) fresco	jus peras	[dʒʲus pəras]

cerveja (f)	bir	[bir]
cerveja (f) clara	bir putih	[bir putih]
cerveja (f) preta	bir hitam	[bir hitam]

chá (m)	teh	[teh]
chá (m) preto	teh hitam	[teh hitam]
chá (m) verde	teh hijau	[teh hidʒʲau]

46. Vegetais

vegetais (m pl)	sayuran	[sajuran]
verdura (f)	sayuran hijau	[sajuran hidʒʲau]

tomate (m)	tomat	[tomat]
pepino (m)	mentimun, ketimun	[məntimun], [ketimun]
cenoura (f)	wortel	[wortel]
batata (f)	kentang	[kentaŋ]
cebola (f)	bawang	[bawaŋ]

alho (m)	bawang putih	[bawaŋ putih]
couve (f)	kol	[kol]
couve-flor (f)	kembang kol	[kembaŋ kol]
couve-de-bruxelas (f)	kol Brussels	[kol brusels]
brócolis (m pl)	brokoli	[brokoli]

beterraba (f)	ubi bit merah	[ubi bit merah]
berinjela (f)	terung, terong	[teruŋ], [teroŋ]
abobrinha (f)	labu siam	[labu siam]
abóbora (f)	labu	[labu]
nabo (m)	turnip	[turnip]

salsa (f)	peterseli	[peterseli]
endro, aneto (m)	adas sowa	[adas sowa]
alface (f)	selada	[selada]
aipo (m)	seledri	[seledri]
aspargo (m)	asparagus	[asparagus]
espinafre (m)	bayam	[bajam]

ervilha (f)	kacang polong	[katʃaŋ poloŋ]
feijão (~ soja, etc.)	kacang-kacangan	[katʃaŋ-katʃaŋan]
milho (m)	jagung	[dʒʲaguŋ]
feijão (m) roxo	kacang buncis	[katʃaŋ buntʃis]

pimentão (m)	cabai	[tʃabaj]
rabanete (m)	radis	[radis]
alcachofra (f)	artisyok	[artiʃoʔ]

47. Frutos. Nozes

fruta (f)	buah	[buah]
maçã (f)	apel	[apel]
pera (f)	pir	[pir]
limão (m)	jeruk sitrun	[dʒʲeruʔ sitrun]
laranja (f)	jeruk manis	[dʒʲeruʔ manis]
morango (m)	stroberi	[stroberi]

tangerina (f)	jeruk mandarin	[dʒʲeruʔ mandarin]
ameixa (f)	plum	[plum]
pêssego (m)	persik	[persiʔ]
damasco (m)	aprikot	[aprikot]
framboesa (f)	buah frambus	[buah frambus]
abacaxi (m)	nanas	[nanas]

banana (f)	pisang	[pisaŋ]
melancia (f)	semangka	[semaŋka]
uva (f)	buah anggur	[buah aŋgur]
ginja (f)	buah ceri asam	[buah tʃeri asam]
cereja (f)	buah ceri manis	[buah tʃeri manis]
melão (m)	melon	[melon]

toranja (f)	jeruk Bali	[dʒʲeruʔ bali]
abacate (m)	avokad	[avokad]
mamão (m)	pepaya	[pepaja]

| manga (f) | mangga | [maŋga] |
| romã (f) | buah delima | [buah delima] |

groselha (f) vermelha	redcurrant	[redkaren]
groselha (f) negra	blackcurrant	[ble'karen]
groselha (f) espinhosa	buah arbei hijau	[buah arbei hidʒiau]
mirtilo (m)	buah bilberi	[buah bilberi]
amora (f) silvestre	beri hitam	[beri hitam]

passa (f)	kismis	[kismis]
figo (m)	buah ara	[buah ara]
tâmara (f)	buah kurma	[buah kurma]

amendoim (m)	kacang tanah	[katʃaŋ tanah]
amêndoa (f)	badam	[badam]
noz (f)	buah walnut	[buah walnut]
avelã (f)	kacang hazel	[katʃaŋ hazel]
coco (m)	buah kelapa	[buah kelapa]
pistaches (m pl)	badam hijau	[badam hidʒiau]

48. Pão. Bolaria

pastelaria (f)	kue-mue	[kue-mue]
pão (m)	roti	[roti]
biscoito (m), bolacha (f)	biskuit	[biskuit]

chocolate (m)	cokelat	[tʃokelat]
de chocolate	cokelat	[tʃokelat]
bala (f)	permen	[pərmen]
doce (bolo pequeno)	kue	[kue]
bolo (m) de aniversário	kue tar	[kue tar]

| torta (f) | pai | [pai] |
| recheio (m) | inti | [inti] |

geleia (m)	selai buah utuh	[selaj buah utuh]
marmelada (f)	marmelade	[marmelade]
wafers (m pl)	wafel	[wafel]
sorvete (m)	es krim	[es krim]
pudim (m)	puding	[pudiŋ]

49. Pratos cozinhados

prato (m)	masakan, hidangan	[masakan], [hidaŋan]
cozinha (~ portuguesa)	masakan	[masakan]
receita (f)	resep	[resep]
porção (f)	porsi	[porsi]

salada (f)	salada	[salada]
sopa (f)	sup	[sup]
caldo (m)	kaldu	[kaldu]
sanduíche (m)	roti lapis	[roti lapis]

ovos (m pl) fritos	telur mata sapi	[telur mata sapi]
hambúrguer (m)	hamburger	[hamburger]
bife (m)	bistik	[bistiʔ]

acompanhamento (m)	lauk	[lauʔ]
espaguete (m)	spageti	[spageti]
purê (m) de batata	kentang tumbuk	[kentaŋ tumbuʔ]
pizza (f)	piza	[piza]
mingau (m)	bubur	[bubur]
omelete (f)	telur dadar	[telur dadar]

fervido (adj)	rebus	[rebus]
defumado (adj)	asap	[asap]
frito (adj)	goreng	[goreŋ]
seco (adj)	kering	[keriŋ]
congelado (adj)	beku	[beku]
em conserva (adj)	marinade	[marinade]

doce (adj)	manis	[manis]
salgado (adj)	asin	[asin]
frio (adj)	dingin	[diŋin]
quente (adj)	panas	[panas]
amargo (adj)	pahit	[pahit]
gostoso (adj)	enak	[enaʔ]

cozinhar em água fervente	merebus	[merebus]
preparar (vt)	memasak	[memasaʔ]
fritar (vt)	menggoreng	[məŋgoreŋ]
aquecer (vt)	memanaskan	[memanaskan]

salgar (vt)	menggarami	[məŋgarami]
apimentar (vt)	membubuh merica	[membubuh meritʃa]
ralar (vt)	memarut	[memarut]
casca (f)	kulit	[kulit]
descascar (vt)	mengupas	[məŋupas]

50. Especiarias

sal (m)	garam	[garam]
salgado (adj)	asin	[asin]
salgar (vt)	menggarami	[məŋgarami]

pimenta-do-reino (f)	merica	[meritʃa]
pimenta (f) vermelha	cabai merah	[tʃabaj merah]
mostarda (f)	mustar	[mustar]
raiz-forte (f)	lobak pedas	[lobaʔ pedas]

condimento (m)	bumbu	[bumbu]
especiaria (f)	rempah-rempah	[rempah-rempah]
molho (~ inglês)	saus	[saus]
vinagre (m)	cuka	[tʃuka]

| anis estrelado (m) | adas manis | [adas manis] |
| manjericão (m) | selasih | [selasih] |

cravo (m)	cengkih	[ʧeŋkih]
gengibre (m)	jahe	[dʒʲahe]
coentro (m)	ketumbar	[ketumbar]
canela (f)	kayu manis	[kaju manis]
gergelim (m)	wijen	[widʒʲen]
folha (f) de louro	daun salam	[daun salam]
páprica (f)	cabai	[ʧabaj]
cominho (m)	jintan	[dʒintan]
açafrão (m)	kuma-kuma	[kuma-kuma]

51. Refeições

comida (f)	makanan	[makanan]
comer (vt)	makan	[makan]
café (m) da manhã	makan pagi, sarapan	[makan pagi], [sarapan]
tomar café da manhã	sarapan	[sarapan]
almoço (m)	makan siang	[makan siaŋ]
almoçar (vi)	makan siang	[makan siaŋ]
jantar (m)	makan malam	[makan malam]
jantar (vi)	makan malam	[makan malam]
apetite (m)	nafsu makan	[nafsu makan]
Bom apetite!	Selamat makan!	[selamat makan!]
abrir (~ uma lata, etc.)	membuka	[membuka]
derramar (~ líquido)	menumpahkan	[mənumpahkan]
ferver (vi)	mendidih	[məndidih]
ferver (vt)	mendidihkan	[məndidihkan]
fervido (adj)	masak	[masaʔ]
esfriar (vt)	mendinginkan	[məndiŋinkan]
esfriar-se (vr)	mendingin	[məndiŋin]
sabor, gosto (m)	rasa	[rasa]
fim (m) de boca	nuansa rasa	[nuansa rasa]
emagrecer (vi)	berdiet	[berdiet]
dieta (f)	diet, pola makan	[diet], [pola makan]
vitamina (f)	vitamin	[vitamin]
caloria (f)	kalori	[kalori]
vegetariano (m)	vegetarian	[vegetarian]
vegetariano (adj)	vegetarian	[vegetarian]
gorduras (f pl)	lemak	[lemaʔ]
proteínas (f pl)	protein	[protein]
carboidratos (m pl)	karbohidrat	[karbohidrat]
fatia (~ de limão, etc.)	irisan	[irisan]
pedaço (~ de bolo)	potongan	[potoŋan]
migalha (f), farelo (m)	remah	[remah]

52. Por a mesa

colher (f)	sendok	[sendoʔ]
faca (f)	pisau	[pisau]
garfo (m)	garpu	[garpu]
xícara (f)	cangkir	[tʃaŋkir]
prato (m)	piring	[piriŋ]
pires (m)	alas cangkir	[alas tʃaŋkir]
guardanapo (m)	serbet	[serbet]
palito (m)	tusuk gigi	[tusuʔ gigi]

53. Restaurante

restaurante (m)	restoran	[restoran]
cafeteria (f)	warung kopi	[waruŋ kopi]
bar (m), cervejaria (f)	bar	[bar]
salão (m) de chá	warung teh	[waruŋ teh]
garçom (m)	pelayan lelaki	[pelajan lelaki]
garçonete (f)	pelayan perempuan	[pelajan perempuan]
barman (m)	pelayan bar	[pelajan bar]
cardápio (m)	menu	[menu]
lista (f) de vinhos	daftar anggur	[daftar aŋgur]
reservar uma mesa	memesan meja	[memesan medʒʲa]
prato (m)	masakan, hidangan	[masakan], [hidaŋan]
pedir (vt)	memesan	[memesan]
fazer o pedido	memesan	[memesan]
aperitivo (m)	aperitif	[aperitif]
entrada (f)	makanan ringan	[makanan riŋan]
sobremesa (f)	hidangan penutup	[hidaŋan penutup]
conta (f)	bon	[bon]
pagar a conta	membayar bon	[membajar bon]
dar o troco	memberikan uang kembalian	[memberikan uaŋ kembalian]
gorjeta (f)	tip	[tip]

Família, parentes e amigos

54. Informação pessoal. Formulários

nome (m)	nama, nama depan	[nama], [nama depan]
sobrenome (m)	nama keluarga	[nama keluarga]
data (f) de nascimento	tanggal lahir	[taŋgal lahir]
local (m) de nascimento	tempat lahir	[tempat lahir]
nacionalidade (f)	kebangsaan	[kebaŋsa'an]
lugar (m) de residência	tempat tinggal	[tempat tiŋgal]
país (m)	negara, negeri	[negara], [negeri]
profissão (f)	profesi	[profesi]
sexo (m)	jenis kelamin	[dʒienis kelamin]
estatura (f)	tinggi badan	[tiŋgi badan]
peso (m)	berat	[berat]

55. Membros da família. Parentes

mãe (f)	ibu	[ibu]
pai (m)	ayah	[ajah]
filho (m)	anak lelaki	[ana' lelaki]
filha (f)	anak perempuan	[ana' pərempuan]
caçula (f)	anak perempuan bungsu	[ana' pərempuan buŋsu]
caçula (m)	anak lelaki bungsu	[ana' lelaki buŋsu]
filha (f) mais velha	anak perempuan sulung	[ana' pərempuan suluŋ]
filho (m) mais velho	anak lelaki sulung	[ana' lelaki suluŋ]
irmão (m)	saudara lelaki	[saudara lelaki]
irmão (m) mais velho	kakak lelaki	[kaka' lelaki]
irmão (m) mais novo	adik lelaki	[adi' lelaki]
irmã (f)	saudara perempuan	[saudara pərempuan]
irmã (f) mais velha	kakak perempuan	[kaka' pərempuan]
irmã (f) mais nova	adik perempuan	[adi' pərempuan]
primo (m)	sepupu lelaki	[sepupu lelaki]
prima (f)	sepupu perempuan	[sepupu pərempuan]
mamãe (f)	mama, ibu	[mama], [ibu]
papai (m)	papa, ayah	[papa], [ajah]
pais (pl)	orang tua	[oraŋ tua]
criança (f)	anak	[ana']
crianças (f pl)	anak-anak	[ana'-ana']
avó (f)	nenek	[nene']
avô (m)	kakek	[kake']

neto (m)	cucu laki-laki	[ʧuʧu laki-laki]
neta (f)	cucu perempuan	[ʧuʧu pərempuan]
netos (pl)	cucu	[ʧuʧu]

tio (m)	paman	[paman]
tia (f)	bibi	[bibi]
sobrinho (m)	keponakan laki-laki	[keponakan laki-laki]
sobrinha (f)	keponakan perempuan	[keponakan pərempuan]

sogra (f)	ibu mertua	[ibu mertua]
sogro (m)	ayah mertua	[ajah mertua]
genro (m)	menantu laki-laki	[mənantu laki-laki]
madrasta (f)	ibu tiri	[ibu tiri]
padrasto (m)	ayah tiri	[ajah tiri]

criança (f) de colo	bayi	[baji]
bebê (m)	bayi	[baji]
menino (m)	bocah cilik	[boʧah ʧili²]

mulher (f)	istri	[istri]
marido (m)	suami	[suami]
esposo (m)	suami	[suami]
esposa (f)	istri	[istri]

casado (adj)	menikah, beristri	[mənikah], [bəristri]
casada (adj)	menikah, bersuami	[mənikah], [bərsuami]
solteiro (adj)	bujang	[budʒiaŋ]
solteirão (m)	bujang	[budʒiaŋ]
divorciado (adj)	bercerai	[bərʧeraj]
viúva (f)	janda	[dʒianda]
viúvo (m)	duda	[duda]

parente (m)	kerabat	[kerabat]
parente (m) próximo	kerabat dekat	[kerabat dekat]
parente (m) distante	kerabat jauh	[kerabat dʒiauh]
parentes (m pl)	kerabat, sanak saudara	[kerabat], [sana' saudara]

órfão (m), órfã (f)	yatim piatu	[yatim piatu]
tutor (m)	wali	[wali]
adotar (um filho)	mengadopsi	[məŋadopsi]
adotar (uma filha)	mengadopsi	[məŋadopsi]

56. Amigos. Colegas de trabalho

amigo (m)	sahabat	[sahabat]
amiga (f)	sahabat	[sahabat]
amizade (f)	persahabatan	[pərsahabatan]
ser amigos	bersahabat	[bərsahabat]

amigo (m)	teman	[teman]
amiga (f)	teman	[teman]
parceiro (m)	mitra	[mitra]
chefe (m)	atasan	[atasan]
superior (m)	atasan	[atasan]

proprietário (m)	pemilik	[pemili']
subordinado (m)	bawahan	[bawahan]
colega (m, f)	kolega	[kolega]

conhecido (m)	kenalan	[kenalan]
companheiro (m) de viagem	rekan seperjalanan	[rekan seperdʒ'alanan]
colega (m) de classe	teman sekelas	[teman sekelas]

vizinho (m)	tetangga	[tetaŋga]
vizinha (f)	tetangga	[tetaŋga]
vizinhos (pl)	para tetangga	[para tetaŋga]

57. Homem. Mulher

mulher (f)	perempuan, wanita	[pərempuan], [wanita]
menina (f)	gadis	[gadis]
noiva (f)	mempelai perempuan	[mempelaj pərempuan]

bonita, bela (adj)	cantik	[tʃanti']
alta (adj)	tinggi	[tiŋgi]
esbelta (adj)	ramping	[rampiŋ]
baixa (adj)	pendek	[pende']

| loira (f) | orang berambut pirang | [oraŋ bərambut piraŋ] |
| morena (f) | orang berambut cokelat | [oraŋ bərambut tʃokelat] |

de senhora	wanita	[wanita]
virgem (f)	perawan	[pərawan]
grávida (adj)	hamil	[hamil]

homem (m)	laki-laki, pria	[laki-laki], [pria]
loiro (m)	orang berambut pirang	[oraŋ bərambut piraŋ]
moreno (m)	orang berambut cokelat	[oraŋ bərambut tʃokelat]
alto (adj)	tinggi	[tiŋgi]
baixo (adj)	pendek	[pende']

rude (adj)	kasar	[kasar]
atarracado (adj)	kekar	[kekar]
robusto (adj)	tegap	[tegap]
forte (adj)	kuat	[kuat]
força (f)	kekuatan	[kekuatan]

gordo (adj)	gemuk	[gemu']
moreno (adj)	berkulit hitam	[bərkulit hitam]
esbelto (adj)	ramping	[rampiŋ]
elegante (adj)	anggun	[aŋgun]

58. Idade

idade (f)	umur	[umur]
juventude (f)	usia muda	[usia muda]
jovem (adj)	muda	[muda]

mais novo (adj)	lebih muda	[lebih muda]
mais velho (adj)	lebih tua	[lebih tua]
jovem (m)	pemuda	[pemuda]
adolescente (m)	remaja	[remadʒʲa]
rapaz (m)	cowok	[ʧowoʔ]
velho (m)	lelaki tua	[lelaki tua]
velha (f)	perempuan tua	[pərempuan tua]
adulto	dewasa	[dewasa]
de meia-idade	paruh baya	[paruh baja]
idoso, de idade (adj)	lansia	[lansia]
velho (adj)	tua	[tua]
aposentadoria (f)	pensiun	[pensiun]
aposentar-se (vr)	pensiun	[pensiun]
aposentado (m)	pensiunan	[pensiunan]

59. Crianças

criança (f)	anak	[anaʔ]
crianças (f pl)	anak-anak	[anaʔ-anaʔ]
gêmeos (m pl), gêmeas (f pl)	kembar	[kembar]
berço (m)	buaian	[buajan]
chocalho (m)	ocehan	[oʧehan]
fralda (f)	popok	[popoʔ]
chupeta (f), bico (m)	dot	[dot]
carrinho (m) de bebê	kereta bayi	[kereta baji]
jardim (m) de infância	taman kanak-kanak	[taman kanaʔ-kanaʔ]
babysitter, babá (f)	pengasuh anak	[peŋasuh anaʔ]
infância (f)	masa kanak-kanak	[masa kanaʔ-kanaʔ]
boneca (f)	boneka	[boneka]
brinquedo (m)	mainan	[majnan]
jogo (m) de montar	alat permainan bongkah	[alat pərmajnan boŋkah]
bem-educado (adj)	beradab	[bəradab]
malcriado (adj)	biadab	[biadab]
mimado (adj)	manja	[mandʒʲa]
ser travesso	nakal	[nakal]
travesso, traquinas (adj)	nakal	[nakal]
travessura (f)	kenakalan	[kenakalan]
criança (f) travessa	anak nakal	[anaʔ nakal]
obediente (adj)	patuh	[patuh]
desobediente (adj)	tidak patuh	[tidaʔ patuh]
dócil (adj)	penurut	[penurut]
inteligente (adj)	pandai, pintar	[pandaj], [pintar]
prodígio (m)	anak ajaib	[anaʔ adʒʲajb]

60. Casais. Vida de família

beijar (vt)	mencium	[mənʧium]
beijar-se (vr)	berciuman	[bərʧiuman]
família (f)	keluarga	[keluarga]
familiar (vida ~)	keluarga	[keluarga]
casal (m)	pasangan	[pasaŋan]
matrimônio (m)	pernikahan	[pərnikahan]
lar (m)	rumah tangga	[rumah taŋga]
dinastia (f)	dinasti	[dinasti]
encontro (m)	kencan	[kenʧan]
beijo (m)	ciuman	[ʧiuman]
amor (m)	cinta	[ʧinta]
amar (pessoa)	mencintai	[mənʧintaj]
amado, querido (adj)	kekasih	[kekasih]
ternura (f)	kelembutan	[kelembutan]
afetuoso (adj)	lembut	[lembut]
fidelidade (f)	kesetiaan	[kesetiaʔan]
fiel (adj)	setia	[setia]
cuidado (m)	perhatian	[pərhatian]
carinhoso (adj)	penuh perhatian	[penuh pərhatian]
recém-casados (pl)	pengantin baru	[peŋantin baru]
lua (f) de mel	bulan madu	[bulan madu]
casar-se (com um homem)	menikah, bersuami	[mənikah], [bərsuami]
casar-se (com uma mulher)	menikah, beristri	[mənikah], [bəristri]
casamento (m)	pernikahan	[pərnikahan]
bodas (f pl) de ouro	pernikahan emas	[pərnikahan emas]
aniversário (m)	hari jadi, HUT	[hari dʒiadi], [ha-u-te]
amante (m)	pria idaman lain	[pria idaman lajn]
amante (f)	wanita idaman lain	[wanita idaman lajn]
adultério (m), traição (f)	perselingkuhan	[pərseliŋkuhan]
cometer adultério	berselingkuh dari ...	[bərseliŋkuh dari ...]
ciumento (adj)	cemburu	[ʧemburu]
ser ciumento, -a	cemburu	[ʧemburu]
divórcio (m)	perceraian	[pərʧerajan]
divorciar-se (vr)	bercerai	[bərʧeraj]
brigar (discutir)	bertengkar	[bərteŋkar]
fazer as pazes	berdamai	[bərdamaj]
juntos (ir ~)	bersama	[bərsama]
sexo (m)	seks	[seks]
felicidade (f)	kebahagiaan	[kebahagiaʔan]
feliz (adj)	berbahagia	[bərbahagia]
infelicidade (f)	kemalangan	[kemalaŋan]
infeliz (adj)	malang	[malaŋ]

Caráter. Sentimentos. Emoções

61. Sentimentos. Emoções

sentimento (m)	perasaan	[pərasa'an]
sentimentos (m pl)	perasaan	[pərasa'an]
sentir (vt)	merasa	[merasa]

fome (f)	kelaparan	[kelaparan]
ter fome	lapar	[lapar]
sede (f)	kehausan	[kehausan]
ter sede	haus	[haus]
sonolência (f)	kantuk	[kantu']
estar sonolento	mengantuk	[məŋantu']

cansaço (m)	rasa lelah	[rasa lelah]
cansado (adj)	lelah	[lelah]
ficar cansado	lelah	[lelah]

humor (m)	suasana hati	[suasana hati]
tédio (m)	kebosanan	[kebosanan]
entediar-se (vr)	bosan	[bosan]
reclusão (isolamento)	kesendirian	[kesendirian]
isolar-se (vr)	menyendiri	[mənjendiri]

preocupar (vt)	membuat khawatir	[membuat hawatir]
estar preocupado	khawatir	[hawatir]
preocupação (f)	kekhawatiran	[kehawatiran]
ansiedade (f)	kegelisahan	[kegelisahan]
preocupado (adj)	prihatin	[prihatin]
estar nervoso	gugup, gelisah	[gugup], [gelisah]
entrar em pânico	panik	[pani']

esperança (f)	harapan	[harapan]
esperar (vt)	berharap	[bərharap]

certeza (f)	kepastian	[kepastian]
certo, seguro de ...	pasti	[pasti]
indecisão (f)	ketidakpastian	[ketidakpastian]
indeciso (adj)	tidak pasti	[tida' pasti]

bêbado (adj)	mabuk	[mabu']
sóbrio (adj)	sadar, tidak mabuk	[sadar], [tida' mabu']
fraco (adj)	lemah	[lemah]
feliz (adj)	berbahagia	[bərbahagia]
assustar (vt)	menakuti	[mənakuti]
fúria (f)	kemarahan	[kemarahan]
ira, raiva (f)	kemarahan	[kemarahan]
depressão (f)	depresi	[depresi]
desconforto (m)	ketidaknyamanan	[ketidaknjamanan]

conforto (m)	kenyamanan	[kenjamanan]
arrepender-se (vr)	menyesal	[mənjesal]
arrependimento (m)	penyesalan	[penjesalan]
azar (m), má sorte (f)	kesialan	[kesialan]
tristeza (f)	kekesalan	[kekesalan]
vergonha (f)	rasa malu	[rasa malu]
alegria (f)	kegirangan	[kegiraŋan]
entusiasmo (m)	antusiasme	[antusiasme]
entusiasta (m)	antusias	[antusias]
mostrar entusiasmo	memperlihatkan antusiasme	[memperlihatkan antusiasme]

62. Caráter. Personalidade

caráter (m)	watak	[wataʔ]
falha (f) de caráter	kepincangan	[kepintʃaŋan]
mente (f)	otak	[otaʔ]
razão (f)	akal	[akal]
consciência (f)	nurani	[nurani]
hábito, costume (m)	kebiasaan	[kebiasaʔan]
habilidade (f)	kemampuan, bakat	[kemampuan], [bakat]
saber (~ nadar, etc.)	dapat	[dapat]
paciente (adj)	sabar	[sabar]
impaciente (adj)	tidak sabar	[tidaʔ sabar]
curioso (adj)	ingin tahu	[iŋin tahu]
curiosidade (f)	rasa ingin tahu	[rasa iŋin tahu]
modéstia (f)	kerendahan hati	[kerendahan hati]
modesto (adj)	rendah hati	[rendah hati]
imodesto (adj)	tidak tahu malu	[tidaʔ tahu malu]
preguiça (f)	kemalasan	[kemalasan]
preguiçoso (adj)	malas	[malas]
preguiçoso (m)	pemalas	[pemalas]
astúcia (f)	kelicikan	[kelitʃikan]
astuto (adj)	licik	[litʃiʔ]
desconfiança (f)	ketidakpercayaan	[ketidakpertʃajaʔan]
desconfiado (adj)	tidak percaya	[tidaʔ pertʃaja]
generosidade (f)	kemurahan hati	[kemurahan hati]
generoso (adj)	murah hati	[murah hati]
talentoso (adj)	berbakat	[bərbakat]
talento (m)	bakat	[bakat]
corajoso (adj)	berani	[bərani]
coragem (f)	keberanian	[keberanian]
honesto (adj)	jujur	[dʒʲudʒʲur]
honestidade (f)	kejujuran	[kedʒʲudʒʲuran]
prudente, cuidadoso (adj)	berhati-hati	[bərhati-hati]
valoroso (adj)	berani	[bərani]

| sério (adj) | serius | [serius] |
| severo (adj) | keras | [keras] |

decidido (adj)	tegas	[tegas]
indeciso (adj)	ragu-ragu	[ragu-ragu]
tímido (adj)	malu	[malu]
timidez (f)	sifat pemalu	[sifat pemalu]

confiança (f)	kepercayaan	[kepertʃaja'an]
confiar (vt)	percaya	[pərtʃaja]
crédulo (adj)	mudah percaya	[mudah pərtʃaja]

sinceramente	ikhlas	[ihlas]
sincero (adj)	ikhlas	[ihlas]
sinceridade (f)	keikhlasan	[keihlasan]
aberto (adj)	terbuka	[tərbuka]

calmo (adj)	tenang	[tenaŋ]
franco (adj)	terus terang	[terus təraŋ]
ingênuo (adj)	naif	[naif]
distraído (adj)	lalai	[lalaj]
engraçado (adj)	lucu	[lutʃu]

ganância (f)	kerakusan	[kerakusan]
ganancioso (adj)	rakus	[rakus]
avarento, sovina (adj)	pelit, kikir	[pelit], [kikir]
mal (adj)	jahat	[dʒ'ahat]
teimoso (adj)	keras kepala, degil	[keras kepala], [degil]
desagradável (adj)	tidak menyenangkan	[tida' menjenaŋkan]

egoísta (m)	egois	[egois]
egoísta (adj)	egoistis	[egoistis]
covarde (m)	penakut	[penakut]
covarde (adj)	penakut	[penakut]

63. O sono. Sonhos

dormir (vi)	tidur	[tidur]
sono (m)	tidur	[tidur]
sonho (m)	mimpi	[mimpi]
sonhar (ver sonhos)	bermimpi	[bərmimpi]
sonolento (adj)	mengantuk	[məŋantu']

cama (f)	ranjang	[randʒ'aŋ]
colchão (m)	kasur	[kasur]
cobertor (m)	selimut	[selimut]
travesseiro (m)	bantal	[bantal]
lençol (m)	seprai	[sepraj]

insônia (f)	insomnia	[insomnia]
sem sono (adj)	tanpa tidur	[tanpa tidur]
sonífero (m)	obat tidur	[obat tidur]
tomar um sonífero	meminum obat tidur	[meminum obat tidur]
estar sonolento	mengantuk	[məŋantu']

bocejar (vi)	menguap	[məŋuap]
ir para a cama	tidur	[tidur]
fazer a cama	menyiapkan ranjang	[mənjiapkan randʒiaŋ]
adormecer (vi)	tertidur	[tərtidur]

pesadelo (m)	mimpi buruk	[mimpi buru']
ronco (m)	dengkuran	[deŋkuran]
roncar (vi)	berdengkur	[bərdeŋkur]

despertador (m)	weker	[weker]
acordar, despertar (vt)	membangunkan	[membaŋunkan]
acordar (vi)	bangun	[baŋun]
levantar-se (vr)	bangun	[baŋun]
lavar-se (vr)	mencuci muka	[məntʃutʃi muka]

64. Humor. Riso. Alegria

humor (m)	humor	[humor]
senso (m) de humor	rasa humor	[rasa humor]
divertir-se (vr)	bersukaria	[bərsukaria]
alegre (adj)	riang, gembira	[riaŋ], [gembira]
diversão (f)	keriangan, kegembiraan	[keriaŋan], [kegembira'an]

sorriso (m)	senyuman	[senyuman]
sorrir (vi)	tersenyum	[tərsenyum]
começar a rir	tertawa	[tərtawa]
rir (vi)	tertawa	[tərtawa]
riso (m)	gelak tawa	[gela' tawa]

anedota (f)	anekdot, lelucon	[anekdot], [lelutʃon]
engraçado (adj)	lucu	[lutʃu]
ridículo, cômico (adj)	lucu	[lutʃu]

brincar (vi)	bergurau	[bərgurau]
piada (f)	lelucon	[lelutʃon]
alegria (f)	kegembiraan	[kegembira'an]
regozijar-se (vr)	bergembira	[bərgembira]
alegre (adj)	gembira	[gembira]

65. Discussão, conversação. Parte 1

| comunicação (f) | komunikasi | [komunikasi] |
| comunicar-se (vr) | berkomunikasi | [bərkomunikasi] |

conversa (f)	pembicaraan	[pembitʃara'an]
diálogo (m)	dialog	[dialog]
discussão (f)	diskusi	[diskusi]
debate (m)	perdebatan	[pərdebatan]
debater (vt)	berdebat	[bərdebat]

| interlocutor (m) | lawan bicara | [lawan bitʃara] |
| tema (m) | topik, tema | [topik], [tema] |

ponto (m) de vista	sudut pandang	[sudut pandaŋ]
opinião (f)	opini, pendapat	[opini], [pendapat]
discurso (m)	pidato, tuturan	[pidato], [tuturan]
discussão (f)	pembicaraan	[pembitʃaraʾan]
discutir (vt)	membicarakan	[membitʃarakan]
conversa (f)	pembicaraan	[pembitʃaraʾan]
conversar (vi)	berbicara	[bərbitʃara]
reunião (f)	pertemuan	[pərtemuan]
encontrar-se (vr)	bertemu	[bərtemu]
provérbio (m)	peribahasa	[pəribahasa]
ditado, provérbio (m)	peribahasa	[pəribahasa]
adivinha (f)	teka-teki	[teka-teki]
dizer uma adivinha	memberi teka-teki	[memberi teka-teki]
senha (f)	kata sandi	[kata sandi]
segredo (m)	rahasia	[rahasia]
juramento (m)	sumpah	[sumpah]
jurar (vi)	bersumpah	[bərsumpah]
promessa (f)	janji	[dʒ¹andʒi]
prometer (vt)	berjanji	[bərdʒ¹andʒi]
conselho (m)	nasihat	[nasihat]
aconselhar (vt)	menasihati	[mənasihati]
seguir o conselho	mengikuti nasihat	[məŋikuti nasihat]
escutar (~ os conselhos)	mendengar …	[məndeŋar …]
novidade, notícia (f)	berita	[berita]
sensação (f)	sensasi	[sensasi]
informação (f)	data, informasi	[data], [informasi]
conclusão (f)	kesimpulan	[kesimpulan]
voz (f)	suara	[suara]
elogio (m)	pujian	[pudʒian]
amável, querido (adj)	ramah	[ramah]
palavra (f)	kata	[kata]
frase (f)	frasa	[frasa]
resposta (f)	jawaban	[dʒ¹awaban]
verdade (f)	kebenaran	[kebenaran]
mentira (f)	kebohongan	[kebohoŋan]
pensamento (m)	pikiran	[pikiran]
ideia (f)	ide	[ide]
fantasia (f)	fantasi	[fantasi]

66. Discussão, conversação. Parte 2

estimado, respeitado (adj)	terhormat	[tərhormat]
respeitar (vt)	menghormati	[məŋhormati]
respeito (m)	penghormatan	[pəŋhormatan]
Estimado …, Caro …	Yth. … (Yang Terhormat)	[yaŋ tərhormat]
apresentar (alguém a alguém)	memperkenalkan	[memperkenalkan]

conhecer (vt)	berkenalan	[bərkenalan]
intenção (f)	niat	[niat]
tencionar (~ fazer algo)	berniat	[bərniat]
desejo (de boa sorte)	pengharapan	[peŋharapan]
desejar (ex. ~ boa sorte)	mengharapkan	[məŋharapkan]
surpresa (f)	keheranan	[keheranan]
surpreender (vt)	mengherankan	[məŋherankan]
surpreender-se (vr)	heran	[heran]
dar (vt)	memberi	[memberi]
pegar (tomar)	mengambil	[məŋambil]
devolver (vt)	mengembalikan	[məŋembalikan]
retornar (vt)	mengembalikan	[məŋembalikan]
desculpar-se (vr)	meminta maaf	[meminta ma'af]
desculpa (f)	permintaan maaf	[pərminta'an ma'af]
perdoar (vt)	memaafkan	[mema'afkan]
falar (vi)	berbicara	[bərbitʃara]
escutar (vt)	mendengarkan	[məndeŋarkan]
ouvir até o fim	mendengar	[məndeŋar]
entender (compreender)	mengerti	[məŋerti]
mostrar (vt)	menunjukkan	[mənundʒⁱuˀkan]
olhar para ...	melihat ...	[melihat ...]
chamar (alguém para ...)	memanggil	[memaŋgil]
perturbar, distrair (vt)	mengganggu	[məŋgaŋgu]
perturbar (vt)	mengganggu	[məŋgaŋgu]
entregar (~ em mãos)	menyampaikan	[mənjampajkan]
pedido (m)	permintaan	[pərminta'an]
pedir (ex. ~ ajuda)	meminta	[meminta]
exigência (f)	tuntutan	[tuntutan]
exigir (vt)	menuntut	[mənuntut]
insultar (chamar nomes)	mengejek	[məŋedʒⁱeˀ]
zombar (vt)	mencemooh	[məntʃemooh]
zombaria (f)	cemoohan	[tʃemoohan]
alcunha (f), apelido (m)	nama panggilan	[nama paŋgilan]
insinuação (f)	isyarat	[iʃarat]
insinuar (vt)	mengisyaratkan	[məŋiʃaratkan]
querer dizer	berarti	[bərarti]
descrição (f)	penggambaran	[peŋgambaran]
descrever (vt)	menggambarkan	[məŋgambarkan]
elogio (m)	pujian	[pudʒian]
elogiar (vt)	memuji	[memudʒi]
desapontamento (m)	kekecewaan	[keketʃewa'an]
desapontar (vt)	mengecewakan	[məŋetʃewakan]
desapontar-se (vr)	kecewa	[ketʃewa]
suposição (f)	dugaan	[duga'an]
supor (vt)	menduga	[mənduga]

| advertência (f) | peringatan | [pəriŋatan] |
| advertir (vt) | memperingatkan | [memperiŋatkan] |

67. Discussão, conversação. Parte 3

| convencer (vt) | meyakinkan | [meyakinkan] |
| acalmar (vt) | menenangkan | [mənenaŋkan] |

silêncio (o ~ é de ouro)	kebisuan	[kebisuan]
ficar em silêncio	membisu	[membisu]
sussurrar (vt)	berbisik	[bərbisi']
sussurro (m)	bisikan	[bisikan]

| francamente | terus terang | [terus təraŋ] |
| na minha opinião … | menurut saya … | [mənurut saja …] |

detalhe (~ da história)	detail, perincian	[detajl], [pərintʃian]
detalhado (adj)	mendetail	[məndetajl]
detalhadamente	dengan mendetail	[deŋan mendetajl]

| dica (f) | petunjuk | [petundʒʲu'] |
| dar uma dica | memberi petunjuk | [memberi petundʒʲu'] |

olhar (m)	melihat	[melihat]
dar uma olhada	melihat	[melihat]
fixo (olhada ~a)	kaku	[kaku]
piscar (vi)	berkedip	[bərkedip]
piscar (vt)	mengedipkan mata	[məŋedipkan mata]
acenar com a cabeça	mengangguk	[məŋaŋgu']

suspiro (m)	desah	[desah]
suspirar (vi)	mendesah	[məndesah]
estremecer (vi)	tersentak	[tərsenta']
gesto (m)	gerak tangan	[gera' taŋan]
tocar (com as mãos)	menyentuh	[mənjentuh]
agarrar (~ pelo braço)	memegang	[memegaŋ]
bater de leve	menepuk	[mənepu']

Cuidado!	Awas! Hati-hati!	[awas!], [hati-hati!]
Sério?	Sungguh?	[suŋguh?]
Tem certeza?	Kamu yakin?	[kamu yakin?]
Boa sorte!	Semoga behasil!	[semoga behasil!]
Entendi!	Begitu!	[begitu!]
Que pena!	Sayang sekali!	[sajaŋ sekali!]

68. Acordo. Recusa

consentimento (~ mútuo)	persetujuan	[pərsetudʒʲuan]
consentir (vi)	setuju, ijin	[setudʒʲu], [idʒin]
aprovação (f)	persetujuan	[pərsetudʒʲuan]
aprovar (vt)	menyetujui	[mənjetudʒʲui]
recusa (f)	penolakan	[penolakan]

negar-se a …	menolak	[mənolaʔ]
Ótimo!	Bagus!	[bagus!]
Tudo bem!	Baiklah! Baik!	[bajklah!], [bajʔ!]
Está bem! De acordo!	Baiklah! Baik!	[bajklah!], [bajʔ!]

proibido (adj)	larangan	[laraŋan]
é proibido	dilarang	[dilaraŋ]
é impossível	mustahil	[mustahil]
incorreto (adj)	salah	[salah]

rejeitar (~ um pedido)	menolak	[mənolaʔ]
apoiar (vt)	mendukung	[məndukuŋ]
aceitar (desculpas, etc.)	menerima	[mənerima]

confirmar (vt)	mengonfirmasi	[məŋonfirmasi]
confirmação (f)	konfirmasi	[konfirmasi]
permissão (f)	izin	[izin]
permitir (vt)	mengizinkan	[məŋizinkan]
decisão (f)	keputusan	[keputusan]
não dizer nada	membisu	[membisu]

condição (com uma ~)	syarat	[ʃarat]
pretexto (m)	alasan, dalih	[alasan], [dalih]
elogio (m)	pujian	[puʤian]
elogiar (vt)	memuji	[memuʤi]

69. Sucesso. Boa sorte. Insucesso

êxito, sucesso (m)	sukses, berhasil	[sukses], [bərhasil]
com êxito	dengan sukses	[deŋan sukses]
bem sucedido (adj)	sukses, berhasil	[sukses], [bərhasil]

sorte (fortuna)	keberuntungan	[keberuntuŋan]
Boa sorte!	Semoga behasil!	[semoga behasil!]
de sorte	beruntung	[bəruntuŋ]
sortudo, felizardo (adj)	beruntung	[bəruntuŋ]

fracasso (m)	kegagalan	[kegagalan]
pouca sorte (f)	kesialan	[kesialan]
azar (m), má sorte (f)	kesialan	[kesialan]

mal sucedido (adj)	gagal	[gagal]
catástrofe (f)	gagal total	[gagal total]

orgulho (m)	kebanggaan	[kebaŋgaʔan]
orgulhoso (adj)	bangga	[baŋga]
estar orgulhoso, -a	bangga	[baŋga]

vencedor (m)	pemenang	[pemenaŋ]
vencer (vi, vt)	menang	[menaŋ]
perder (vt)	kalah	[kalah]
tentativa (f)	percobaan	[pərʧobaʔan]
tentar (vt)	mencoba	[mənʧoba]
chance (m)	kans, peluang	[kans], [peluaŋ]

70. Conflitos. Emoções negativas

grito (m)	teriakan	[təriakan]
gritar (vi)	berteriak	[bərteria']
começar a gritar	berteriak	[bərteria']

discussão (f)	pertengkaran	[pərteŋkaran]
brigar (discutir)	bertengkar	[bərteŋkar]
escândalo (m)	pertengkaran	[pərteŋkaran]
criar escândalo	bertengkar	[bərteŋkar]
conflito (m)	konflik	[konfli']
mal-entendido (m)	kesalahpahaman	[kesalahpahaman]

insulto (m)	penghinaan	[peŋhina'an]
insultar (vt)	menghina	[məŋhina]
insultado (adj)	terhina	[tərhina]
ofensa (f)	perasaan tersinggung	[pərasa'an tərsiŋguŋ]
ofender (vt)	menyinggung	[mənjiŋguŋ]
ofender-se (vr)	tersinggung	[tərsiŋguŋ]

indignação (f)	kemarahan	[kemarahan]
indignar-se (vr)	marah	[marah]
queixa (f)	komplain, pengaduan	[kompleyn], [peɲaduan]
queixar-se (vr)	mengeluh	[məŋeluh]

desculpa (f)	permintaan maaf	[pərminta'an ma'af]
desculpar-se (vr)	meminta maaf	[meminta ma'af]
pedir perdão	minta maaf	[minta ma'af]

crítica (f)	kritik	[kriti']
criticar (vt)	mengkritik	[məŋkriti']
acusação (f)	tuduhan	[tuduhan]
acusar (vt)	menuduh	[mənuduh]

vingança (f)	dendam	[dendam]
vingar (vt)	membalas dendam	[membalas dendam]
vingar-se de	membalas	[membalas]

desprezo (m)	penghinaan	[peŋhina'an]
desprezar (vt)	benci, membenci	[bentʃi], [membentʃi]
ódio (m)	rasa benci	[rasa bentʃi]
odiar (vt)	membenci	[membentʃi]

nervoso (adj)	gugup, grogi	[gugup], [grogi]
estar nervoso	gugup, gelisah	[gugup], [gelisah]
zangado (adj)	marah	[marah]
zangar (vt)	membuat marah	[membuat marah]

humilhação (f)	penghinaan	[peŋhina'an]
humilhar (vt)	merendahkan	[merendahkan]
humilhar-se (vr)	merendahkan diri sendiri	[merendahkan diri sendiri]

choque (m)	keterkejutan	[keterkedʒ/utan]
chocar (vt)	mengejutkan	[məɲedʒ/utkan]
aborrecimento (m)	kesulitan	[kesulitan]

desagradável (adj)	tidak menyenangkan	[tida' menjenaŋkan]
medo (m)	ketakutan	[ketakutan]
terrível (tempestade, etc.)	dahsyat	[dahʃat]
assustador (ex. história ~a)	menakutkan	[mənakutkan]
horror (m)	horor, ketakutan	[horor], [ketakutan]
horrível (crime, etc.)	buruk, parah	[buruk], [parah]

começar a tremer	gemetar	[gemetar]
chorar (vi)	menangis	[mənaŋis]
começar a chorar	menangis	[mənaŋis]
lágrima (f)	air mata	[air mata]

falta (f)	kesalahan	[kesalahan]
culpa (f)	rasa bersalah	[rasa bərsalah]
desonra (f)	aib	[aib]
protesto (m)	protes	[protes]
estresse (m)	stres	[stres]

perturbar (vt)	mengganggu	[məŋgaŋgu]
zangar-se com ...	marah	[marah]
zangado (irritado)	marah	[marah]
terminar (vt)	menghentikan	[məŋhentikan]
praguejar	menyumpahi	[mənyumpahi]

assustar-se	takut	[takut]
golpear (vt)	memukul	[memukul]
brigar (na rua, etc.)	berkelahi	[bərkelahi]

resolver (o conflito)	menyelesaikan	[mənjelesajkan]
descontente (adj)	tidak puas	[tida' puas]
furioso (adj)	garam	[garam]

| Não está bem! | Tidak baik! | [tida' bai'!] |
| É ruim! | Jelek! Buruk! | [dʒiele'!], [buru'!] |

Medicina

71. Doenças

doença (f)	penyakit	[penjakit]
estar doente	sakit	[sakit]
saúde (f)	kesehatan	[kesehatan]
nariz (m) escorrendo	hidung meler	[hiduŋ meler]
amigdalite (f)	radang tonsil	[radaŋ tonsil]
resfriado (m)	pilek, selesma	[pilek], [selesma]
ficar resfriado	masuk angin	[masuˀ aŋin]
bronquite (f)	bronkitis	[bronkitis]
pneumonia (f)	radang paru-paru	[radaŋ paru-paru]
gripe (f)	flu	[flu]
míope (adj)	rabun jauh	[rabun dʒˠauh]
presbita (adj)	rabun dekat	[rabun dekat]
estrabismo (m)	mata juling	[mata dʒˠuliŋ]
estrábico, vesgo (adj)	bermata juling	[bərmata dʒˠuliŋ]
catarata (f)	katarak	[kataraˀ]
glaucoma (m)	glaukoma	[glaukoma]
AVC (m), apoplexia (f)	stroke	[stroke]
ataque (m) cardíaco	infark	[infarˀ]
enfarte (m) do miocárdio	serangan jantung	[seraŋan dʒˠantuŋ]
paralisia (f)	kelumpuhan	[kelumpuhan]
paralisar (vt)	melumpuhkan	[melumpuhkan]
alergia (f)	alergi	[alergi]
asma (f)	asma	[asma]
diabetes (f)	diabetes	[diabetes]
dor (f) de dente	sakit gigi	[sakit gigi]
cárie (f)	karies	[karies]
diarreia (f)	diare	[diare]
prisão (f) de ventre	konstipasi, sembelit	[konstipasi], [sembelit]
desarranjo (m) intestinal	gangguan pencernaan	[gaŋuan pentʃarnaˀan]
intoxicação (f) alimentar	keracunan makanan	[keratʃunan makanan]
intoxicar-se	keracunan makanan	[keratʃunan makanan]
artrite (f)	artritis	[artritis]
raquitismo (m)	rakitis	[rakitis]
reumatismo (m)	rematik	[rematiˀ]
arteriosclerose (f)	aterosklerosis	[aterosklerosis]
gastrite (f)	radang perut	[radaŋ pərut]
apendicite (f)	apendisitis	[apendisitis]

colecistite (f)	radang pundi empedu	[radaŋ pundi empedu]
úlcera (f)	tukak lambung	[tuka' lambuŋ]
sarampo (m)	penyakit campak	[penjakit ʧampa']
rubéola (f)	penyakit campak Jerman	[penjakit ʧampa' dʒ'erman]
icterícia (f)	sakit kuning	[sakit kuniŋ]
hepatite (f)	hepatitis	[hepatitis]
esquizofrenia (f)	skizofrenia	[skizofrenia]
raiva (f)	rabies	[rabies]
neurose (f)	neurosis	[neurosis]
contusão (f) cerebral	gegar otak	[gegar ota']
câncer (m)	kanker	[kanker]
esclerose (f)	sklerosis	[sklerosis]
esclerose (f) múltipla	sklerosis multipel	[sklerosis multipel]
alcoolismo (m)	alkoholisme	[alkoholisme]
alcoólico (m)	alkoholik	[alkoholi']
sífilis (f)	sifilis	[sifilis]
AIDS (f)	AIDS	[ajds]
tumor (m)	tumor	[tumor]
maligno (adj)	ganas	[ganas]
benigno (adj)	jinak	[dʒina']
febre (f)	demam	[demam]
malária (f)	malaria	[malaria]
gangrena (f)	gangren	[gaŋren]
enjoo (m)	mabuk laut	[mabu' laut]
epilepsia (f)	epilepsi	[epilepsi]
epidemia (f)	epidemi	[epidemi]
tifo (m)	tifus	[tifus]
tuberculose (f)	tuberkulosis	[tuberkulosis]
cólera (f)	kolera	[kolera]
peste (f) bubônica	penyakit pes	[penjakit pes]

72. Sintomas. Tratamentos. Parte 1

sintoma (m)	gejala	[gedʒ'ala]
temperatura (f)	temperatur, suhu	[temperatur], [suhu]
febre (f)	temperatur tinggi	[temperatur tiŋgi]
pulso (m)	denyut nadi	[denyut nadi]
vertigem (f)	rasa pening	[rasa peniŋ]
quente (testa, etc.)	panas	[panas]
calafrio (m)	menggigil	[məŋgigil]
pálido (adj)	pucat	[puʧat]
tosse (f)	batuk	[batu']
tossir (vi)	batuk	[batu']
espirrar (vi)	bersin	[bersin]
desmaio (m)	pingsan	[piŋsan]

desmaiar (vi)	jatuh pingsan	[dʒ'atuh piŋsan]
mancha (f) preta	luka memar	[luka memar]
galo (m)	bengkak	[beŋka']
machucar-se (vr)	terantuk	[tərantu']
contusão (f)	luka memar	[luka memar]
machucar-se (vr)	kena luka memar	[kena luka memar]
mancar (vi)	pincang	[pintʃaŋ]
deslocamento (f)	keseleo	[keseleo]
deslocar (vt)	keseleo	[keseleo]
fratura (f)	fraktura, patah tulang	[fraktura], [patah tulaŋ]
fraturar (vt)	patah tulang	[patah tulaŋ]
corte (m)	teriris	[təriris]
cortar-se (vr)	teriris	[təriris]
hemorragia (f)	perdarahan	[pərdarahan]
queimadura (f)	luka bakar	[luka bakar]
queimar-se (vr)	menderita luka bakar	[mənderita luka bakar]
picar (vt)	menusuk	[mənusu']
picar-se (vr)	tertusuk	[tərtusu']
lesionar (vt)	melukai	[melukaj]
lesão (m)	cedera	[tʃedera]
ferida (f), ferimento (m)	luka	[luka]
trauma (m)	trauma	[trauma]
delirar (vi)	mengigau	[məŋigau]
gaguejar (vi)	gagap	[gagap]
insolação (f)	sengatan matahari	[seŋatan matahari]

73. Sintomas. Tratamentos. Parte 2

dor (f)	sakit	[sakit]
farpa (no dedo, etc.)	selumbar	[selumbar]
suor (m)	keringat	[keriŋat]
suar (vi)	berkeringat	[bərkeriŋat]
vômito (m)	muntah	[muntah]
convulsões (f pl)	kram	[kram]
grávida (adj)	hamil	[hamil]
nascer (vi)	lahir	[lahir]
parto (m)	persalinan	[pərsalinan]
dar à luz	melahirkan	[melahirkan]
aborto (m)	aborsi	[aborsi]
respiração (f)	pernapasan	[pərnapasan]
inspiração (f)	tarikan napas	[tarikan napas]
expiração (f)	napas keluar	[napas keluar]
expirar (vi)	mengembuskan napas	[məŋembuskan napas]
inspirar (vi)	menarik napas	[mənari' napas]
inválido (m)	penderita cacat	[penderita tʃatʃat]
aleijado (m)	penderita cacat	[penderita tʃatʃat]

drogado (m)	**pecandu narkoba**	[petʃandu narkoba]
surdo (adj)	**tunarungu**	[tunaruŋu]
mudo (adj)	**tunawicara**	[tunawitʃara]
surdo-mudo (adj)	**tunarungu-wicara**	[tunaruŋu-witʃara]

louco, insano (adj)	**gila**	[gila]
louco (m)	**lelaki gila**	[lelaki gila]
louca (f)	**perempuan gila**	[pərempuan gila]
ficar louco	**menggila**	[məŋgila]

gene (m)	**gen**	[gen]
imunidade (f)	**imunitas**	[imunitas]
hereditário (adj)	**turun-temurun**	[turun-temurun]
congênito (adj)	**bawaan**	[bawaʔan]

vírus (m)	**virus**	[virus]
micróbio (m)	**mikroba**	[mikroba]
bactéria (f)	**bakteri**	[bakteri]
infecção (f)	**infeksi**	[infeksi]

74. Sintomas. Tratamentos. Parte 3

hospital (m)	**rumah sakit**	[rumah sakit]
paciente (m)	**pasien**	[pasien]

diagnóstico (m)	**diagnosis**	[diagnosis]
cura (f)	**perawatan**	[pərawatan]
tratamento (m) médico	**pengobatan medis**	[peŋobatan medis]
curar-se (vr)	**berobat**	[bərobat]
tratar (vt)	**merawat**	[merawat]
cuidar (pessoa)	**merawat**	[merawat]
cuidado (m)	**pengasuhan**	[peŋasuhan]

operação (f)	**operasi, pembedahan**	[operasi], [pembedahan]
enfaixar (vt)	**membalut**	[membalut]
enfaixamento (m)	**pembalutan**	[pembalutan]

vacinação (f)	**vaksinasi**	[vaksinasi]
vacinar (vt)	**memvaksinasi**	[memvaksinasi]
injeção (f)	**suntikan**	[suntikan]
dar uma injeção	**menyuntik**	[mənyuntiʔ]

ataque (~ de asma, etc.)	**serangan**	[seraŋan]
amputação (f)	**amputasi**	[amputasi]
amputar (vt)	**mengamputasi**	[məŋamputasi]
coma (f)	**koma**	[koma]
estar em coma	**dalam keadaan koma**	[dalam keadaʔan koma]
reanimação (f)	**perawatan intensif**	[pərawatan intensif]

recuperar-se (vr)	**sembuh**	[sembuh]
estado (~ de saúde)	**keadaan**	[keadaʔan]
consciência (perder a ~)	**kesadaran**	[kesadaran]
memória (f)	**memori, daya ingat**	[memori], [daja iŋat]
tirar (vt)	**mencabut**	[məntʃabut]

| obturação (f) | tambalan | [tambalan] |
| obturar (vt) | menambal | [mənambal] |

| hipnose (f) | hipnosis | [hipnosis] |
| hipnotizar (vt) | menghipnosis | [məɲhipnosis] |

75. Médicos

médico (m)	dokter	[dokter]
enfermeira (f)	suster, juru rawat	[suster], [dʒʲuru rawat]
médico (m) pessoal	dokter pribadi	[dokter pribadi]

dentista (m)	dokter gigi	[dokter gigi]
oculista (m)	dokter mata	[dokter mata]
terapeuta (m)	ahli penyakit dalam	[ahli penjakit dalam]
cirurgião (m)	dokter bedah	[dokter bedah]

psiquiatra (m)	psikiater	[psikiater]
pediatra (m)	dokter anak	[dokter anaʔ]
psicólogo (m)	psikolog	[psikolog]
ginecologista (m)	ginekolog	[ginekolog]
cardiologista (m)	kardiolog	[kardiolog]

76. Medicina. Drogas. Acessórios

medicamento (m)	obat	[obat]
remédio (m)	obat	[obat]
receitar (vt)	meresepkan	[meresepkan]
receita (f)	resep	[resep]

comprimido (m)	pil, tablet	[pil], [tablet]
unguento (m)	salep	[salep]
ampola (f)	ampul	[ampul]
solução, preparado (m)	obat cair	[obat tʃajr]
xarope (m)	sirop	[sirop]
cápsula (f)	pil	[pil]
pó (m)	bubuk	[bubuʔ]

atadura (f)	perban	[perban]
algodão (m)	kapas	[kapas]
iodo (m)	iodium	[iodium]

curativo (m) adesivo	plester obat	[plester obat]
conta-gotas (m)	tetes mata	[tetes mata]
termômetro (m)	termometer	[tərmometər]
seringa (f)	alat suntik	[alat suntiʔ]

| cadeira (f) de rodas | kursi roda | [kursi roda] |
| muletas (f pl) | kruk | [kruʔ] |

| analgésico (m) | obat bius | [obat bius] |
| laxante (m) | laksatif, obat pencuci perut | [laksatif], [obat pentʃutʃi pərut] |

álcool (m)	spiritus, alkohol	[spiritus], [alkohol]
ervas (f pl) medicinais	tanaman obat	[tanaman obat]
de ervas (chá ~)	herbal	[herbal]

77. Fumar. Produtos tabágicos

tabaco (m)	tembakau	[tembakau]
cigarro (m)	rokok	[rokoʔ]
charuto (m)	cerutu	[ʧerutu]
cachimbo (m)	pipa	[pipa]
maço (~ de cigarros)	bungkus	[buŋkus]

fósforos (m pl)	korek api	[koreʔ api]
caixa (f) de fósforos	kotak korek api	[kotaʔ koreʔ api]
isqueiro (m)	pemantik	[pemantiʔ]
cinzeiro (m)	asbak	[asbaʔ]
cigarreira (f)	selepa	[selepa]

| piteira (f) | pemegang rokok | [pemegaŋ rokoʔ] |
| filtro (m) | filter | [filter] |

fumar (vi, vt)	merokok	[merokoʔ]
acender um cigarro	menyulut rokok	[mənyulut rokoʔ]
tabagismo (m)	merokok	[merokoʔ]
fumante (m)	perokok	[pərokoʔ]

bituca (f)	puntung rokok	[puntuŋ rokoʔ]
fumaça (f)	asap	[asap]
cinza (f)	abu	[abu]

HABITAT HUMANO

Cidade

78. Cidade. Vida na cidade

cidade (f)	kota	[kota]
capital (f)	ibu kota	[ibu kota]
aldeia (f)	desa	[desa]
mapa (m) da cidade	peta kota	[peta kota]
centro (m) da cidade	pusat kota	[pusat kota]
subúrbio (m)	pinggir kota	[piŋgir kota]
suburbano (adj)	pinggir kota	[piŋgir kota]
periferia (f)	pinggir	[piŋgir]
arredores (m pl)	daerah sekitarnya	[daerah sekitarnja]
quarteirão (m)	blok	[blo']
quarteirão (m) residencial	blok perumahan	[blo' pərumahan]
tráfego (m)	lalu lintas	[lalu lintas]
semáforo (m)	lampu lalu lintas	[lampu lalu lintas]
transporte (m) público	angkot	[aŋkot]
cruzamento (m)	persimpangan	[pərsimpaŋan]
faixa (f)	penyeberangan	[penjeberaŋan]
túnel (m) subterrâneo	terowongan penyeberangan	[tərowoŋan penjeberaŋan]
cruzar, atravessar (vt)	menyeberang	[mənjeberaŋ]
pedestre (m)	pejalan kaki	[pedʒ'alan kaki]
calçada (f)	trotoar	[trotoar]
ponte (f)	jembatan	[dʒ'embatan]
margem (f) do rio	tepi sungai	[tepi suŋaj]
fonte (f)	air mancur	[air mantʃur]
alameda (f)	jalan kecil	[dʒ'alan ketʃil]
parque (m)	taman	[taman]
bulevar (m)	bulevar, adimarga	[bulevar], [adimarga]
praça (f)	lapangan	[lapaŋan]
avenida (f)	jalan raya	[dʒ'alan raja]
rua (f)	jalan	[dʒ'alan]
travessa (f)	gang	[gaŋ]
beco (m) sem saída	jalan buntu	[dʒ'alan buntu]
casa (f)	rumah	[rumah]
edifício, prédio (m)	gedung	[geduŋ]
arranha-céu (m)	pencakar langit	[pentʃakar laŋit]
fachada (f)	bagian depan	[bagian depan]

telhado (m)	atap	[atap]
janela (f)	jendela	[dʒ'endela]
arco (m)	lengkungan	[leŋkuŋan]
coluna (f)	pilar	[pilar]
esquina (f)	sudut	[sudut]

vitrine (f)	etalase	[etalase]
letreiro (m)	papan nama	[papan nama]
cartaz (do filme, etc.)	poster	[poster]
cartaz (m) publicitário	poster iklan	[poster iklan]
painel (m) publicitário	papan iklan	[papan iklan]

lixo (m)	sampah	[sampah]
lata (f) de lixo	tong sampah	[toŋ sampah]
jogar lixo na rua	menyampah	[mənjampah]
aterro (m) sanitário	tempat pemrosesan akhir (TPA)	[tempat pemrosesan ahir]

orelhão (m)	gardu telepon umum	[gardu telepon umum]
poste (m) de luz	tiang lampu	[tiaŋ lampu]
banco (m)	bangku	[baŋku]

polícia (m)	polisi	[polisi]
polícia (instituição)	polisi, kepolisian	[polisi], [kepolisian]
mendigo, pedinte (m)	pengemis	[peŋemis]
desabrigado (m)	tuna wisma	[tuna wisma]

79. Instituições urbanas

loja (f)	toko	[toko]
drogaria (f)	apotek, toko obat	[apotek], [toko obat]
ótica (f)	optik	[opti']
centro (m) comercial	toserba	[toserba]
supermercado (m)	pasar swalayan	[pasar swalajan]

padaria (f)	toko roti	[toko roti]
padeiro (m)	pembuat roti	[pembuat roti]
pastelaria (f)	toko kue	[toko kue]
mercearia (f)	toko pangan	[toko paŋan]
açougue (m)	toko daging	[toko dagiŋ]

| fruteira (f) | toko sayur | [toko sajur] |
| mercado (m) | pasar | [pasar] |

cafeteria (f)	warung kopi	[waruŋ kopi]
restaurante (m)	restoran	[restoran]
bar (m)	kedai bir	[kedaj bir]
pizzaria (f)	kedai piza	[kedaj piza]

salão (m) de cabeleireiro	salon rambut	[salon rambut]
agência (f) dos correios	kantor pos	[kantor pos]
lavanderia (f)	penatu kimia	[penatu kimia]
estúdio (m) fotográfico	studio foto	[studio foto]
sapataria (f)	toko sepatu	[toko sepatu]

| livraria (f) | toko buku | [toko buku] |
| loja (f) de artigos esportivos | toko alat olahraga | [toko alat olahraga] |

costureira (m)	reparasi pakaian	[reparasi pakajan]
aluguel (m) de roupa	rental pakaian	[rental pakajan]
videolocadora (f)	rental film	[rental film]

circo (m)	sirkus	[sirkus]
jardim (m) zoológico	kebun binatang	[kebun binataŋ]
cinema (m)	bioskop	[bioskop]
museu (m)	museum	[museum]
biblioteca (f)	perpustakaan	[pərpustaka'an]

teatro (m)	teater	[teater]
ópera (f)	opera	[opera]
boate (casa noturna)	klub malam	[klub malam]
cassino (m)	kasino	[kasino]

mesquita (f)	masjid	[masdʒid]
sinagoga (f)	sinagoga, kanisah	[sinagoga], [kanisah]
catedral (f)	katedral	[katedral]
templo (m)	kuil, candi	[kuil], [ʧandi]
igreja (f)	gereja	[geredʒʲa]

faculdade (f)	institut, perguruan tinggi	[institut], [pərguruan tiŋgi]
universidade (f)	universitas	[universitas]
escola (f)	sekolah	[sekolah]

prefeitura (f)	prefektur, distrik	[prefektur], [distri']
câmara (f) municipal	balai kota	[balaj kota]
hotel (m)	hotel	[hotel]
banco (m)	bank	[ban']

embaixada (f)	kedutaan besar	[keduta'an besar]
agência (f) de viagens	kantor pariwisata	[kantor pariwisata]
agência (f) de informações	kantor penerangan	[kantor peneraŋan]
casa (f) de câmbio	kantor penukaran uang	[kantor penukaran uaŋ]

| metrô (m) | kereta api bawah tanah | [kereta api bawah tanah] |
| hospital (m) | rumah sakit | [rumah sakit] |

| posto (m) de gasolina | SPBU, stasiun bensin | [es-pe-be-u], [stasjun bensin] |
| parque (m) de estacionamento | tempat parkir | [tempat parkir] |

80. Sinais

letreiro (m)	papan nama	[papan nama]
aviso (m)	tulisan	[tulisan]
cartaz, pôster (m)	poster	[poster]
placa (f) de direção	penunjuk arah	[penundʒʲu' arah]
seta (f)	anak panah	[ana' panah]

| aviso (advertência) | peringatan | [pəriŋatan] |
| sinal (m) de aviso | tanda peringatan | [tanda pəriŋatan] |

avisar, advertir (vt)	**memperingatkan**	[memperiŋatkan]
dia (m) de folga	**hari libur**	[hari libur]
horário (~ dos trens, etc.)	**jadwal**	[dʒ¡adwal]
horário (m)	**jam buka**	[dʒ¡am buka]

BEM-VINDOS!	**SELAMAT DATANG!**	[selamat dataŋ!]
ENTRADA	**MASUK**	[masuˀ]
SAÍDA	**KELUAR**	[keluar]

EMPURRE	**DORONG**	[doroŋ]
PUXE	**TARIK**	[tariˀ]
ABERTO	**BUKA**	[buka]
FECHADO	**TUTUP**	[tutup]

MULHER	**WANITA**	[wanita]
HOMEM	**PRIA**	[pria]

DESCONTOS	**DISKON**	[diskon]
SALDOS, PROMOÇÃO	**OBRAL**	[obral]
NOVIDADE!	**BARU!**	[baru!]
GRÁTIS	**GRATIS**	[gratis]

ATENÇÃO!	**PERHATIAN!**	[pərhatian!]
NÃO HÁ VAGAS	**PENUH**	[penuh]
RESERVADO	**DIRESERVASI**	[direservasi]

ADMINISTRAÇÃO	**ADMINISTRASI**	[administrasi]
SOMENTE PESSOAL	**KHUSUS STAF**	[husus staf]
AUTORIZADO		

CUIDADO CÃO FEROZ	**AWAS, ANJING GALAK!**	[awas], [andʒiŋ galaˀ!]
PROIBIDO FUMAR!	**DILARANG MEROKOK!**	[dilaraŋ merokoˀ!]
NÃO TOCAR	**JANGAN SENTUH!**	[dʒ¡aŋan sentuh!]

PERIGOSO	**BERBAHAYA**	[bərbahaja]
PERIGO	**BAHAYA**	[bahaja]
ALTA TENSÃO	**TEGANGAN TINGGI**	[tegaŋan tiŋgi]
PROIBIDO NADAR	**DILARANG BERENANG!**	[dilaraŋ bərenaŋ!]
COM DEFEITO	**RUSAK**	[rusaˀ]

INFLAMÁVEL	**BAHAN MUDAH TERBAKAR**	[bahan mudah tərbakar]
PROIBIDO	**DILARANG**	[dilaraŋ]
ENTRADA PROIBIDA	**DILARANG MASUK!**	[dilaraŋ masuˀ!]
CUIDADO TINTA FRESCA	**AWAS CAT BASAH**	[awas tʃat basah]

81. Transportes urbanos

ônibus (m)	**bus**	[bus]
bonde (m) elétrico	**trem**	[trem]
trólebus (m)	**bus listrik**	[bus listriˀ]
rota (f), itinerário (m)	**trayek**	[traeˀ]
número (m)	**nomor**	[nomor]
ir de ... (carro, etc.)	**naik ...**	[naiˀ ...]

entrar no ...	naik	[nai']
descer do ...	turun ...	[turun ...]
parada (f)	halte, pemberhentian	[halte], [pemberhentian]
próxima parada (f)	halte berikutnya	[halte berikutnja]
terminal (m)	halte terakhir	[halte terahir]
horário (m)	jadwal	[dʒjadwal]
esperar (vt)	menunggu	[menuŋgu]
passagem (f)	tiket	[tiket]
tarifa (f)	harga karcis	[harga kartʃis]
bilheteiro (m)	kasir	[kasir]
controle (m) de passagens	pemeriksaan tiket	[pemeriksa'an tiket]
revisor (m)	kondektur	[kondektur]
atrasar-se (vr)	terlambat ...	[terlambat ...]
perder (o autocarro, etc.)	ketinggalan	[ketiŋgalan]
estar com pressa	tergesa-gesa	[tergesa-gesa]
táxi (m)	taksi	[taksi]
taxista (m)	sopir taksi	[sopir taksi]
de táxi (ir ~)	naik taksi	[nai' taksi]
ponto (m) de táxis	pangkalan taksi	[paŋkalan taksi]
chamar um táxi	memanggil taksi	[memaŋgil taksi]
pegar um táxi	menaiki taksi	[menajki taksi]
tráfego (m)	lalu lintas	[lalu lintas]
engarrafamento (m)	kemacetan lalu lintas	[kematʃetan lalu lintas]
horas (f pl) de pico	jam sibuk	[dʒjam sibu']
estacionar (vi)	parkir	[parkir]
estacionar (vt)	memarkir	[memarkir]
parque (m) de estacionamento	tempat parkir	[tempat parkir]
metrô (m)	kereta api bawah tanah	[kereta api bawah tanah]
estação (f)	stasiun	[stasiun]
ir de metrô	naik kereta api bawah tanah	[nai' kereta api bawah tanah]
trem (m)	kereta api	[kereta api]
estação (f) de trem	stasiun kereta api	[stasiun kereta api]

82. Turismo

monumento (m)	monumen, patung	[monumen], [patuŋ]
fortaleza (f)	benteng	[benteŋ]
palácio (m)	istana	[istana]
castelo (m)	kastil	[kastil]
torre (f)	menara	[menara]
mausoléu (m)	mausoleum	[mausoleum]
arquitetura (f)	arsitektur	[arsitektur]
medieval (adj)	abad pertengahan	[abad perteŋahan]
antigo (adj)	kuno	[kuno]
nacional (adj)	nasional	[nasional]

famoso, conhecido (adj)	terkenal	[tərkenal]
turista (m)	turis, wisatawan	[turis], [wisatawan]
guia (pessoa)	pemandu wisata	[pemandu wisata]
excursão (f)	ekskursi	[ekskursi]
mostrar (vt)	menunjukkan	[mənundʒ'uʔkan]
contar (vt)	menceritakan	[mənt͡ʃeritakan]

encontrar (vt)	mendapatkan	[məndapatkan]
perder-se (vr)	tersesat	[tərsesat]
mapa (~ do metrô)	denah	[denah]
mapa (~ da cidade)	peta	[peta]

lembrança (f), presente (m)	suvenir	[suvenir]
loja (f) de presentes	toko suvenir	[toko suvenir]
tirar fotos, fotografar	memotret	[memotret]
fotografar-se (vr)	berfoto	[bərfoto]

83. Compras

comprar (vt)	membeli	[membeli]
compra (f)	belanjaan	[belandʒ'aʔan]
fazer compras	berbelanja	[bərbelandʒ'a]
compras (f pl)	berbelanja	[bərbelandʒ'a]

estar aberta (loja)	buka	[buka]
estar fechada	tutup	[tutup]

calçado (m)	sepatu	[sepatu]
roupa (f)	pakaian	[pakajan]
cosméticos (m pl)	kosmetik	[kosmetiʔ]
alimentos (m pl)	produk makanan	[produʔ makanan]
presente (m)	hadiah	[hadiah]

vendedor (m)	pramuniaga	[pramuniaga]
vendedora (f)	pramuniaga perempuan	[pramuniaga pərempuan]

caixa (f)	kas	[kas]
espelho (m)	cermin	[t͡ʃermin]
balcão (m)	konter	[konter]
provador (m)	kamar pas	[kamar pas]

provar (vt)	mengepas	[məŋepas]
servir (roupa, caber)	pas, cocok	[pas], [t͡ʃot͡ʃoʔ]
gostar (apreciar)	suka	[suka]

preço (m)	harga	[harga]
etiqueta (f) de preço	label harga	[label harga]
custar (vt)	berharga	[bərharga]
Quanto?	Berapa?	[bərapa?]
desconto (m)	diskon	[diskon]

não caro (adj)	tidak mahal	[tidaʔ mahal]
barato (adj)	murah	[murah]
caro (adj)	mahal	[mahal]

É caro	Ini mahal	[ini mahal]
aluguel (m)	rental, persewaan	[rental], [pərsewaʔan]
alugar (roupas, etc.)	menyewa	[mənjewa]
crédito (m)	kredit	[kredit]
a crédito	secara kredit	[seʧara kredit]

84. Dinheiro

dinheiro (m)	uang	[uaŋ]
câmbio (m)	pertukaran mata uang	[pərtukaran mata uaŋ]
taxa (f) de câmbio	nilai tukar	[nilaj tukar]
caixa (m) eletrônico	Anjungan Tunai Mandiri, ATM	[anʤⁱuŋan tunaj mandiri], [a-te-em]
moeda (f)	koin	[koin]

dólar (m)	dolar	[dolar]
euro (m)	euro	[euro]

lira (f)	lira	[lira]
marco (m)	Mark Jerman	[marʔ ʤⁱerman]
franco (m)	franc	[franʧ]
libra (f) esterlina	poundsterling	[paundsterliŋ]
iene (m)	yen	[yen]

dívida (f)	utang	[utaŋ]
devedor (m)	pengutang	[peŋutaŋ]
emprestar (vt)	meminjamkan	[meminʤⁱamkan]
pedir emprestado	meminjam	[meminʤⁱam]

banco (m)	bank	[banʔ]
conta (f)	rekening	[rekeniŋ]
depositar (vt)	memasukkan	[memasuʔkan]
depositar na conta	memasukkan ke rekening	[memasuʔkan ke rekeniŋ]
sacar (vt)	menarik uang	[mənariʔ uaŋ]

cartão (m) de crédito	kartu kredit	[kartu kredit]
dinheiro (m) vivo	uang kontan, uang tunai	[uaŋ kontan], [uaŋ tunaj]
cheque (m)	cek	[ʧeʔ]
passar um cheque	menulis cek	[mənulis ʧeʔ]
talão (m) de cheques	buku cek	[buku ʧeʔ]

carteira (f)	dompet	[dompet]
niqueleira (f)	dompet, pundi-pundi	[dompet], [pundi-pundi]
cofre (m)	brankas	[brankas]

herdeiro (m)	pewaris	[pewaris]
herança (f)	warisan	[warisan]
fortuna (riqueza)	kekayaan	[kekaja'an]

arrendamento (m)	sewa	[sewa]
aluguel (pagar o ~)	uang sewa	[uaŋ sewa]
alugar (vt)	menyewa	[mənjewa]
preço (m)	harga	[harga]
custo (m)	harga	[harga]

soma (f)	jumlah	[dʒ'umlah]
gastar (vt)	menghabiskan	[mənhabiskan]
gastos (m pl)	ongkos	[oŋkos]
economizar (vi)	menghemat	[mənhemat]
econômico (adj)	hemat	[hemat]
pagar (vt)	membayar	[membajar]
pagamento (m)	pembayaran	[pembajaran]
troco (m)	kembalian	[kembalian]
imposto (m)	pajak	[padʒ'a']
multa (f)	denda	[denda]
multar (vt)	mendenda	[mendenda]

85. Correios. Serviço postal

agência (f) dos correios	kantor pos	[kantor pos]
correio (m)	surat	[surat]
carteiro (m)	tukang pos	[tukaŋ pos]
horário (m)	jam buka	[dʒ'am buka]
carta (f)	surat	[surat]
carta (f) registada	surat tercatat	[surat tərtʃatat]
cartão (m) postal	kartu pos	[kartu pos]
telegrama (m)	telegram	[telegram]
encomenda (f)	parsel, paket pos	[parsel], [paket pos]
transferência (f) de dinheiro	wesel pos	[wesel pos]
receber (vt)	menerima	[mənerima]
enviar (vt)	mengirim	[məŋirim]
envio (m)	pengiriman	[peŋiriman]
endereço (m)	alamat	[alamat]
código (m) postal	kode pos	[kode pos]
remetente (m)	pengirim	[peŋirim]
destinatário (m)	penerima	[penerima]
nome (m)	nama	[nama]
sobrenome (m)	nama keluarga	[nama keluarga]
tarifa (f)	tarif	[tarif]
ordinário (adj)	biasa, standar	[biasa], [standar]
econômico (adj)	ekonomis	[ekonomis]
peso (m)	berat	[berat]
pesar (estabelecer o peso)	menimbang	[mənimbaŋ]
envelope (m)	amplop	[amplop]
selo (m) postal	prangko	[praŋko]
colar o selo	menempelkan prangko	[mənempelkan praŋko]

Moradia. Casa. Lar

86. Casa. Habitação

casa (f)	rumah	[rumah]
em casa	di rumah	[di rumah]
pátio (m), quintal (f)	pekarangan	[pekaraŋan]
cerca, grade (f)	pagar	[pagar]
tijolo (m)	bata, batu bata	[bata], [batu bata]
de tijolos	bata, batu bata	[bata], [batu bata]
pedra (f)	batu	[batu]
de pedra	batu	[batu]
concreto (m)	beton	[beton]
concreto (adj)	beton	[beton]
novo (adj)	baru	[baru]
velho (adj)	tua	[tua]
decrépito (adj)	reyot	[reyot]
moderno (adj)	modern	[modern]
de vários andares	susun	[susun]
alto (adj)	tinggi	[tiŋgi]
andar (m)	lantai	[lantaj]
de um andar	berlantai satu	[berlantaj satu]
térreo (m)	lantai bawah	[lantaj bawah]
andar (m) de cima	lantai atas	[lantaj atas]
telhado (m)	atap	[atap]
chaminé (f)	cerobong	[tʃeroboŋ]
telha (f)	genting	[gentiŋ]
de telha	bergenting	[bergentiŋ]
sótão (m)	loteng	[loteŋ]
janela (f)	jendela	[dʒˈendela]
vidro (m)	kaca	[katʃa]
parapeito (m)	ambang jendela	[ambaŋ dʒˈendela]
persianas (f pl)	daun jendela	[daun dʒˈendela]
parede (f)	dinding	[dindiŋ]
varanda (f)	balkon	[balkon]
calha (f)	pipa talang	[pipa talaŋ]
em cima	di atas	[di atas]
subir (vi)	naik	[naiʔ]
descer (vi)	turun	[turun]
mudar-se (vr)	pindah	[pindah]

87. Casa. Entrada. Elevador

entrada (f)	**pintu masuk**	[pintu masu']
escada (f)	**tangga**	[taŋga]
degraus (m pl)	**anak tangga**	[ana' taŋga]
corrimão (m)	**pegangan tangan**	[pegaŋan taŋan]
hall (m) de entrada	**lobi, ruang depan**	[lobi], [ruaŋ depan]
caixa (f) de correio	**kotak pos**	[kota' pos]
lata (f) do lixo	**tong sampah**	[toŋ sampah]
calha (f) de lixo	**saluran pembuangan sampah**	[saluran pembuaŋan sampah]
elevador (m)	**elevator**	[elevator]
elevador (m) de carga	**lift barang**	[lift baraŋ]
cabine (f)	**kabin lift**	[kabin lift]
pegar o elevador	**naik elevator**	[nai' elevator]
apartamento (m)	**apartemen**	[apartemen]
residentes (pl)	**penghuni**	[peɲhuni]
vizinho (m)	**tetangga**	[tetaŋga]
vizinha (f)	**tetangga**	[tetaŋga]
vizinhos (pl)	**para tetangga**	[para tetaŋga]

88. Casa. Eletricidade

eletricidade (f)	**listrik**	[listri']
lâmpada (f)	**bohlam**	[bohlam]
interruptor (m)	**sakelar**	[sakelar]
fusível, disjuntor (m)	**sekring**	[sekriŋ]
fio, cabo (m)	**kabel, kawat**	[kabel], [kawat]
instalação (f) elétrica	**rangkaian kabel**	[raŋkajan kabel]
medidor (m) de eletricidade	**meteran listrik**	[meteran listri']
indicação (f), registro (m)	**pencatatan**	[pentʃatatan]

89. Casa. Portas. Fechaduras

porta (f)	**pintu**	[pintu]
portão (m)	**pintu gerbang**	[pintu gerbaŋ]
maçaneta (f)	**gagang pintu**	[gagaŋ pintu]
destrancar (vt)	**membuka kunci**	[membuka kuntʃi]
abrir (vt)	**membuka**	[membuka]
fechar (vt)	**menutup**	[mənutup]
chave (f)	**kunci**	[kuntʃi]
molho (m)	**serangkaian kunci**	[seraŋkajan kuntʃi]
ranger (vi)	**bergerit**	[bərgerit]
rangido (m)	**gerit**	[gerit]
dobradiça (f)	**engsel**	[eŋsel]
capacho (m)	**tikar**	[tikar]

fechadura (f)	kunci pintu	[kuntʃi pintu]
buraco (m) da fechadura	lubang kunci	[lubaŋ kuntʃi]
barra (f)	gerendel	[gerendel]
fecho (ferrolho pequeno)	gerendel	[gerendel]
cadeado (m)	gembok	[gemboʔ]

tocar (vt)	membunyikan	[membunjikan]
toque (m)	dering	[deriŋ]
campainha (f)	bel	[bel]
botão (m)	kenop	[kenop]
batida (f)	ketukan	[ketukan]
bater (vi)	mengetuk	[məŋetuʔ]

código (m)	kode	[kode]
fechadura (f) de código	gembok berkode	[gemboʔ bərkode]
interfone (m)	interkom	[interkom]
número (m)	nomor	[nomor]
placa (f) de porta	papan tanda	[papan tanda]
olho (m) mágico	lubang intip	[lubaŋ intip]

90. Casa de campo

aldeia (f)	desa	[desa]
horta (f)	kebun sayur	[kebun sajur]
cerca (f)	pagar	[pagar]
cerca (f) de piquete	pagar	[pagar]
portão (f) do jardim	pintu pagar	[pintu pagar]

celeiro (m)	lumbung	[lumbuŋ]
adega (f)	kelder	[kelder]
galpão, barracão (m)	gubuk	[gubuʔ]
poço (m)	sumur	[sumur]

fogão (m)	tungku	[tuŋku]
atiçar o fogo	menyalakan tungku	[mənjalakan tuŋku]
lenha (carvão ou ~)	kayu bakar	[kaju bakar]
acha, lenha (f)	potongan kayu bakar	[potoŋan kaju bakar]

varanda (f)	beranda	[bəranda]
alpendre (m)	teras	[teras]
degraus (m pl) de entrada	anjungan depan	[andʒiuŋan depan]
balanço (m)	ayunan	[ajunan]

91. Moradia. Mansão

casa (f) de campo	rumah luar kota	[rumah luar kota]
vila (f)	vila	[vila]
ala (~ do edifício)	sayap	[sajap]

jardim (m)	kebun	[kebun]
parque (m)	taman	[taman]
estufa (f)	rumah kaca	[rumah katʃa]

cuidar de ...	memelihara	[memelihara]
piscina (f)	kolam renang	[kolam renaŋ]
academia (f) de ginástica	gym	[dʒim]
quadra (f) de tênis	lapangan tenis	[lapaŋan tenis]
cinema (m)	bioskop rumah	[bioskop rumah]
garagem (f)	garasi	[garasi]

propriedade (f) privada	milik pribadi	[mili' pribadi]
terreno (m) privado	tanah pribadi	[tanah pribadi]

advertência (f)	peringatan	[pəriŋatan]
sinal (m) de aviso	tanda peringatan	[tanda pəriŋatan]

guarda (f)	keamanan	[keamanan]
guarda (m)	satpam, pengawal	[satpam], [peŋawal]
alarme (m)	alarm antirampok	[alarm antirampo']

92. Castelo. Palácio

castelo (m)	kastil	[kastil]
palácio (m)	istana	[istana]
fortaleza (f)	benteng	[benteŋ]
muralha (f)	tembok	[tembo']
torre (f)	menara	[mənara]
calabouço (m)	menara utama	[mənara utama]

grade (f) levadiça	jeruji pintu kota	[dʒ'erudʒi pintu kota]
passagem (f) subterrânea	jalan bawah tanah	[dʒ'alan bawah tanah]
fosso (m)	parit	[parit]
corrente, cadeia (f)	rantai	[rantaj]
seteira (f)	laras panah, lop panah	[laras panah], [lop panah]

magnífico (adj)	megah	[megah]
majestoso (adj)	megah sekali	[megah sekali]
inexpugnável (adj)	sulit dicapai	[sulit ditʃapaj]
medieval (adj)	abad pertengahan	[abad pərteŋahan]

93. Apartamento

apartamento (m)	apartemen	[apartemen]
quarto, cômodo (m)	kamar	[kamar]
quarto (m) de dormir	kamar tidur	[kamar tidur]
sala (f) de jantar	ruang makan	[ruaŋ makan]
sala (f) de estar	ruang tamu	[ruaŋ tamu]
escritório (m)	ruang kerja	[ruaŋ kerdʒ'a]

sala (f) de entrada	ruang depan	[ruaŋ depan]
banheiro (m)	kamar mandi	[kamar mandi]
lavabo (m)	kamar kecil	[kamar ketʃil]
teto (m)	plafon, langit-langit	[plafon], [laŋit-laŋit]
chão, piso (m)	lantai	[lantaj]
canto (m)	sudut	[sudut]

94. Apartamento. Limpeza

arrumar, limpar (vt)	membereskan	[membereskan]
guardar (no armário, etc.)	meletakkan	[meleta'kan]
pó (m)	debu	[debu]
empoeirado (adj)	debu	[debu]
tirar o pó	menyapu debu	[mənjapu debu]
aspirador (m)	pengisap debu	[peŋisap debu]
aspirar (vt)	membersihkan dengan pengisap debu	[membersihkan deŋan peŋisap debu]
varrer (vt)	menyapu	[mənjapu]
sujeira (f)	sampah	[sampah]
arrumação, ordem (f)	kerapian	[kerapian]
desordem (f)	berantakan	[bərantakan]
esfregão (m)	kain pel	[kain pel]
pano (m), trapo (m)	lap	[lap]
vassoura (f)	sapu lidi	[sapu lidi]
pá (f) de lixo	pengki	[peŋki]

95. Mobiliário. Interior

mobiliário (m)	mebel	[mebel]
mesa (f)	meja	[medʒ'a]
cadeira (f)	kursi	[kursi]
cama (f)	ranjang	[randʒ'aŋ]
sofá, divã (m)	dipan	[dipan]
poltrona (f)	kursi malas	[kursi malas]
estante (f)	lemari buku	[lemari buku]
prateleira (f)	rak	[ra']
guarda-roupas (m)	lemari pakaian	[lemari pakajan]
cabide (m) de parede	kapstok	[kapsto']
cabideiro (m) de pé	kapstok berdiri	[kapsto' bərdiri]
cômoda (f)	lemari laci	[lemari latʃi]
mesinha (f) de centro	meja kopi	[medʒ'a kopi]
espelho (m)	cermin	[tʃermin]
tapete (m)	permadani	[pərmadani]
tapete (m) pequeno	karpet kecil	[karpet ketʃil]
lareira (f)	perapian	[pərapian]
vela (f)	lilin	[lilin]
castiçal (m)	kaki lilin	[kaki lilin]
cortinas (f pl)	gorden	[gorden]
papel (m) de parede	kertas dinding	[kertas dindiŋ]
persianas (f pl)	kerai	[keraj]
luminária (f) de mesa	lampu meja	[lampu medʒ'a]

luminária (f) de parede	lampu dinding	[lampu dindiŋ]
abajur (m) de pé	lampu lantai	[lampu lantaj]
lustre (m)	lampu bercabang	[lampu bərtʃabaŋ]

pé (de mesa, etc.)	kaki	[kaki]
braço, descanso (m)	lengan	[leŋan]
costas (f pl)	sandaran	[sandaran]
gaveta (f)	laci	[latʃi]

96. Quarto de dormir

roupa (f) de cama	kain kasur	[kain kasur]
travesseiro (m)	bantal	[bantal]
fronha (f)	sarung bantal	[saruŋ bantal]
cobertor (m)	selimut	[selimut]
lençol (m)	seprai	[sepraj]
colcha (f)	selubung kasur	[selubuŋ kasur]

97. Cozinha

cozinha (f)	dapur	[dapur]
gás (m)	gas	[gas]
fogão (m) a gás	kompor gas	[kompor gas]
fogão (m) elétrico	kompor listrik	[kompor listriʔ]
forno (m)	oven	[oven]
forno (m) de micro-ondas	microwave	[majkrowav]

geladeira (f)	lemari es, kulkas	[lemari es], [kulkas]
congelador (m)	lemari pembeku	[lemari pembeku]
máquina (f) de lavar louça	mesin pencuci piring	[mesin pentʃutʃi piriŋ]

moedor (m) de carne	alat pelumat daging	[alat pelumat dagiŋ]
espremedor (m)	mesin sari buah	[mesin sari buah]
torradeira (f)	alat pemanggang roti	[alat pemaŋgaŋ roti]
batedeira (f)	pencampur	[pentʃampur]

máquina (f) de café	mesin pembuat kopi	[mesin pembuat kopi]
cafeteira (f)	teko kopi	[teko kopi]
moedor (m) de café	mesin penggiling kopi	[mesin peŋgiliŋ kopi]

chaleira (f)	cerek	[tʃereʔ]
bule (m)	teko	[teko]
tampa (f)	tutup	[tutup]
coador (m) de chá	saringan teh	[sariŋan teh]

colher (f)	sendok	[sendoʔ]
colher (f) de chá	sendok teh	[sendoʔ teh]
colher (f) de sopa	sendok makan	[sendoʔ makan]
garfo (m)	garpu	[garpu]
faca (f)	pisau	[pisau]
louça (f)	piring mangkuk	[piriŋ maŋkuʔ]
prato (m)	piring	[piriŋ]

pires (m)	**alas cangkir**	[alas tʃaŋkir]
cálice (m)	**seloki**	[seloki]
copo (m)	**gelas**	[gelas]
xícara (f)	**cangkir**	[tʃaŋkir]

açucareiro (m)	**wadah gula**	[wadah gula]
saleiro (m)	**wadah garam**	[wadah garam]
pimenteiro (m)	**wadah merica**	[wadah meritʃa]
manteigueira (f)	**wadah mentega**	[wadah mentega]

panela (f)	**panci**	[pantʃi]
frigideira (f)	**kuali**	[kuali]
concha (f)	**sudu**	[sudu]
coador (m)	**saringan**	[sariŋan]
bandeja (f)	**talam**	[talam]

garrafa (f)	**botol**	[botol]
pote (m) de vidro	**gelas**	[gelas]
lata (~ de cerveja)	**kaleng**	[kaleŋ]

abridor (m) de garrafa	**pembuka botol**	[pembuka botol]
abridor (m) de latas	**pembuka kaleng**	[pembuka kaleŋ]
saca-rolhas (m)	**kotrek**	[kotreʔ]
filtro (m)	**saringan**	[sariŋan]
filtrar (vt)	**saringan**	[sariŋan]

lixo (m)	**sampah**	[sampah]
lixeira (f)	**tong sampah**	[toŋ sampah]

98. Casa de banho

banheiro (m)	**kamar mandi**	[kamar mandi]
água (f)	**air**	[air]
torneira (f)	**keran**	[keran]
água (f) quente	**air panas**	[air panas]
água (f) fria	**air dingin**	[air diŋin]

pasta (f) de dente	**pasta gigi**	[pasta gigi]
escovar os dentes	**menggosok gigi**	[məŋgosoʔ gigi]
escova (f) de dente	**sikat gigi**	[sikat gigi]

barbear-se (vr)	**bercukur**	[bərtʃukur]
espuma (f) de barbear	**busa cukur**	[busa tʃukur]
gilete (f)	**pisau cukur**	[pisau tʃukur]

lavar (vt)	**mencuci**	[məntʃutʃi]
tomar banho	**mandi**	[mandi]
chuveiro (m), ducha (f)	**pancuran**	[pantʃuran]
tomar uma ducha	**mandi pancuran**	[mandi pantʃuran]

banheira (f)	**bak mandi**	[baʔ mandi]
vaso (m) sanitário	**kloset**	[kloset]
pia (f)	**wastafel**	[wastafel]
sabonete (m)	**sabun**	[sabun]

saboneteira (f)	wadah sabun	[wadah sabun]
esponja (f)	spons	[spons]
xampu (m)	sampo	[sampo]
toalha (f)	handuk	[handuʔ]
roupão (m) de banho	jubah mandi	[dʒˈubah mandi]

lavagem (f)	pencucian	[pentʃutʃian]
lavadora (f) de roupas	mesin cuci	[mesin tʃutʃi]
lavar a roupa	mencuci	[məntʃutʃi]
detergente (m)	deterjen cuci	[deterdʒˈen tʃutʃi]

99. Eletrodomésticos

televisor (m)	pesawat TV	[pesawat ti-vi]
gravador (m)	alat perekam	[alat pərekam]
videogravador (m)	video, VCR	[vidio], [vi-si-er]
rádio (m)	radio	[radio]
leitor (m)	pemutar	[pemutar]

projetor (m)	proyektor video	[proektor video]
cinema (m) em casa	bioskop rumah	[bioskop rumah]
DVD Player (m)	pemutar DVD	[pemutar di-vi-di]
amplificador (m)	penguat	[peŋuat]
console (f) de jogos	konsol permainan video	[konsol pərmajnan video]

câmera (f) de vídeo	kamera video	[kamera video]
máquina (f) fotográfica	kamera	[kamera]
câmera (f) digital	kamera digital	[kamera digital]

aspirador (m)	pengisap debu	[peŋisap debu]
ferro (m) de passar	setrika	[setrika]
tábua (f) de passar	papan setrika	[papan setrika]

telefone (m)	telepon	[telepon]
celular (m)	ponsel	[ponsel]
máquina (f) de escrever	mesin ketik	[mesin ketiʔ]
máquina (f) de costura	mesin jahit	[mesin dʒˈahit]

microfone (m)	mikrofon	[mikrofon]
fone (m) de ouvido	headphone, fonkepala	[headphone], [fonkepala]
controle remoto (m)	panel kendali	[panel kendali]

CD (m)	cakram kompak	[tʃakram kompaʔ]
fita (f) cassete	kaset	[kaset]
disco (m) de vinil	piringan hitam	[piriŋan hitam]

100. Reparações. Renovação

renovação (f)	renovasi	[renovasi]
renovar (vt), fazer obras	merenovasi	[merenovasi]
reparar (vt)	mereparasi, memperbaiki	[mereparasi], [memperbajki]
consertar (vt)	membereskan	[membereskan]

refazer (vt)	mengulangi	[məŋulaŋi]
tinta (f)	cat	[ʧat]
pintar (vt)	mengecat	[məŋeʧat]
pintor (m)	tukang cat	[tukaŋ ʧat]
pincel (m)	kuas	[kuas]

| cal (f) | cat kapur | [ʧat kapur] |
| caiar (vt) | mengapur | [məŋapur] |

papel (m) de parede	kertas dinding	[kertas dindiŋ]
colocar papel de parede	memasang kertas dinding	[memasaŋ kertas dindiŋ]
verniz (m)	pernis	[pernis]
envernizar (vt)	memernis	[memernis]

101. Canalizações

água (f)	air	[air]
água (f) quente	air panas	[air panas]
água (f) fria	air dingin	[air diŋin]
torneira (f)	keran	[keran]

gota (f)	tetes	[tetes]
gotejar (vi)	menetes	[mənetes]
vazar (vt)	bocor	[boʧor]
vazamento (m)	kebocoran	[keboʧoran]
poça (f)	kubangan	[kubaŋan]

tubo (m)	pipa	[pipa]
válvula (f)	katup	[katup]
entupir-se (vr)	tersumbat	[tərsumbat]

ferramentas (f pl)	peralatan	[pəralatan]
chave (f) inglesa	kunci inggris	[kunʧi iŋgris]
desenroscar (vt)	mengendurkan	[məŋendurkan]
enroscar (vt)	mengencangkan	[məŋenʧaŋkan]

desentupir (vt)	membersihkan	[membersihkan]
encanador (m)	tukang pipa	[tukaŋ pipa]
porão (m)	rubanah	[rubanah]
rede (f) de esgotos	riol	[riol]

102. Fogo. Deflagração

incêndio (m)	kebakaran	[kebakaran]
chama (f)	nyala api	[njala api]
faísca (f)	percikan api	[pərʧikan api]
fumaça (f)	asap	[asap]
tocha (f)	obor	[obor]
fogueira (f)	api unggun	[api uŋgun]

| gasolina (f) | bensin | [bensin] |
| querosene (m) | minyak tanah | [minja' tanah] |

inflamável (adj)	mudah terbakar	[mudah tərbakar]
explosivo (adj)	mudah meledak	[mudah meledaʔ]
PROIBIDO FUMAR!	DILARANG MEROKOK!	[dilaraŋ merokoʔ!]

segurança (f)	keamanan	[keamanan]
perigo (m)	bahaya	[bahaja]
perigoso (adj)	berbahaya	[bərbahaja]

incendiar-se (vr)	menyala	[mənjala]
explosão (f)	ledakan	[ledakan]
incendiar (vt)	membakar	[membakar]
incendiário (m)	pelaku pembakaran	[pelaku pembakaran]
incêndio (m) criminoso	pembakaran	[pembakaran]

flamejar (vi)	berkobar	[bərkobar]
queimar (vi)	menyala	[mənjala]
queimar tudo (vi)	terbakar	[tərbakar]

chamar os bombeiros	memanggil pemadam kebakaran	[memaŋgil pemadam kebakaran]
bombeiro (m)	pemadam kebakaran	[pemadam kebakaran]
caminhão (m) de bombeiros	branwir	[branwir]
corpo (m) de bombeiros	pemadam kebakaran	[pemadam kebakaran]
escada (f) extensível	tangga branwir	[taŋga branwir]

mangueira (f)	selang pemadam	[selaŋ pemadam]
extintor (m)	pemadam api	[pemadam api]
capacete (m)	helm	[helm]
sirene (f)	sirene	[sirene]

gritar (vi)	berteriak	[bərteriaʔ]
chamar por socorro	meminta pertolongan	[meminta pərtoloŋan]
socorrista (m)	penyelamat	[penjelamat]
salvar, resgatar (vt)	menyelamatkan	[mənjelamatkan]

chegar (vi)	datang	[dataŋ]
apagar (vt)	memadamkan	[memadamkan]
água (f)	air	[air]
areia (f)	pasir	[pasir]

ruínas (f pl)	reruntuhan	[reruntuhan]
ruir (vi)	runtuh	[runtuh]
desmoronar (vi)	roboh	[roboh]
desabar (vi)	roboh	[roboh]

| fragmento (m) | serpihan | [serpihan] |
| cinza (f) | abu | [abu] |

| sufocar (vi) | mati lemas | [mati lemas] |
| perecer (vi) | mati, tewas | [mati], [tewas] |

91

ATIVIDADES HUMANAS

Emprego. Negócios. Parte 1

103. Escritório. O trabalho no escritório

escritório (~ de advogados)	kantor	[kantor]
escritório (do diretor, etc.)	ruang kerja	[ruaŋ kerdʒʲa]
recepção (f)	resepsionis kantor	[resepsionis kantor]
secretário (m)	sekretaris	[sekretaris]
secretária (f)	sekretaris	[sekretaris]
diretor (m)	direktur	[direktur]
gerente (m)	manajer	[manadʒʲer]
contador (m)	akuntan	[akuntan]
empregado (m)	karyawan	[karjawan]
mobiliário (m)	mebel	[mebel]
mesa (f)	meja	[medʒʲa]
cadeira (f)	kursi malas	[kursi malas]
gaveteiro (m)	meja samping ranjang	[medʒʲa sampiŋ randʒʲaŋ]
cabideiro (m) de pé	kapstok berdiri	[kapsto' berdiri]
computador (m)	komputer	[komputer]
impressora (f)	printer, pencetak	[printer], [pentʃeta']
fax (m)	mesin faks	[mesin faks]
fotocopiadora (f)	mesin fotokopi	[mesin fotokopi]
papel (m)	kertas	[kertas]
artigos (m pl) de escritório	alat tulis kantor	[alat tulis kantor]
tapete (m) para mouse	bantal tetikus	[bantal tetikus]
folha (f)	lembar	[lembar]
pasta (f)	map	[map]
catálogo (m)	katalog	[katalog]
lista (f) telefônica	buku telepon	[buku telepon]
documentação (f)	dokumentasi	[dokumentasi]
brochura (f)	brosur	[brosur]
panfleto (m)	selebaran	[selebaran]
amostra (f)	sampel, contoh	[sampel], [tʃontoh]
formação (f)	latihan	[latihan]
reunião (f)	rapat	[rapat]
hora (f) de almoço	waktu makan siang	[waktu makan siaŋ]
fazer uma cópia	membuat salinan	[membuat salinan]
tirar cópias	memperbanyak	[memperbanja']
receber um fax	menerima faks	[menerima faks]
enviar um fax	mengirim faks	[meŋirim faks]

fazer uma chamada	menelepon	[mənelepon]
responder (vt)	menjawab	[məndʒ'awab]
passar (vt)	menyambungkan	[mənjambuŋkan]

marcar (vt)	menetapkan	[mənetapkan]
demonstrar (vt)	memeragakan	[memeragakan]
estar ausente	absen, tidak hadir	[absen], [tida' hadir]
ausência (f)	absensi, ketidakhadiran	[absensi], [ketidahadiran]

104. Processos negociais. Parte 1

| negócio (m) | bisnis | [bisnis] |
| ocupação (f) | urusan | [urusan] |

firma, empresa (f)	firma	[firma]
companhia (f)	maskapai	[maskapaj]
corporação (f)	korporasi	[korporasi]
empresa (f)	perusahaan	[pərusaha'an]
agência (f)	biro, kantor	[biro], [kantor]

acordo (documento)	perjanjian	[pərdʒ'andʒian]
contrato (m)	kontrak	[kontra']
acordo (transação)	transaksi	[transaksi]
pedido (m)	pesanan	[pesanan]
termos (m pl)	syarat	[ʃarat]

por atacado	grosir	[grosir]
por atacado (adj)	grosir	[grosir]
venda (f) por atacado	penjualan grosir	[pendʒ'ualan grosir]
a varejo	eceran	[etʃeran]
venda (f) a varejo	pengeceran	[peŋetʃeran]

concorrente (m)	kompetitor, pesaing	[kompetitor], [pesajŋ]
concorrência (f)	kompetisi, persaingan	[kompetisi], [pərsajŋan]
competir (vi)	bersaing	[bərsajŋ]

| sócio (m) | mitra | [mitra] |
| parceria (f) | kemitraan | [kemitra'an] |

crise (f)	krisis	[krisis]
falência (f)	kebangkrutan	[kebaŋkrutan]
entrar em falência	jatuh bangkrut	[dʒ'atuh baŋkrut]
dificuldade (f)	kesukaran	[kesukaran]
problema (m)	masalah	[masalah]
catástrofe (f)	gagal total	[gagal total]

economia (f)	ekonomi	[ekonomi]
econômico (adj)	ekonomi	[ekonomi]
recessão (f) econômica	resesi ekonomi	[resesi ekonomi]

objetivo (m)	tujuan	[tudʒ'uan]
tarefa (f)	tugas	[tugas]
comerciar (vi, vt)	berdagang	[bərdagaŋ]
rede (de distribuição)	jaringan	[dʒ'ariŋan]

estoque (m)	inventaris	[inventaris]
sortimento (m)	penyortiran	[penjortiran]
líder (m)	pemimpin	[pemimpin]
grande (~ empresa)	besar	[besar]
monopólio (m)	monopoli	[monopoli]
teoria (f)	teori	[teori]
prática (f)	praktik	[prakti´]
experiência (f)	pengalaman	[peɲalaman]
tendência (f)	tendensi	[tendensi]
desenvolvimento (m)	perkembangan	[pərkembaŋan]

105. Processos negociais. Parte 2

rentabilidade (f)	keuntungan	[keuntuŋan]
rentável (adj)	menguntungkan	[məŋuntuŋkan]
delegação (f)	delegasi	[delegasi]
salário, ordenado (m)	gaji, upah	[gadʒi], [upah]
corrigir (~ um erro)	mengoreksi	[məŋoreksi]
viagem (f) de negócios	perjalanan dinas	[pərdʒ¡alanan dinas]
comissão (f)	panitia	[panitia]
controlar (vt)	mengontrol	[məŋontrol]
conferência (f)	konferensi	[konferensi]
licença (f)	lisensi, izin	[lisensi], [izin]
confiável (adj)	yang bisa dipercaya	[yaŋ bisa dipertʃaja]
empreendimento (m)	inisiatif	[inisiatif]
norma (f)	norma	[norma]
circunstância (f)	keadaan sekitar	[keada´an sekitar]
dever (do empregado)	tugas	[tugas]
empresa (f)	organisasi	[organisasi]
organização (f)	pengurusan	[peɲurusan]
organizado (adj)	terurus	[tərurus]
anulação (f)	pembatalan	[pembatalan]
anular, cancelar (vt)	membatalkan	[membatalkan]
relatório (m)	laporan	[laporan]
patente (f)	paten	[paten]
patentear (vt)	mematenkan	[mematenkan]
planejar (vt)	merencanakan	[merentʃanakan]
bônus (m)	bonus	[bonus]
profissional (adj)	profesional	[profesional]
procedimento (m)	prosedur	[prosedur]
examinar (~ a questão)	mempertimbangkan	[mempertimbaŋkan]
cálculo (m)	perhitungan	[pərhituŋan]
reputação (f)	reputasi	[reputasi]
risco (m)	risiko	[risiko]
dirigir (~ uma empresa)	memimpin	[memimpin]

informação (f)	data, informasi	[data], [informasi]
propriedade (f)	milik	[miliʔ]
união (f)	persatuan, serikat	[pərsatuan], [serikat]

seguro (m) de vida	asuransi jiwa	[asuransi dʒiwa]
fazer um seguro	mengasuransikan	[məŋasuransikan]
seguro (m)	asuransi	[asuransi]

leilão (m)	lelang	[lelaŋ]
notificar (vt)	memberitahu	[memberitahu]
gestão (f)	manajemen	[manadʒʲemen]
serviço (indústria de ~s)	jasa	[dʒʲasa]

fórum (m)	forum	[forum]
funcionar (vi)	berfungsi	[bərfuŋsi]
estágio (m)	tahap	[tahap]
jurídico, legal (adj)	hukum	[hukum]
advogado (m)	ahli hukum	[ahli hukum]

106. Produção. Trabalhos

usina (f)	pabrik	[pabriʔ]
fábrica (f)	pabrik	[pabriʔ]
oficina (f)	bengkel	[beŋkel]
local (m) de produção	perusahaan	[pərusahaʔan]

indústria (f)	industri	[industri]
industrial (adj)	industri	[industri]
indústria (f) pesada	industri berat	[industri bərat]
indústria (f) ligeira	industri ringan	[industri riŋan]

produção (f)	produksi	[produksi]
produzir (vt)	memproduksi	[memproduksi]
matérias-primas (f pl)	bahan baku	[bahan baku]

chefe (m) de obras	mandor	[mandor]
equipe (f)	regu pekerja	[regu pekerdʒʲa]
operário (m)	buruh, pekerja	[buruh], [pekerdʒʲa]

dia (m) de trabalho	hari kerja	[hari kerdʒʲa]
intervalo (m)	perhentian	[pərhentian]
reunião (f)	rapat	[rapat]
discutir (vt)	membicarakan	[membitʃarakan]

plano (m)	rencana	[rentʃana]
cumprir o plano	melaksanakan rencana	[melaksanakan rentʃana]
taxa (f) de produção	kecepatan produksi	[ketʃepatan produksi]
qualidade (f)	kualitas, mutu	[kualitas], [mutu]
controle (m)	kontrol, kendali	[kontrol], [kendali]
controle (m) da qualidade	kendali mutu	[kendali mutu]

segurança (f) no trabalho	keselamatan kerja	[keselamatan kerdʒʲa]
disciplina (f)	disiplin	[disiplin]
infração (f)	pelanggaran	[pelaŋgaran]

violar (as regras)	melanggar	[melaŋgar]
greve (f)	pemogokan	[pemogokan]
grevista (m)	pemogok	[pemogoʔ]
estar em greve	mogok	[mogoʔ]
sindicato (m)	serikat pekerja	[serikat pekerdʒ¡a]

inventar (vt)	menemukan	[menemukan]
invenção (f)	penemuan	[penemuan]
pesquisa (f)	riset, penelitian	[riset], [penelitian]
melhorar (vt)	memperbaiki	[memperbajki]
tecnologia (f)	teknologi	[teknologi]
desenho (m) técnico	gambar teknik	[gambar tekniʔ]

carga (f)	muatan	[muatan]
carregador (m)	kuli	[kuli]
carregar (o caminhão, etc.)	memuat	[memuat]
carregamento (m)	pemuatan	[pemuatan]
descarregar (vt)	membongkar	[memboŋkar]
descarga (f)	pembongkaran	[pemboŋkaran]

transporte (m)	transportasi, angkutan	[transportasi], [aŋkutan]
companhia (f) de transporte	perusahaan transportasi	[perusahaʔan transportasi]
transportar (vt)	mengangkut	[meŋaŋkut]

vagão (m) de carga	gerbong barang	[gerboŋ baraŋ]
tanque (m)	tangki	[taŋki]
caminhão (m)	truk	[truʔ]

máquina (f) operatriz	mesin	[mesin]
mecanismo (m)	mekanisme	[mekanisme]

resíduos (m pl) industriais	limbah industri	[limbah industri]
embalagem (f)	pengemasan	[peŋemasan]
embalar (vt)	mengemas	[meŋemas]

107. Contrato. Acordo

contrato (m)	kontrak	[kontraʔ]
acordo (m)	perjanjian	[perdʒ¡andʒian]
adendo, anexo (m)	lampiran	[lampiran]

assinar o contrato	menandatangani kontrak	[menandataŋani kontraʔ]
assinatura (f)	tanda tangan	[tanda taŋan]
assinar (vt)	menandatangani	[menandataŋani]
carimbo (m)	cap	[ʧap]

objeto (m) do contrato	subjek perjanjian	[subdʒ¡eʔ perdʒ¡andʒian]
cláusula (f)	ayat, pasal	[ajat], [pasal]
partes (f pl)	pihak	[pihaʔ]
domicílio (m) legal	alamat sah	[alamat sah]

violar o contrato	melanggar kontrak	[melaŋgar kontraʔ]
obrigação (f)	komitmen, kewajiban	[komitmen], [kewadʒiban]
responsabilidade (f)	tanggung jawab	[taŋguŋ dʒ¡awab]

força (f) maior	keadaan kahar	[keada'an kahar]
litígio (m), disputa (f)	sengketa	[seŋketa]
multas (f pl)	sanksi, penalti	[sanksi], [penalti]

108. Importação & Exportação

importação (f)	impor	[impor]
importador (m)	importir	[importir]
importar (vt)	mengimpor	[məŋimpor]
de importação	impor	[impor]

exportação (f)	ekspor	[ekspor]
exportador (m)	eksportir	[eksportir]
exportar (vt)	mengekspor	[məŋekspor]
de exportação	ekspor	[ekspor]

| mercadoria (f) | barang dagangan | [baraŋ dagaŋan] |
| lote (de mercadorias) | partai | [partaj] |

peso (m)	berat	[berat]
volume (m)	volume, isi	[volume], [isi]
metro (m) cúbico	meter kubik	[meter kubi']

produtor (m)	produsen	[produsen]
companhia (f) de transporte	perusahaan transportasi	[pərusaha'an transportasi]
contêiner (m)	peti kemas	[peti kemas]

fronteira (f)	perbatasan	[pərbatasan]
alfândega (f)	pabean	[pabean]
taxa (f) alfandegária	bea cukai	[bea t͡ʃukaj]
funcionário (m) da alfândega	petugas pabean	[petugas pabean]
contrabando (atividade)	penyelundupan	[penjelundupan]
contrabando (produtos)	barang-barang selundupan	[baraŋ-baraŋ selundupan]

109. Finanças

ação (f)	saham	[saham]
obrigação (f)	obligasi	[obligasi]
nota (f) promissória	wesel	[wesel]

| bolsa (f) de valores | bursa efek | [bursa efe'] |
| cotação (m) das ações | kurs saham | [kurs saham] |

| tornar-se mais barato | menjadi murah | [mənd͡ʒadi murah] |
| tornar-se mais caro | menjadi mahal | [mənd͡ʒadi mahal] |

| parte (f) | kepemilikan saham | [kepemilikan saham] |
| participação (f) majoritária | mayoritas saham | [majoritas saham] |

investimento (m)	investasi	[investasi]
investir (vt)	berinvestasi	[bərinvestasi]
porcentagem (f)	persen	[pərsen]

juros (m pl)	suku bunga	[suku buŋa]
lucro (m)	profit, untung	[profit], [untuŋ]
lucrativo (adj)	beruntung	[bəruntuŋ]
imposto (m)	pajak	[padʒʲaʔ]

divisa (f)	valas	[valas]
nacional (adj)	nasional	[nasional]
câmbio (m)	pertukaran	[pərtukaran]

| contador (m) | akuntan | [akuntan] |
| contabilidade (f) | akuntansi | [akuntansi] |

falência (f)	kebangkrutan	[kebaŋkrutan]
falência, quebra (f)	keruntuhan	[keruntuhan]
ruína (f)	kebangkrutan	[kebaŋkrutan]
estar quebrado	bangkrut	[baŋkrut]
inflação (f)	inflasi	[inflasi]
desvalorização (f)	devaluasi	[devaluasi]

capital (m)	modal	[modal]
rendimento (m)	pendapatan	[pendapatan]
volume (m) de negócios	omzet	[omzet]
recursos (m pl)	sumber daya	[sumber daja]
recursos (m pl) financeiros	dana	[dana]

| despesas (f pl) gerais | beaya umum | [beaja umum] |
| reduzir (vt) | mengurangi | [məŋuraŋi] |

110. Marketing

marketing (m)	pemasaran	[pemasaran]
mercado (m)	pasar	[pasar]
segmento (m) do mercado	segmen pasar	[segmen pasar]
produto (m)	produk	[produʔ]
mercadoria (f)	barang dagangan	[baraŋ dagaŋan]

marca (f)	merek	[mereʔ]
marca (f) registrada	merek dagang	[mereʔ dagaŋ]
logotipo (m)	logo dagang	[logo dagaŋ]
logo (m)	logo	[logo]

demanda (f)	permintaan	[pərminta'an]
oferta (f)	penawaran	[penawaran]
necessidade (f)	kebutuhan	[kebutuhan]
consumidor (m)	konsumen	[konsumen]

análise (f)	analisis	[analisis]
analisar (vt)	menganalisis	[məŋanalisis]
posicionamento (m)	pemosisian	[pemosisian]
posicionar (vt)	memosisikan	[memosisikan]

preço (m)	harga	[harga]
política (f) de preços	politik harga	[politiʔ harga]
formação (f) de preços	penentuan harga	[penentuan harga]

111. Publicidade

publicidade (f)	iklan	[iklan]
fazer publicidade	mengiklankan	[məŋiklankan]
orçamento (m)	anggaran belanja	[aŋgaran belandʒʲa]
anúncio (m)	iklan	[iklan]
publicidade (f) na TV	iklan TV	[iklan ti-vi]
publicidade (f) na rádio	iklan radio	[iklan radio]
publicidade (f) exterior	iklan luar ruangan	[iklan luar ruaŋan]
comunicação (f) de massa	media massa	[media massa]
periódico (m)	terbitan berkala	[tərbitan bərkala]
imagem (f)	citra	[tʃitra]
slogan (m)	slogan, semboyan	[slogan], [semboyan]
mote (m), lema (f)	moto	[moto]
campanha (f)	kampanye	[kampanje]
campanha (f) publicitária	kampanye iklan	[kampanje iklan]
grupo (m) alvo	khalayak sasaran	[halaja' sasaran]
cartão (m) de visita	kartu nama	[kartu nama]
panfleto (m)	selebaran	[selebaran]
brochura (f)	brosur	[brosur]
folheto (m)	pamflet	[pamflet]
boletim (~ informativo)	buletin	[buletin]
letreiro (m)	papan nama	[papan nama]
cartaz, pôster (m)	poster	[poster]
painel (m) publicitário	papan iklan	[papan iklan]

112. Banca

banco (m)	bank	[ban']
balcão (f)	cabang	[tʃabaŋ]
consultor (m) bancário	konsultan	[konsultan]
gerente (m)	manajer	[manadʒʲer]
conta (f)	rekening	[rekeniŋ]
número (m) da conta	nomor rekening	[nomor rekeniŋ]
conta (f) corrente	rekening koran	[rekeniŋ koran]
conta (f) poupança	rekening simpanan	[rekeniŋ simpanan]
abrir uma conta	membuka rekening	[membuka rekeniŋ]
fechar uma conta	menutup rekening	[mənutup rekeniŋ]
depositar na conta	memasukkan ke rekening	[memasu'kan ke rekeniŋ]
sacar (vt)	menarik uang	[mənari' uaŋ]
depósito (m)	deposito	[deposito]
fazer um depósito	melakukan setoran	[melakukan setoran]
transferência (f) bancária	transfer kawat	[transfer kawat]

transferir (vt)	mentransfer	[məntransfer]
soma (f)	jumlah	[dʒˈumlah]
Quanto?	Berapa?	[bərapa?]
assinatura (f)	tanda tangan	[tanda taŋan]
assinar (vt)	menandatangani	[mənandataŋani]
cartão (m) de crédito	kartu kredit	[kartu kredit]
senha (f)	kode	[kode]
número (m) do cartão de crédito	nomor kartu kredit	[nomor kartu kredit]
caixa (m) eletrônico	Anjungan Tunai Mandiri, ATM	[andʒˈuŋan tunaj mandiri], [a-te-em]
cheque (m)	cek	[tʃeʔ]
passar um cheque	menulis cek	[mənulis tʃeʔ]
talão (m) de cheques	buku cek	[buku tʃeʔ]
empréstimo (m)	kredit, pinjaman	[kredit], [pindʒˈaman]
pedir um empréstimo	meminta kredit	[meminta kredit]
obter empréstimo	mendapatkan kredit	[məndapatkan kredit]
dar um empréstimo	memberikan kredit	[memberikan kredit]
garantia (f)	jaminan	[dʒˈaminan]

113. Telefone. Conversação telefônica

telefone (m)	telepon	[telepon]
celular (m)	ponsel	[ponsel]
secretária (f) eletrônica	mesin penjawab panggilan	[mesin pendʒˈawab paŋgilan]
fazer uma chamada	menelepon	[mənelepon]
chamada (f)	panggilan telepon	[paŋgilan telepon]
discar um número	memutar nomor telepon	[memutar nomor telepon]
Alô!	Halo!	[halo!]
perguntar (vt)	bertanya	[bərtanja]
responder (vt)	menjawab	[məndʒˈawab]
ouvir (vt)	mendengar	[məndeŋar]
bem	baik	[bajʔ]
mal	buruk, jelek	[buruk], [dʒˈeleʔ]
ruído (m)	bising, gangguan	[bisiŋ], [gaŋguan]
fone (m)	gagang	[gagaŋ]
pegar o telefone	mengangkat telepon	[mənaŋkat telepon]
desligar (vi)	menutup telepon	[mənutup telepon]
ocupado (adj)	sibuk	[sibuʔ]
tocar (vi)	berdering	[bərderiŋ]
lista (f) telefônica	buku telepon	[buku telepon]
local (adj)	lokal	[lokal]
chamada (f) local	panggilan lokal	[paŋgilan lokal]
de longa distância	interlokal	[interlokal]

chamada (f) de longa distância	panggilan interlokal	[paŋgilan interlokal]
internacional (adj)	internasional	[internasional]
chamada (f) internacional	panggilan internasional	[paŋgilan internasional]

114. Telefone móvel

celular (m)	ponsel	[ponsel]
tela (f)	layar	[lajar]
botão (m)	kenop	[kenop]
cartão SIM (m)	kartu SIM	[kartu sim]

bateria (f)	baterai	[bateraj]
descarregar-se (vr)	mati	[mati]
carregador (m)	pengisi baterai, pengecas	[peɲisi bateraj], [peɲetʃas]

menu (m)	menu	[menu]
configurações (f pl)	penyetelan	[penjetelan]
melodia (f)	nada panggil	[nada paŋgil]
escolher (vt)	memilih	[memilih]

calculadora (f)	kalkulator	[kalkulator]
correio (m) de voz	penjawab telepon	[pendʒⁱawab telepon]
despertador (m)	weker	[weker]
contatos (m pl)	buku telepon	[buku telepon]

| mensagem (f) de texto | pesan singkat | [pesan siŋkat] |
| assinante (m) | pelanggan | [pelaŋgan] |

115. Estacionário

| caneta (f) | bolpen | [bolpen] |
| caneta (f) tinteiro | pena celup | [pena tʃelup] |

lápis (m)	pensil	[pensil]
marcador (m) de texto	spidol	[spidol]
caneta (f) hidrográfica	spidol	[spidol]

| bloco (m) de notas | buku catatan | [buku tʃatatan] |
| agenda (f) | agenda | [agenda] |

régua (f)	mistar, penggaris	[mistar], [peŋgaris]
calculadora (f)	kalkulator	[kalkulator]
borracha (f)	karet penghapus	[karet peɲhapus]

| alfinete (m) | paku payung | [paku pajuŋ] |
| clipe (m) | penjepit kertas | [pendʒⁱepit kertas] |

cola (f)	lem	[lem]
grampeador (m)	stapler	[stapler]
furador (m) de papel	alat pelubang kertas	[alat pelubaŋ kertas]
apontador (m)	rautan pensil	[rautan pensil]

116. Vários tipos de documentos

relatório (m)	laporan	[laporan]
acordo (m)	perjanjian	[pərdʒandʒian]
ficha (f) de inscrição	formulir pendaftaran	[formulir pendaftaran]
autêntico (adj)	otentik, asli	[otentik], [asli]
crachá (m)	label identitas	[label identitas]
cartão (m) de visita	kartu nama	[kartu nama]

certificado (m)	sertifikat	[sertifikat]
cheque (m)	cek	[tʃeʔ]
conta (f)	bon	[bon]
constituição (f)	Konstitusi, Undang-Undang Dasar	[konstitusi], [undaŋ-undaŋ dasar]

contrato (m)	perjanjian	[pərdʒandʒian]
cópia (f)	salinan, tembusan	[salinan], [tembusan]
exemplar (~ assinado)	eksemplar	[eksemplar]

declaração (f) alfandegária	pernyataan pabean	[pərnjataʔan pabean]
documento (m)	dokumen	[dokumen]
carteira (f) de motorista	Surat Izin Mengemudi, SIM	[surat izin məŋemudi], [sim]
adendo, anexo (m)	lampiran	[lampiran]
questionário (m)	formulir	[formulir]

carteira (f) de identidade	kartu identitas	[kartu identitas]
inquérito (m)	pertanyaan	[pərtanjaʔan]
convite (m)	surat undangan	[surat undaŋan]
fatura (f)	faktur, tagihan	[faktur], [tagihan]

lei (f)	undang-undang	[undaŋ-undaŋ]
carta (correio)	surat	[surat]
papel (m) timbrado	kop surat	[kop surat]
lista (f)	daftar	[daftar]
manuscrito (m)	manuskrip	[manuskrip]
boletim (~ informativo)	buletin	[buletin]
bilhete (mensagem breve)	nota, catatan	[nota], [tʃatatan]

passe (m)	pas masuk	[pas masuʔ]
passaporte (m)	paspor	[paspor]
permissão (f)	surat izin	[surat izin]
currículo (m)	resume	[resume]
nota (f) promissória	kuitansi	[kuitansi]
recibo (m)	kuitansi	[kuitansi]
talão (f)	slip penjualan	[slip pendʒualan]
relatório (m)	laporan	[laporan]

mostrar (vt)	memperlihatkan	[memperlihatkan]
assinar (vt)	menandatangani	[mənandataŋani]
assinatura (f)	tanda tangan	[tanda taŋan]
carimbo (m)	cap	[tʃap]
texto (m)	teks	[teks]
ingresso (m)	tiket	[tiket]
riscar (vt)	mencoret	[məntʃoret]
preencher (vt)	mengisi	[məŋisi]

carta (f) de porte	**faktur**	[faktur]
testamento (m)	**surat wasiat**	[surat wasiat]

117. Tipos de negócios

serviços (m pl) de contabilidade	**jasa akuntansi**	[dʒ'asa akuntansi]
publicidade (f)	**periklanan**	[pəriklanan]
agência (f) de publicidade	**biro periklanan**	[biro pəriklanan]
ar (m) condicionado	**penyejuk udara**	[penjedʒ'u⁷ udara]
companhia (f) aérea	**maskapai penerbangan**	[maskapaj penerbaŋan]
bebidas (f pl) alcoólicas	**minuman beralkohol**	[minuman bəralkohol]
comércio (m) de antiguidades	**antikuariat**	[antikuariat]
galeria (f) de arte	**galeri seni**	[galeri seni]
serviços (m pl) de auditoria	**jasa audit**	[dʒ'asa audit]
negócios (m pl) bancários	**industri perbankan**	[industri pərbankan]
bar (m)	**bar**	[bar]
salão (m) de beleza	**salon kecantikan**	[salon ketʃantikan]
livraria (f)	**toko buku**	[toko buku]
cervejaria (f)	**pabrik bir**	[pabri⁷ bir]
centro (m) de escritórios	**pusat bisnis**	[pusat bisnis]
escola (f) de negócios	**sekolah bisnis**	[sekolah bisnis]
cassino (m)	**kasino**	[kasino]
construção (f)	**pembangunan**	[pembaŋunan]
consultoria (f)	**jasa konsultasi**	[dʒ'asa konsultasi]
clínica (f) dentária	**klinik gigi**	[klini⁷ gigi]
design (m)	**desain**	[desajn]
drogaria (f)	**apotek, toko obat**	[apotek], [toko obat]
lavanderia (f)	**penatu kimia**	[penatu kimia]
agência (f) de emprego	**biro tenaga kerja**	[biro tenaga kerdʒ'a]
serviços (m pl) financeiros	**jasa finansial**	[dʒ'asa finansial]
alimentos (m pl)	**produk makanan**	[produ⁷ makanan]
funerária (f)	**rumah duka**	[rumah duka]
mobiliário (m)	**mebel**	[mebel]
roupa (f)	**pakaian, busana**	[pakajan], [busana]
hotel (m)	**hotel**	[hotel]
sorvete (m)	**es krim**	[es krim]
indústria (f)	**industri**	[industri]
seguro (~ de vida, etc.)	**asuransi**	[asuransi]
internet (f)	**Internet**	[internet]
investimento (m)	**investasi**	[investasi]
joalheiro (m)	**tukang perhiasan**	[tukaŋ pərhiasan]
joias (f pl)	**perhiasan**	[pərhiasan]
lavanderia (f)	**penatu**	[penatu]
assessorias (f pl) jurídicas	**penasihat hukum**	[penasihat hukum]
indústria (f) ligeira	**industri ringan**	[industri riŋan]
revista (f)	**majalah**	[madʒ'alah]

vendas (f pl) por catálogo	perniagaan pesanan pos	[pərniaga'an pesanan pos]
medicina (f)	kedokteran	[kedokteran]
cinema (m)	bioskop	[bioskop]
museu (m)	museum	[museum]
agência (f) de notícias	kantor berita	[kantor bərita]
jornal (m)	koran	[koran]
boate (casa noturna)	klub malam	[klub malam]
petróleo (m)	petroleum, minyak	[petroleum], [minja']
serviços (m pl) de remessa	jasa kurir	[dʒias kurir]
indústria (f) farmacêutica	farmasi	[farmasi]
tipografia (f)	percetakan	[pərt͡ʃetakan]
editora (f)	penerbit	[penerbit]
rádio (m)	radio	[radio]
imobiliário (m)	properti, lahan yasan	[properti], [lahan yasan]
restaurante (m)	restoran	[restoran]
empresa (f) de segurança	biro keamanan	[biro keamanan]
esporte (m)	olahraga	[olahraga]
bolsa (f) de valores	bursa efek	[bursa efe']
loja (f)	toko	[toko]
supermercado (m)	pasar swalayan	[pasar swalajan]
piscina (f)	kolam renang	[kolam renaŋ]
alfaiataria (f)	rumah jahit	[rumah dʒiahit]
televisão (f)	televisi	[televisi]
teatro (m)	teater	[teater]
comércio (m)	perdagangan	[pərdagaŋan]
serviços (m pl) de transporte	transportasi, angkutan	[transportasi], [aŋkutan]
viagens (f pl)	pariwisata	[pariwisata]
veterinário (m)	dokter hewan	[dokter hewan]
armazém (m)	gudang	[gudaŋ]
recolha (f) do lixo	pemungutan sampah	[pemuŋutan sampah]

Emprego. Negócios. Parte 2

118. Espetáculo. Feira

feira, exposição (f)	pameran	[pameran]
feira (f) comercial	pameran perdagangan	[pameran pərdagaŋan]
participação (f)	partisipasi	[partisipasi]
participar (vi)	turut serta	[turut serta]
participante (m)	partisipan, peserta	[partisipan], [peserta]
diretor (m)	direktur	[direktur]
direção (f)	biro penyelenggara kegiatan	[biro peneleŋgara kegiatan]
organizador (m)	penyelenggara	[penjeleŋgara]
organizar (vt)	menyelenggarakan	[mənjeleŋgarakan]
ficha (f) de inscrição	formulir keikutsertaan	[formulir keikutserta'an]
preencher (vt)	mengisi	[məŋisi]
detalhes (m pl)	detail	[detajl]
informação (f)	informasi	[informasi]
preço (m)	harga	[harga]
incluindo	termasuk	[tərmasu']
incluir (vt)	mencakup	[mənʧakup]
pagar (vt)	membayar	[membajar]
taxa (f) de inscrição	biaya pendaftaran	[biaja pendaftaran]
entrada (f)	masuk	[masu']
pavilhão (m), salão (f)	paviliun	[paviliun]
inscrever (vt)	mendaftar	[məndaftar]
crachá (m)	label identitas	[label identitas]
stand (m)	stand	[stand]
reservar (vt)	memesan	[memesan]
vitrine (f)	dagang layar kaca	[dagaŋ lajar katʃa]
lâmpada (f)	lampu	[lampu]
design (m)	desain	[desajn]
pôr (posicionar)	menempatkan	[mənempatkan]
ser colocado, -a	diletakkan	[dileta'kan]
distribuidor (m)	penyalur	[penjalur]
fornecedor (m)	penyuplai	[penyuplaj]
fornecer (vt)	menyuplai	[mənyuplaj]
país (m)	negara, negeri	[negara], [negeri]
estrangeiro (adj)	asing	[asiŋ]
produto (m)	produk	[produ']
associação (f)	asosiasi, perhimpunan	[asosiasi], [pərhimpunan]

sala (f) de conferência	gedung pertemuan	[geduŋ pərtemuan]
congresso (m)	kongres	[koŋres]
concurso (m)	kontes	[kontes]

visitante (m)	pengunjung	[peŋundʒ'uŋ]
visitar (vt)	mendatangi	[məndataŋi]
cliente (m)	pelanggan	[pelaŋgan]

119. Media

jornal (m)	koran	[koran]
revista (f)	majalah	[madʒ'alah]
imprensa (f)	pers	[pers]
rádio (m)	radio	[radio]
estação (f) de rádio	stasiun radio	[stasiun radio]
televisão (f)	televisi	[televisi]

apresentador (m)	pembawa acara	[pembawa atʃara]
locutor (m)	penyiar	[penjiar]
comentarista (m)	komentator	[komentator]

jornalista (m)	wartawan	[wartawan]
correspondente (m)	koresponden	[koresponden]
repórter (m) fotográfico	fotografer pers	[fotografer pərs]
repórter (m)	reporter, pewarta	[reporter], [pewarta]

| redator (m) | editor, penyunting | [editor], [penyuntiŋ] |
| redator-chefe (m) | editor kepala | [editor kepala] |

assinar a ...	berlangganan ...	[bərlaŋganan ...]
assinatura (f)	langganan	[laŋganan]
assinante (m)	pelanggan	[pelaŋgan]
ler (vt)	membaca	[membatʃa]
leitor (m)	pembaca	[pembatʃa]

tiragem (f)	oplah	[oplah]
mensal (adj)	bulanan	[bulanan]
semanal (adj)	mingguan	[miŋguan]
número (jornal, revista)	edisi	[edisi]
recente, novo (adj)	baru	[baru]

manchete (f)	kepala berita	[kepala bərita]
pequeno artigo (m)	artikel singkat	[artikel siŋkat]
coluna (~ semanal)	kolom	[kolom]
artigo (m)	artikel	[artikel]
página (f)	halaman	[halaman]

reportagem (f)	reportase	[reportase]
evento (festa, etc.)	peristiwa, kejadian	[pəristiwa], [kedʒ'adian]
sensação (f)	sensasi	[sensasi]
escândalo (m)	skandal	[skandal]
escandaloso (adj)	penuh skandal	[penuh skandal]
grande (adj)	besar	[besar]
programa (m)	program	[program]

entrevista (f)	wawancara	[wawantʃara]
transmissão (f) ao vivo	siaran langsung	[siaran laŋsuŋ]
canal (m)	saluran	[saluran]

120. Agricultura

agricultura (f)	pertanian	[pərtanian]
camponês (m)	petani	[petani]
camponesa (f)	petani	[petani]
agricultor, fazendeiro (m)	petani	[petani]
trator (m)	traktor	[traktor]
colheitadeira (f)	mesin pemanen	[mesin pemanen]
arado (m)	bajak	[badʒ'a']
arar (vt)	membajak, menenggala	[membadʒ'ak], [meneŋgala]
campo (m) lavrado	tanah garapan	[tanah garapan]
sulco (m)	alur	[alur]
semear (vt)	menanam	[mənanam]
plantadeira (f)	mesin penanam	[mesin penanam]
semeadura (f)	penanaman	[penanaman]
foice (m)	sabit	[sabit]
cortar com foice	menyabit	[mənjabit]
pá (f)	sekop	[sekop]
cavar (vt)	menggali	[məŋgali]
enxada (f)	cangkul	[tʃaŋkul]
capinar (vt)	menyiangi	[mənjiaŋi]
erva (f) daninha	gulma	[gulma]
regador (m)	kaleng penyiram	[kaleŋ penjiram]
regar (plantas)	menyiram	[mənjiram]
rega (f)	penyiraman	[penjiraman]
forquilha (f)	garpu ramput	[garpu ramput]
ancinho (m)	penggaruk	[peŋgaru']
fertilizante (m)	pupuk	[pupu']
fertilizar (vt)	memupuk	[memupu']
estrume, esterco (m)	pupuk kandang	[pupu' kandaŋ]
campo (m)	ladang	[ladaŋ]
prado (m)	padang rumput	[padaŋ rumput]
horta (f)	kebun sayur	[kebun sajur]
pomar (m)	kebun buah	[kebun buah]
pastar (vt)	menggembalakan	[məŋgembalakan]
pastor (m)	penggembala	[peŋgembala]
pastagem (f)	padang penggembalaan	[padaŋ peŋgembala'an]
pecuária (f)	peternakan	[peternakan]
criação (f) de ovelhas	peternakan domba	[peternakan domba]

plantação (f)	perkebunan	[pərkebunan]
canteiro (m)	bedeng	[bedeŋ]
estufa (f)	rumah kaca	[rumah katʃa]

| seca (f) | musim kering | [musim keriŋ] |
| seco (verão ~) | kering | [keriŋ] |

grão (m)	biji	[bidʒi]
cereais (m pl)	serealia	[serealia]
colher (vt)	memanen	[memanen]

moleiro (m)	penggiling	[peŋgiliŋ]
moinho (m)	kincir	[kintʃir]
moer (vt)	menggiling	[məŋgiliŋ]
farinha (f)	tepung	[tepuŋ]
palha (f)	jerami	[dʒierami]

121. Construção. Processo de construção

canteiro (m) de obras	lokasi pembangunan	[lokasi pembaŋunan]
construir (vt)	membangun	[membaŋun]
construtor (m)	buruh bangunan	[buruh baŋunan]

projeto (m)	proyek	[proeʔ]
arquiteto (m)	arsitek	[arsiteʔ]
operário (m)	buruh, pekerja	[buruh], [pekerdʒia]

fundação (f)	fondasi	[fondasi]
telhado (m)	atap	[atap]
estaca (f)	tiang fondasi	[tiaŋ fondasi]
parede (f)	dinding	[dindiŋ]

| colunas (f pl) de sustentação | kerangka besi | [keraŋka besi] |
| andaime (m) | perancah | [pərantʃah] |

concreto (m)	beton	[beton]
granito (m)	granit	[granit]
pedra (f)	batu	[batu]
tijolo (m)	bata, batu bata	[bata], [batu bata]

areia (f)	pasir	[pasir]
cimento (m)	semen	[semen]
emboço, reboco (m)	lepa, plester	[lepa], [plester]
emboçar, rebocar (vt)	melepa	[melepa]
tinta (f)	cat	[tʃat]
pintar (vt)	mengecat	[məŋetʃat]
barril (m)	tong	[toŋ]

grua (f), guindaste (m)	derek	[dereʔ]
erguer (vt)	menaikkan	[mənajʔkan]
baixar (vt)	menurunkan	[mənurunkan]

| buldózer (m) | buldoser | [buldozer] |
| escavadora (f) | ekskavator | [ekskavator] |

caçamba (f)	sudu pengeruk	[sudu peŋeruʔ]
escavar (vt)	menggali	[məŋgali]
capacete (m) de proteção	topi baja	[topi badʒʲa]

122. Ciência. Investigação. Cientistas

ciência (f)	ilmu	[ilmu]
científico (adj)	ilmiah	[ilmiah]
cientista (m)	ilmuwan	[ilmuwan]
teoria (f)	teori	[teori]

axioma (m)	aksioma	[aksioma]
análise (f)	analisis	[analisis]
analisar (vt)	menganalisis	[məŋanalisis]
argumento (m)	argumen	[argumen]
substância (f)	zat, bahan	[zat], [bahan]

hipótese (f)	hipotesis	[hipotesis]
dilema (m)	dilema	[dilema]
tese (f)	disertasi	[disertasi]
dogma (m)	dogma	[dogma]

doutrina (f)	doktrin	[doktrin]
pesquisa (f)	riset, penelitian	[riset], [penelitian]
pesquisar (vt)	penelitian	[penelitian]
testes (m pl)	pengujian	[peŋudʒian]
laboratório (m)	laboratorium	[laboratorium]

método (m)	metode	[metode]
molécula (f)	molekul	[molekul]
monitoramento (m)	pemonitoran	[pemonitoran]
descoberta (f)	penemuan	[penemuan]

postulado (m)	postulat	[postulat]
princípio (m)	prinsip	[prinsip]
prognóstico (previsão)	prakiraan	[prakiraʔan]
prognosticar (vt)	memprakirakan	[memprakirakan]

síntese (f)	sintesis	[sintesis]
tendência (f)	tendensi	[tendensi]
teorema (m)	teorema	[teorema]

ensinamentos (m pl)	ajaran	[adʒʲaran]
fato (m)	fakta	[fakta]

expedição (f)	ekspedisi	[ekspedisi]
experiência (f)	eksperimen	[eksperimen]

acadêmico (m)	akademikus	[akademikus]
bacharel (m)	sarjana	[sardʒʲana]
doutor (m)	doktor	[doktor]
professor (m) associado	Profesor Madya	[profesor madja]
mestrado (m)	Master	[master]
professor (m)	profesor	[profesor]

Profissões e ocupações

123. Procura de emprego. Demissão

trabalho (m)	kerja, pekerjaan	[kerdʒa], [pekerdʒa'an]
equipe (f)	staf, personalia	[staf], [pərsonalia]
pessoal (m)	staf, personel	[staf], [pərsonel]
carreira (f)	karier	[karier]
perspectivas (f pl)	perspektif	[pərspektif]
habilidades (f pl)	keterampilan	[keterampilan]
seleção (f)	pilihan	[pilihan]
agência (f) de emprego	biro tenaga kerja	[biro tenaga kerdʒa]
currículo (m)	resume	[resume]
entrevista (f) de emprego	wawancara kerja	[wawanʧara kerdʒa]
vaga (f)	lowongan	[lowoŋan]
salário (m)	gaji, upah	[gadʒi], [upah]
salário (m) fixo	gaji tetap	[gadʒi tetap]
pagamento (m)	bayaran	[bajaran]
cargo (m)	jabatan	[dʒabatan]
dever (do empregado)	tugas	[tugas]
gama (f) de deveres	bidang tugas	[bidaŋ tugas]
ocupado (adj)	sibuk	[sibu']
despedir, demitir (vt)	memecat	[memeʧat]
demissão (f)	pemecatan	[pemeʧatan]
desemprego (m)	pengangguran	[peŋaŋguran]
desempregado (m)	pengganggur	[peŋgaŋgur]
aposentadoria (f)	pensiun	[pensiun]
aposentar-se (vr)	pensiun	[pensiun]

124. Gente de negócios

diretor (m)	direktur	[direktur]
gerente (m)	manajer	[manadʒer]
patrão, chefe (m)	bos, atasan	[bos], [atasan]
superior (m)	atasan	[atasan]
superiores (m pl)	atasan	[atasan]
presidente (m)	presiden	[presiden]
chairman (m)	ketua, dirut	[ketua], [dirut]
substituto (m)	wakil	[wakil]
assistente (m)	asisten	[asisten]

| secretário (m) | sekretaris | [sekretaris] |
| secretário (m) pessoal | asisten pribadi | [asisten pribadi] |

homem (m) de negócios	pengusaha, pebisnis	[peŋusaha], [pebisnis]
empreendedor (m)	pengusaha	[peŋusaha]
fundador (m)	pendiri	[pendiri]
fundar (vt)	mendirikan	[məndirikan]

principiador (m)	pendiri	[pendiri]
parceiro, sócio (m)	mitra	[mitra]
acionista (m)	pemegang saham	[pemegaŋ saham]

milionário (m)	jutawan	[dʒutawan]
bilionário (m)	miliarder	[miliarder]
proprietário (m)	pemilik	[pemiliʔ]
proprietário (m) de terras	tuan tanah	[tuan tanah]

cliente (m)	klien	[klien]
cliente (m) habitual	klien tetap	[klien tetap]
comprador (m)	pembeli	[pembeli]
visitante (m)	tamu	[tamu]

profissional (m)	profesional	[profesional]
perito (m)	pakar, ahli	[pakar], [ahli]
especialista (m)	spesialis, ahli	[spesialis], [ahli]

| banqueiro (m) | bankir | [bankir] |
| corretor (m) | broker, pialang | [broker], [pialaŋ] |

caixa (m, f)	kasir	[kasir]
contador (m)	akuntan	[akuntan]
guarda (m)	satpam, pengawal	[satpam], [peŋawal]

investidor (m)	investor	[investor]
devedor (m)	debitur	[debitur]
credor (m)	kreditor	[kreditor]
mutuário (m)	peminjam	[pemindʒam]

| importador (m) | importir | [importir] |
| exportador (m) | eksportir | [eksportir] |

produtor (m)	produsen	[produsen]
distribuidor (m)	penyalur	[penjalur]
intermediário (m)	perantara	[pərantara]

consultor (m)	konsultan	[konsultan]
representante comercial	perwakilan penjualan	[pərwakilan pendʒualan]
agente (m)	agen	[agen]
agente (m) de seguros	agen asuransi	[agen asuransi]

125. Profissões de serviços

| cozinheiro (m) | koki, juru masak | [koki], [dʒuru masaʔ] |
| chefe (m) de cozinha | koki kepala | [koki kepala] |

padeiro (m)	pembuat roti	[pembuat roti]
barman (m)	pelayan bar	[pelajan bar]
garçom (m)	pelayan lelaki	[pelajan lelaki]
garçonete (f)	pelayan perempuan	[pelajan perempuan]

advogado (m)	advokat, pengacara	[advokat], [peɲatʃara]
jurista (m)	ahli hukum	[ahli hukum]
notário (m)	notaris	[notaris]

eletricista (m)	tukang listrik	[tukaŋ listriʔ]
encanador (m)	tukang pipa	[tukaŋ pipa]
carpinteiro (m)	tukang kayu	[tukaŋ kaju]

massagista (m)	tukang pijat lelaki	[tukaŋ pidʒʲat lelaki]
massagista (f)	tukang pijat perempuan	[tukaŋ pidʒʲat perempuan]
médico (m)	dokter	[dokter]

taxista (m)	sopir taksi	[sopir taksi]
condutor (automobilista)	sopir	[sopir]
entregador (m)	kurir	[kurir]

camareira (f)	pelayan kamar	[pelajan kamar]
guarda (m)	satpam, pengawal	[satpam], [peɲawal]
aeromoça (f)	pramugari	[pramugari]

professor (m)	guru	[guru]
bibliotecário (m)	pustakawan	[pustakawan]
tradutor (m)	penerjemah	[penerdʒʲemah]
intérprete (m)	juru bahasa	[dʒʲuru bahasa]
guia (m)	pemandu wisata	[pemandu wisata]

cabeleireiro (m)	tukang cukur	[tukaŋ tʃukur]
carteiro (m)	tukang pos	[tukaŋ pos]
vendedor (m)	pramuniaga	[pramuniaga]

jardineiro (m)	tukang kebun	[tukaŋ kebun]
criado (m)	pramuwisma	[pramuwisma]
criada (f)	pramuwisma	[pramuwisma]
empregada (f) de limpeza	pembersih ruangan	[pembersih ruaŋan]

126. Profissões militares e postos

soldado (m) raso	prajurit	[pradʒʲurit]
sargento (m)	sersan	[sersan]
tenente (m)	letnan	[letnan]
capitão (m)	kapten	[kapten]

major (m)	mayor	[major]
coronel (m)	kolonel	[kolonel]
general (m)	jenderal	[dʒʲenderal]
marechal (m)	marsekal	[marsekal]
almirante (m)	laksamana	[laksamana]
militar (m)	anggota militer	[aŋgota militer]
soldado (m)	tentara, serdadu	[tentara], [serdadu]

| oficial (m) | perwira | [pərwira] |
| comandante (m) | komandan | [komandan] |

guarda (m) de fronteira	penjaga perbatasan	[pendʒⁱaga pərbatasan]
operador (m) de rádio	operator radio	[operator radio]
explorador (m)	pengintai	[peɲintaj]
sapador-mineiro (m)	pencari ranjau	[pentʃari randʒⁱau]
atirador (m)	petembak	[petembaʔ]
navegador (m)	navigator, penavigasi	[navigator], [penavigasi]

127. Oficiais. Padres

| rei (m) | raja | [radʒⁱa] |
| rainha (f) | ratu | [ratu] |

| príncipe (m) | pangeran | [paŋeran] |
| princesa (f) | putri | [putri] |

| czar (m) | tsar, raja | [tsar], [radʒⁱa] |
| czarina (f) | tsarina, ratu | [tsarina], [ratu] |

presidente (m)	presiden	[presiden]
ministro (m)	Menteri Sekretaris	[mənteri sekretaris]
primeiro-ministro (m)	perdana menteri	[pərdana menteri]
senador (m)	senator	[senator]

diplomata (m)	diplomat	[diplomat]
cônsul (m)	konsul	[konsul]
embaixador (m)	duta besar	[duta besar]
conselheiro (m)	penasihat	[penasihat]

funcionário (m)	petugas	[petugas]
prefeito (m)	prefek	[prefeʔ]
Presidente (m) da Câmara	walikota	[walikota]

| juiz (m) | hakim | [hakim] |
| procurador (m) | kejaksaan negeri | [kedʒⁱaksaʔan negeri] |

missionário (m)	misionaris	[misionaris]
monge (m)	biarawan, rahib	[biarawan], [rahib]
abade (m)	abbas	[abbas]
rabino (m)	rabbi	[rabbi]

vizir (m)	wazir	[wazir]
xá (m)	syah	[ʃah]
xeique (m)	syeikh	[ʃejh]

128. Profissões agrícolas

abelheiro (m)	peternak lebah	[peternaʔ lebah]
pastor (m)	penggembala	[peŋgembala]
agrônomo (m)	agronom	[agronom]

criador (m) de gado	peternak	[peternaʔ]
veterinário (m)	dokter hewan	[dokter hewan]
agricultor, fazendeiro (m)	petani	[petani]
vinicultor (m)	pembuat anggur	[pembuat aŋgur]
zoólogo (m)	zoolog	[zoolog]
vaqueiro (m)	koboi	[koboi]

129. Profissões artísticas

ator (m)	aktor	[aktor]
atriz (f)	aktris	[aktris]
cantor (m)	biduan	[biduan]
cantora (f)	biduanita	[biduanita]
bailarino (m)	penari lelaki	[penari lelaki]
bailarina (f)	penari perempuan	[penari perempuan]
artista (m)	artis	[artis]
artista (f)	artis	[artis]
músico (m)	musisi, musikus	[musisi], [musikus]
pianista (m)	pianis	[pianis]
guitarrista (m)	pemain gitar	[pemajn gitar]
maestro (m)	konduktor	[konduktor]
compositor (m)	komposer, komponis	[komposer], [komponis]
empresário (m)	impresario	[impresario]
diretor (m) de cinema	sutradara	[sutradara]
produtor (m)	produser	[produser]
roteirista (m)	penulis skenario	[penulis skenario]
crítico (m)	kritikus	[kritikus]
escritor (m)	penulis	[penulis]
poeta (m)	penyair	[penjajr]
escultor (m)	pematung	[pematuŋ]
pintor (m)	perupa	[perupa]
malabarista (m)	juggler	[dʒⁱuggler]
palhaço (m)	badut	[badut]
acrobata (m)	akrobat	[akrobat]
ilusionista (m)	pesulap	[pesulap]

130. Várias profissões

médico (m)	dokter	[dokter]
enfermeira (f)	suster, juru rawat	[suster], [dʒⁱuru rawat]
psiquiatra (m)	psikiater	[psikiater]
dentista (m)	dokter gigi	[dokter gigi]
cirurgião (m)	dokter bedah	[dokter bedah]

astronauta (m)	astronaut	[astronaut]
astrônomo (m)	astronom	[astronom]
piloto (m)	pilot	[pilot]

motorista (m)	sopir	[sopir]
maquinista (m)	masinis	[masinis]
mecânico (m)	mekanik	[mekani']

mineiro (m)	penambang	[penambaŋ]
operário (m)	buruh, pekerja	[buruh], [pekerdʒia]
serralheiro (m)	tukang kikir	[tukaŋ kikir]
marceneiro (m)	tukang kayu	[tukaŋ kaju]
torneiro (m)	tukang bubut	[tukaŋ bubut]
construtor (m)	buruh bangunan	[buruh baŋunan]
soldador (m)	tukang las	[tukaŋ las]

professor (m)	profesor	[profesor]
arquiteto (m)	arsitek	[arsite']
historiador (m)	sejarawan	[sedʒiarawan]
cientista (m)	ilmuwan	[ilmuwan]
físico (m)	fisikawan	[fisikawan]
químico (m)	kimiawan	[kimiawan]

arqueólogo (m)	arkeolog	[arkeolog]
geólogo (m)	geolog	[geolog]
pesquisador (cientista)	periset, peneliti	[pəriset], [peneliti]

| babysitter, babá (f) | pengasuh anak | [peŋasuh ana'] |
| professor (m) | guru, pendidik | [guru], [pendidi'] |

redator (m)	editor, penyunting	[editor], [penyuntiŋ]
redator-chefe (m)	editor kepala	[editor kepala]
correspondente (m)	koresponden	[koresponden]
datilógrafa (f)	juru ketik	[dʒiuru keti']

designer (m)	desainer, perancang	[desajner], [pərantʃaŋ]
especialista (m) em informática	ahli komputer	[ahli komputer]
programador (m)	pemrogram	[pemrogram]
engenheiro (m)	insinyur	[insinyur]

marujo (m)	pelaut	[pelaut]
marinheiro (m)	kelasi	[kelasi]
socorrista (m)	penyelamat	[penjelamat]

bombeiro (m)	pemadam kebakaran	[pemadam kebakaran]
polícia (m)	polisi	[polisi]
guarda-noturno (m)	penjaga	[pendʒiaga]
detetive (m)	detektif	[detektif]

funcionário (m) da alfândega	petugas pabean	[petugas pabean]
guarda-costas (m)	pengawal pribadi	[peŋawal pribadi]
guarda (m) prisional	sipir, penjaga penjara	[sipir], [pendʒiaga pendʒiara]
inspetor (m)	inspektur	[inspektur]
esportista (m)	olahragawan	[olahragawan]
treinador (m)	pelatih	[pelatih]

açougueiro (m)	tukang daging	[tukaŋ dagiŋ]
sapateiro (m)	tukang sepatu	[tukaŋ sepatu]
comerciante (m)	pedagang	[pedagaŋ]
carregador (m)	kuli	[kuli]

| estilista (m) | perancang busana | [perantʃaŋ busana] |
| modelo (f) | peragawati | [peragawati] |

131. Ocupações. Estatuto social

| estudante (~ de escola) | siswa | [siswa] |
| estudante (~ universitária) | mahasiswa | [mahasiswa] |

filósofo (m)	filsuf	[filsuf]
economista (m)	ahli ekonomi	[ahli ekonomi]
inventor (m)	penemu	[penemu]

desempregado (m)	pengganggur	[peŋgaŋgur]
aposentado (m)	pensiunan	[pensiunan]
espião (m)	mata-mata	[mata-mata]

preso, prisioneiro (m)	tahanan	[tahanan]
grevista (m)	pemogok	[pemogoʔ]
burocrata (m)	birokrat	[birokrat]
viajante (m)	pelancong	[pelantʃoŋ]

homossexual (m)	homo, homoseksual	[homo], [homoseksual]
hacker (m)	peretas	[peretas]
hippie (m, f)	hipi	[hipi]

bandido (m)	bandit	[bandit]
assassino (m)	pembunuh bayaran	[pembunuh bajaran]
drogado (m)	pecandu narkoba	[petʃandu narkoba]
traficante (m)	pengedar narkoba	[peŋedar narkoba]
prostituta (f)	pelacur	[pelatʃur]
cafetão (m)	germo	[germo]

bruxo (m)	penyihir lelaki	[penjihir lelaki]
bruxa (f)	penyihir perempuan	[penjihir perempuan]
pirata (m)	bajak laut	[badʒʲaʔ laut]
escravo (m)	budak	[budaʔ]
samurai (m)	samurai	[samuraj]
selvagem (m)	orang primitif	[oraŋ primitif]

Desportos

132. Tipos de desportos. Desportistas

esportista (m)	olahragawan	[olahragawan]
tipo (m) de esporte	jenis olahraga	[dʒˈenis olahraga]
basquete (m)	bola basket	[bola basket]
jogador (m) de basquete	pemain bola basket	[pemajn bola basket]
beisebol (m)	bisbol	[bisbol]
jogador (m) de beisebol	pemain bisbol	[pemajn bisbol]
futebol (m)	sepak bola	[sepaʔ bola]
jogador (m) de futebol	pemain sepak bola	[pemajn sepaʔ bola]
goleiro (m)	kiper, penjaga gawang	[kiper], [pendʒˈaga gawaŋ]
hóquei (m)	hoki	[hoki]
jogador (m) de hóquei	pemain hoki	[pemajn hoki]
vôlei (m)	bola voli	[bola voli]
jogador (m) de vôlei	pemain bola voli	[pemajn bola voli]
boxe (m)	tinju	[tindʒˈu]
boxeador (m)	petinju	[petindʒˈu]
luta (f)	gulat	[gulat]
lutador (m)	pegulat	[pegulat]
caratê (m)	karate	[karate]
carateca (m)	karateka	[karateka]
judô (m)	judo	[dʒˈudo]
judoca (m)	pejudo	[pedʒˈudo]
tênis (m)	tenis	[tenis]
tenista (m)	petenis	[petenis]
natação (f)	berenang	[bərenaŋ]
nadador (m)	perenang	[pərenaŋ]
esgrima (f)	anggar	[aŋgar]
esgrimista (m)	pemain anggar	[pemajn aŋgar]
xadrez (m)	catur	[ʧatur]
jogador (m) de xadrez	pecatur	[peʧatur]
alpinismo (m)	mendaki gunung	[məndaki gunuŋ]
alpinista (m)	pendaki gunung	[pendaki gunuŋ]
corrida (f)	lari	[lari]

corredor (m)	**pelari**	[pelari]
atletismo (m)	**atletik**	[atletiʔ]
atleta (m)	**atlet**	[atlet]

hipismo (m)	**menunggang kuda**	[mənuŋgaŋ kuda]
cavaleiro (m)	**penunggang kuda**	[penuŋgaŋ kuda]

patinação (f) artística	**seluncur indah**	[seluntʃur indah]
patinador (m)	**peseluncur indah**	[peseluntʃur indah]
patinadora (f)	**peseluncur indah**	[peseluntʃur indah]

halterofilismo (m)	**angkat berat**	[aŋkat bərat]
halterofilista (m)	**atlet angkat berat**	[atlet aŋkat bərat]

corrida (f) de carros	**balapan mobil**	[balapan mobil]
piloto (m)	**pembalap mobil**	[pembalap mobil]

ciclismo (m)	**bersepeda**	[bərsepeda]
ciclista (m)	**atlet sepeda**	[atlet sepeda]

salto (m) em distância	**lompat jauh**	[lompat dʒʲauh]
salto (m) com vara	**lompat galah**	[lompat galah]
atleta (m) de saltos	**atlet lompat, pelompat**	[atlet lompat], [pelompat]

133. Tipos de desportos. Diversos

futebol (m) americano	**futbol**	[futbol]
badminton (m)	**badminton, bulu tangkis**	[badminton], [bulu taŋkis]
biatlo (m)	**biathlon**	[biatlon]
bilhar (m)	**biliar**	[biliar]

bobsled (m)	**bobsled**	[bobsled]
musculação (f)	**binaraga**	[binaraga]
polo (m) aquático	**polo air**	[polo air]
handebol (m)	**bola tangan**	[bola taŋan]
golfe (m)	**golf**	[golf]

remo (m)	**mendayung**	[məndajuŋ]
mergulho (m)	**selam skuba**	[selam skuba]
corrida (f) de esqui	**ski lintas alam**	[ski lintas alam]
tênis (m) de mesa	**tenis meja**	[tenis medʒʲa]

vela (f)	**berlayar**	[bərlajar]
rali (m)	**balap reli**	[balap reli]
rúgbi (m)	**rugbi**	[rugbi]
snowboard (m)	**seluncur salju**	[seluntʃur saldʒʲu]
arco-e-flecha (m)	**memanah**	[memanah]

134. Ginásio

barra (f)	**barbel**	[barbel]
halteres (m pl)	**dumbel**	[dumbel]

aparelho (m) de musculação	alat senam	[alat senam]
bicicleta (f) ergométrica	sepeda statis	[sepeda statis]
esteira (f) de corrida	treadmill	[tredmil]

barra (f) fixa	rekstok	[reksto']
barras (f pl) paralelas	palang sejajar	[palaŋ sedʒʲadʒʲar]
cavalo (m)	kuda-kuda	[kuda-kuda]
tapete (m) de ginástica	matras	[matras]

corda (f) de saltar	lompat tali	[lompat tali]
aeróbica (f)	aerobik	[aerobi']
ioga, yoga (f)	yoga	[yoga]

135. Hóquei

hóquei (m)	hoki	[hoki]
jogador (m) de hóquei	pemain hoki	[pemajn hoki]
jogar hóquei	bermain hoki	[bərmajn hoki]
gelo (m)	es	[es]

disco (m)	bola hoki es	[bola hoki es]
taco (m) de hóquei	stik hoki	[sti' hoki]
patins (m pl) de gelo	sepatu es	[sepatu es]

| muro (m) | papan | [papan] |
| tiro (m) | pukulan | [pukulan] |

goleiro (m)	penjaga gawang	[pendʒʲaga gawaŋ]
gol (m)	gol	[gol]
marcar um gol	menjaringkan gol	[mǝndʒʲariŋkan gol]

tempo (m)	babak	[baba']
segundo tempo (m)	babak kedua	[baba' kedua]
banco (m) de reservas	bangku pemain pengganti	[baŋku pemajn peŋganti]

136. Futebol

futebol (m)	sepak bola	[sepa' bola]
jogador (m) de futebol	pemain sepak bola	[pemajn sepa' bola]
jogar futebol	bermain sepak bola	[bərmajn sepa' bola]

Time (m) Principal	liga tertinggi	[liga tərtiŋgi]
time (m) de futebol	klub sepak bola	[klub sepa' bola]
treinador (m)	pelatih	[pelatih]
proprietário (m)	pemilik	[pemili']

equipe (f)	tim	[tim]
capitão (m)	kapten tim	[kapten tim]
jogador (m)	pemain	[pemajn]
jogador (m) reserva	pemain pengganti	[pemajn peŋganti]
atacante (m)	penyerang	[penjeraŋ]
centroavante (m)	penyerang tengah	[penjeraŋ teŋah]

marcador (m)	penyerang, pencetak gol	[penjeraŋ], [pentʃeta' gol]
defesa (m)	bek, pemain bertahan	[bek], [pemajn bərtahan]
meio-campo (m)	hafbek	[hafbe']
jogo (m), partida (f)	pertandingan	[pərtandiŋan]
encontrar-se (vr)	bertanding	[bərtandiŋ]
final (m)	final	[final]
semifinal (f)	semifinal	[semifinal]
campeonato (m)	kejuaraan	[kedʒ'uara'an]
tempo (m)	babak	[baba']
primeiro tempo (m)	babak pertama	[baba' pərtama]
intervalo (m)	waktu istirahat	[waktu istirahat]
goleira (f)	gawang	[gawaŋ]
goleiro (m)	kiper, penjaga gawang	[kiper], [pendʒ'aga gawaŋ]
trave (f)	tiang gawang	[tiaŋ gawaŋ]
travessão (m)	palang gol	[palaŋ gol]
rede (f)	net	[net]
tomar um gol	kebobolan	[kebobolan]
bola (f)	bola	[bola]
passe (m)	operan	[operan]
chute (m)	tendangan	[tendaŋan]
chutar (vt)	menendang	[mənendaŋ]
pontapé (m)	tendangan bebas	[tendaŋan bebas]
escanteio (m)	tendangan penjuru	[tendaŋan pendʒ'uru]
ataque (m)	serangan	[seraŋan]
contra-ataque (m)	serangan balik	[seraŋan bali']
combinação (f)	kombinasi	[kombinasi]
árbitro (m)	wasit	[wasit]
apitar (vi)	meniup peluit	[məniup peluit]
apito (m)	peluit	[peluit]
falta (f)	pelanggaran	[pelaŋgaran]
cometer a falta	melanggar	[melaŋgar]
expulsar (vt)	mengusir keluar lapangan	[məŋusir keluar lapaŋan]
cartão (m) amarelo	kartu kuning	[kartu kuniŋ]
cartão (m) vermelho	kartu merah	[kartu merah]
desqualificação (f)	diskualifikasi	[diskualifikasi]
desqualificar (vt)	mendiskualifikasi	[məndiskualifikasi]
pênalti (m)	tendangan penalti	[tendaŋan penalti]
barreira (f)	tembok pemain	[tembo' pemajn]
marcar (vt)	menjaringkan	[məndʒ'ariŋkan]
gol (m)	gol	[gol]
marcar um gol	menjaringkan gol	[məndʒ'ariŋkan gol]
substituição (f)	penggantian	[peŋgantian]
substituir (vt)	mengganti	[məŋganti]
regras (f pl)	peraturan	[peraturan]
tática (f)	taktik	[takti']
estádio (m)	stadion	[stadion]
arquibancadas (f pl)	tribun	[tribun]

fã, torcedor (m)	pendukung	[penduku ŋ]
gritar (vi)	berteriak	[bərteriaˀ]
placar (m)	papan skor	[papan skor]
resultado (m)	skor	[skor]
derrota (f)	kekalahan	[kekalahan]
perder (vt)	kalah	[kalah]
empate (m)	seri, hasil imbang	[seri], [hasil imbaŋ]
empatar (vi)	bermain seri	[bərmajn seri]
vitória (f)	kemenangan	[kemenaŋan]
vencer (vi, vt)	menang	[menaŋ]
campeão (m)	juara	[dʒɪuara]
melhor (adj)	terbaik	[terbaiˀ]
felicitar (vt)	mengucapkan selamat	[məŋutʃapkan selamat]
comentarista (m)	komentator	[komentator]
comentar (vt)	berkomentar	[bərkomentar]
transmissão (f)	siaran	[siaran]

137. Esqui alpino

esqui (m)	ski	[ski]
esquiar (vi)	bermain ski	[bərmajn ski]
estação (f) de esqui	resor ski	[resor ski]
teleférico (m)	kereta gantung	[kereta gantuŋ]
bastões (m pl) de esqui	tongkat ski	[toŋkat ski]
declive (m)	lereng	[lereŋ]
slalom (m)	slalom	[slalom]

138. Tênis. Golfe

golfe (m)	golf	[golf]
clube (m) de golfe	klub golf	[klub golf]
jogador (m) de golfe	pegolf	[pegolf]
buraco (m)	lubang	[lubaŋ]
taco (m)	stik golf	[stiˀ golf]
trolley (m)	troli golf	[troli golf]
tênis (m)	tenis	[tenis]
quadra (f) de tênis	lapangan tenis	[lapaŋan tenis]
saque (m)	servis	[servis]
sacar (vi)	melakukan servis	[melakukan servis]
raquete (f)	raket	[raket]
rede (f)	net	[net]
bola (f)	bola	[bola]

139. Xadrez

xadrez (m)	catur	[ʧatur]
peças (f pl) de xadrez	buah catur	[buah ʧatur]
jogador (m) de xadrez	pecatur	[peʧatur]
tabuleiro (m) de xadrez	papan catur	[papan ʧatur]
peça (f)	buah catur	[buah ʧatur]
brancas (f pl)	buah putih	[buah putih]
pretas (f pl)	buah hitam	[buah hitam]
peão (m)	pion, bidak	[pion], [bidaʔ]
bispo (m)	gajah	[gadʒⁱah]
cavalo (m)	kuda	[kuda]
torre (f)	benteng	[benteŋ]
dama (f)	ratu, menteri	[ratu], [menteri]
rei (m)	raja	[radʒⁱa]
vez (f)	langkah	[laŋkah]
mover (vt)	melangkahkan bidak	[melaŋkahkan bidaʔ]
sacrificar (vt)	mengorbankan	[məŋorbankan]
roque (m)	rokade	[rokade]
xeque (m)	skak	[skaʔ]
xeque-mate (m)	skak mat	[skaʔ mat]
torneio (m) de xadrez	pertandingan catur	[pərtandiŋan ʧatur]
grão-mestre (m)	Grandmaster	[grandmaster]
combinação (f)	kombinasi	[kombinasi]
partida (f)	partai	[partaj]
jogo (m) de damas	permainan dam	[pərmajnan dam]

140. Boxe

boxe (m)	tinju	[tindʒⁱu]
combate (m)	pertarungan	[pərtaruŋan]
luta (f) de boxe	pertandingan	[pərtandiŋan]
round (m)	ronde	[ronde]
ringue (m)	ring	[riŋ]
gongo (m)	gong	[goŋ]
murro, soco (m)	pukulan	[pukulan]
derrubada (f)	knock-down	[knokdaun]
nocaute (m)	knock-out	[knokaut]
nocautear (vt)	meng-KO	[meŋ-kao]
luva (f) de boxe	sarung tinju	[saruŋ tindʒⁱu]
juiz (m)	wasit	[wasit]
peso-pena (m)	kelas ringan	[kelas riŋan]
peso-médio (m)	kelas menengah	[kelas meneŋah]
peso-pesado (m)	kelas berat	[kelas bərat]

141. Desportos. Diversos

Jogos (m pl) Olímpicos	Olimpiade	[olimpiade]
vencedor (m)	pemenang	[pemenaŋ]
vencer (vi)	unggul	[uŋgul]
vencer (vi, vt)	menang	[menaŋ]

líder (m)	pemimpin	[pemimpin]
liderar (vt)	memimpin	[memimpin]

primeiro lugar (m)	tempat pertama	[tempat pərtama]
segundo lugar (m)	tempat kedua	[tempat kedua]
terceiro lugar (m)	tempat ketiga	[tempat ketiga]

medalha (f)	medali	[medali]
troféu (m)	trofi	[trofi]
taça (f)	piala	[piala]
prêmio (m)	hadiah	[hadiah]
prêmio (m) principal	hadiah utama	[hadiah utama]

recorde (m)	rekor	[rekor]
estabelecer um recorde	menciptakan rekor	[mənʧiptakan rekor]

final (m)	final	[final]
final (adj)	final	[final]

campeão (m)	juara	[dʒｊuara]
campeonato (m)	kejuaraan	[kedʒｊuaraʔan]

estádio (m)	stadion	[stadion]
arquibancadas (f pl)	tribun	[tribun]
fã, torcedor (m)	pendukung	[pendukuŋ]
adversário (m)	lawan	[lawan]

partida (f)	start	[start]
linha (f) de chegada	finis	[finis]

derrota (f)	kekalahan	[kekalahan]
perder (vt)	kalah	[kalah]

árbitro, juiz (m)	wasit	[wasit]
júri (m)	juri	[dʒｊuri]
resultado (m)	skor	[skor]
empate (m)	seri, hasil imbang	[seri], [hasil imbaŋ]
empatar (vi)	bermain seri	[bərmajn seri]
ponto (m)	poin	[poin]
resultado (m) final	skor, hasil akhir	[skor], [hasil ahir]

tempo (m)	babak	[babaʔ]
intervalo (m)	waktu istirahat	[waktu istirahat]

doping (m)	doping	[dopiŋ]
penalizar (vt)	menghukum	[məŋhukum]
desqualificar (vt)	mendiskualifikasi	[məndiskualifikasi]
aparelho, aparato (m)	alat olahraga	[alat olahraga]

dardo (m)	lembing	[lembiŋ]
peso (m)	peluru	[peluru]
bola (f)	bola	[bola]

alvo, objetivo (m)	sasaran	[sasaran]
alvo (~ de papel)	sasaran	[sasaran]
disparar, atirar (vi)	menembak	[mənembaʔ]
preciso (tiro ~)	akurat	[akurat]

treinador (m)	pelatih	[pelatih]
treinar (vt)	melatih	[melatih]
treinar-se (vr)	berlatih	[bərlatih]
treino (m)	latihan	[latihan]

academia (f) de ginástica	gimnasium	[gimnasium]
exercício (m)	latihan	[latihan]
aquecimento (m)	pemanasan	[pemanasan]

Educação

142. Escola

escola (f)	**sekolah**	[sekolah]
diretor (m) de escola	**kepala sekolah**	[kepala sekolah]
aluno (m)	**murid laki-laki**	[murid laki-laki]
aluna (f)	**murid perempuan**	[murid pərempuan]
estudante (m)	**siswa**	[siswa]
estudante (f)	**siswi**	[siswi]
ensinar (vt)	**mengajar**	[məŋadʒʲar]
aprender (vt)	**belajar**	[beladʒʲar]
decorar (vt)	**menghafalkan**	[məŋhafalkan]
estudar (vi)	**belajar**	[beladʒʲar]
estar na escola	**bersekolah**	[bərsekolah]
ir à escola	**ke sekolah**	[ke sekolah]
alfabeto (m)	**alfabet, abjad**	[alfabet], [abdʒʲad]
disciplina (f)	**subjek, mata pelajaran**	[subdʒʲek], [mata peladʒʲaran]
sala (f) de aula	**ruang kelas**	[ruaŋ kelas]
lição, aula (f)	**pelajaran**	[peladʒʲaran]
recreio (m)	**waktu istirahat**	[waktu istirahat]
toque (m)	**lonceng**	[lonʧeŋ]
classe (f)	**bangku sekolah**	[baŋku sekolah]
quadro (m) negro	**papan tulis hitam**	[papan tulis hitam]
nota (f)	**nilai**	[nilaj]
boa nota (f)	**nilai baik**	[nilaj bajʔ]
nota (f) baixa	**nilai jelek**	[nilaj dʒʲeleʔ]
dar uma nota	**memberikan nilai**	[memberikan nilaj]
erro (m)	**kesalahan**	[kesalahan]
errar (vi)	**melakukan kesalahan**	[melakukan kesalahan]
corrigir (~ um erro)	**mengoreksi**	[məŋoreksi]
cola (f)	**contekan**	[ʧontekan]
dever (m) de casa	**pekerjaan rumah**	[pekerdʒʲaʔan rumah]
exercício (m)	**latihan**	[latihan]
estar presente	**hadir**	[hadir]
estar ausente	**absen, tidak hadir**	[absen], [tidaʔ hadir]
faltar às aulas	**absen dari sekolah**	[absen dari sekolah]
punir (vt)	**menghukum**	[məŋhukum]
punição (f)	**hukuman**	[hukuman]
comportamento (m)	**perilaku**	[pərilaku]

boletim (m) escolar	rapor	[rapor]
lápis (m)	pensil	[pensil]
borracha (f)	karet penghapus	[karet peŋhapus]
giz (m)	kapur	[kapur]
porta-lápis (m)	kotak pensil	[kota' pensil]

mala, pasta, mochila (f)	tas sekolah	[tas sekolah]
caneta (f)	pen	[pen]
caderno (m)	buku tulis	[buku tulis]
livro (m) didático	buku pelajaran	[buku peladʒʲaran]
compasso (m)	paser, jangka	[paser], [dʒʲaŋka]

traçar (vt)	menggambar	[məŋgambar]
desenho (m) técnico	gambar teknik	[gambar tekni']

poesia (f)	puisi, sajak	[puisi], [sadʒʲa']
de cor	hafal	[hafal]
decorar (vt)	menghafalkan	[məŋhafalkan]

férias (f pl)	liburan sekolah	[liburan sekolah]
estar de férias	berlibur	[bərlibur]
passar as férias	menjalani liburan	[məndʒalani liburan]

teste (m), prova (f)	tes, kuis	[tes], [kuis]
redação (f)	esai, karangan	[esaj], [karaŋan]
ditado (m)	dikte	[dikte]
exame (m), prova (f)	ujian	[udʒian]
fazer prova	menempuh ujian	[mənempuh udʒian]
experiência (~ química)	eksperimen	[eksperimen]

143. Colégio. Universidade

academia (f)	akademi	[akademi]
universidade (f)	universitas	[universitas]
faculdade (f)	fakultas	[fakultas]

estudante (m)	mahasiswa	[mahasiswa]
estudante (f)	mahasiswi	[mahasiswi]
professor (m)	dosen	[dosen]

auditório (m)	ruang kuliah	[ruaŋ kuliah]
graduado (m)	lulusan	[lulusan]

diploma (m)	ijazah	[idʒʲazah]
tese (f)	disertasi	[disertasi]

estudo (obra)	penelitian	[penelitian]
laboratório (m)	laboratorium	[laboratorium]

palestra (f)	kuliah	[kuliah]
colega (m) de curso	rekan sekuliah	[rekan sekuliah]

bolsa (f) de estudos	beasiswa	[beasiswa]
grau (m) acadêmico	gelar akademik	[gelar akademi']

144. Ciências. Disciplinas

matemática (f)	matematika	[matematika]
álgebra (f)	aljabar	[aldʒabar]
geometria (f)	geometri	[geometri]
astronomia (f)	astronomi	[astronomi]
biologia (f)	biologi	[biologi]
geografia (f)	geografi	[geografi]
geologia (f)	geologi	[geologi]
história (f)	sejarah	[sedʒarah]
medicina (f)	kedokteran	[kedokteran]
pedagogia (f)	pedagogi	[pedagogi]
direito (m)	hukum	[hukum]
física (f)	fisika	[fisika]
química (f)	kimia	[kimia]
filosofia (f)	filsafat	[filsafat]
psicologia (f)	psikologi	[psikologi]

145. Sistema de escrita. Ortografia

gramática (f)	tatabahasa	[tatabahasa]
vocabulário (m)	kosakata	[kosakata]
fonética (f)	fonetik	[foneti']
substantivo (m)	nomina	[nomina]
adjetivo (m)	adjektiva	[adʒektiva]
verbo (m)	verba	[verba]
advérbio (m)	adverbia	[adverbia]
pronome (m)	kata ganti	[kata ganti]
interjeição (f)	kata seru	[kata seru]
preposição (f)	preposisi, kata depan	[preposisi], [kata depan]
raiz (f)	kata dasar	[kata dasar]
terminação (f)	akhiran	[ahiran]
prefixo (m)	prefiks, awalan	[prefiks], [awalan]
sílaba (f)	suku kata	[suku kata]
sufixo (m)	sufiks, akhiran	[sufiks], [ahiran]
acento (m)	tanda tekanan	[tanda tekanan]
apóstrofo (f)	apostrofi	[apostrofi]
ponto (m)	titik	[titi']
vírgula (f)	koma	[koma]
ponto e vírgula (m)	titik koma	[titi' koma]
dois pontos (m pl)	titik dua	[titi' dua]
reticências (f pl)	elipsis, lesapan	[elipsis], [lesapan]
ponto (m) de interrogação	tanda tanya	[tanda tanja]
ponto (m) de exclamação	tanda seru	[tanda seru]

aspas (f pl)	tanda petik	[tanda peti']
entre aspas	dalam tanda petik	[dalam tanda peti']
parênteses (m pl)	tanda kurung	[tanda kuruŋ]
entre parênteses	dalam tanda kurung	[dalam tanda kuruŋ]

hífen (m)	tanda pisah	[tanda pisah]
travessão (m)	tanda hubung	[tanda hubuŋ]
espaço (m)	spasi	[spasi]

| letra (f) | huruf | [huruf] |
| letra (f) maiúscula | huruf kapital | [huruf kapital] |

| vogal (f) | vokal | [vokal] |
| consoante (f) | konsonan | [konsonan] |

frase (f)	kalimat	[kalimat]
sujeito (m)	subjek	[subdʒ'e']
predicado (m)	predikat	[predikat]

linha (f)	baris	[baris]
em uma nova linha	di baris baru	[di baris baru]
parágrafo (m)	alinea, paragraf	[alinea], [paragraf]

palavra (f)	kata	[kata]
grupo (m) de palavras	rangkaian kata	[raŋkajan kata]
expressão (f)	ungkapan	[uŋkapan]
sinônimo (m)	sinonim	[sinonim]
antônimo (m)	antonim	[antonim]

regra (f)	peraturan	[peraturan]
exceção (f)	perkecualian	[perketʃualian]
correto (adj)	benar, betul	[benar], [betul]

conjugação (f)	konjugasi	[kondʒ'ugasi]
declinação (f)	deklinasi	[deklinasi]
caso (m)	kasus nominal	[kasus nominal]
pergunta (f)	pertanyaan	[pertanja'an]
sublinhar (vt)	menggaris bawahi	[meŋgaris bawahi]
linha (f) pontilhada	garis bertitik	[garis bertiti']

146. Línguas estrangeiras

língua (f)	bahasa	[bahasa]
estrangeiro (adj)	asing	[asiŋ]
língua (f) estrangeira	bahasa asing	[bahasa asiŋ]
estudar (vt)	mempelajari	[mempeladʒ'ari]
aprender (vt)	belajar	[beladʒ'ar]

ler (vt)	membaca	[membatʃa]
falar (vi)	berbicara	[berbitʃara]
entender (vt)	mengerti	[meŋerti]
escrever (vt)	menulis	[menulis]
rapidamente	cepat, fasih	[tʃepat], [fasih]
devagar, lentamente	perlahan-lahan	[perlahan-lahan]

fluentemente	fasih	[fasih]
regras (f pl)	peraturan	[pəraturan]
gramática (f)	tatabahasa	[tatabahasa]
vocabulário (m)	kosakata	[kosakata]
fonética (f)	fonetik	[foneti⁷]

livro (m) didático	buku pelajaran	[buku peladʒiaran]
dicionário (m)	kamus	[kamus]
manual (m) autodidático	buku autodidak	[buku autodida⁷]
guia (m) de conversação	panduan percakapan	[panduan pərtʃakapan]

fita (f) cassete	kaset	[kaset]
videoteipe (m)	kaset video	[kaset video]
CD (m)	cakram kompak	[tʃakram kompa⁷]
DVD (m)	cakram DVD	[tʃakram di-vi-di]

alfabeto (m)	alfabet, abjad	[alfabet], [abdʒiad]
soletrar (vt)	mengeja	[məŋedʒia]
pronúncia (f)	pelafalan	[pelafalan]

sotaque (m)	aksen	[aksen]
com sotaque	dengan aksen	[deŋan aksen]
sem sotaque	tanpa aksen	[tanpa aksen]

palavra (f)	kata	[kata]
sentido (m)	arti	[arti]

curso (m)	kursus	[kursus]
inscrever-se (vr)	Mendaftar	[məndaftar]
professor (m)	guru	[guru]

tradução (processo)	penerjemahan	[penerdʒemahan]
tradução (texto)	terjemahan	[tərdʒiemahan]
tradutor (m)	penerjemah	[penerdʒemah]
intérprete (m)	juru bahasa	[dʒiuru bahasa]

poliglota (m)	poliglot	[poliglot]
memória (f)	memori, daya ingat	[memori], [daja iŋat]

147. Personagens de contos de fadas

Papai Noel (m)	Sinterklas	[sinterklas]
Cinderela (f)	Cinderella	[tʃinderella]
sereia (f)	putri duyung	[putri duyuŋ]
Netuno (m)	Neptunus	[neptunus]

bruxo, feiticeiro (m)	penyihir	[penjihir]
fada (f)	peri	[peri]
mágico (adj)	sihir	[sihir]
varinha (f) mágica	tongkat sihir	[toŋkat sihir]

conto (m) de fadas	dongeng	[doŋeŋ]
milagre (m)	keajaiban	[keadʒiajban]
anão (m)	kerdil, katai	[kerdil], [kataj]

transformar-se em ...	menjelma menjadi ...	[məndʒˈelma məndʒˈadi ...]
fantasma (m)	fantom	[fantom]
fantasma (m)	hantu	[hantu]
monstro (m)	monster	[monster]
dragão (m)	naga	[naga]
gigante (m)	raksasa	[raksasa]

148. Signos do Zodíaco

Áries (f)	Aries	[aries]
Touro (m)	Taurus	[taurus]
Gêmeos (m pl)	Gemini	[dʒˈemini]
Câncer (m)	Cancer	[kanser]
Leão (m)	Leo	[leo]
Virgem (f)	Virgo	[virgo]

Libra (f)	Libra	[libra]
Escorpião (m)	Scorpio	[skorpio]
Sagitário (m)	Sagitarius	[sagitarius]
Capricórnio (m)	Capricorn	[keprikon]
Aquário (m)	Aquarius	[akuarius]
Peixes (pl)	Pisces	[pistʃes]

caráter (m)	karakter	[karakter]
traços (m pl) do caráter	ciri karakter	[tʃiri karakter]
comportamento (m)	tingkah laku	[tiŋkah laku]
prever a sorte	meramal	[meramal]
adivinha (f)	peramal	[pəramal]
horóscopo (m)	horoskop	[horoskop]

Artes

149. Teatro

teatro (m)	teater	[teater]
ópera (f)	opera	[opera]
opereta (f)	opereta	[opereta]
balé (m)	balet	[balet]
cartaz (m)	poster	[poster]
companhia (f) de teatro	rombongan teater	[rombonjan teater]
turnê (f)	tur, pertunjukan keliling	[tur], [pərtundʒʲukan keliliŋ]
estar em turnê	mengadakan tur	[məŋadakan tur]
ensaiar (vt)	berlatih	[bərlatih]
ensaio (m)	geladi	[geladi]
repertório (m)	repertoar	[repertoar]
apresentação (f)	pertunjukan	[pərtundʒʲukan]
espetáculo (m)	pergelaran	[pərgelaran]
peça (f)	lakon	[lakon]
entrada (m)	tiket	[tiket]
bilheteira (f)	loket tiket	[loket tiket]
hall (m)	lobi, ruang depan	[lobi], [ruaŋ depan]
vestiário (m)	tempat penitipan jas	[tempat penitipan dʒʲas]
senha (f) numerada	nomor penitipan jas	[nomor penitipan dʒʲas]
binóculo (m)	binokular	[binokular]
lanterninha (m)	petugas penyobek tiket	[petugas penjobe' tiket]
plateia (f)	kursi orkestra	[kursi orkestra]
balcão (m)	balkon	[balkon]
primeiro balcão (m)	tingkat pertama	[tiŋkat pərtama]
camarote (m)	boks	[boks]
fila (f)	barisan	[barisan]
assento (m)	tempat duduk	[tempat dudu']
público (m)	khalayak	[halaja']
espectador (m)	penonton	[penonton]
aplaudir (vt)	bertepuk tangan	[bərtepu' taŋan]
aplauso (m)	aplaus, tepuk tangan	[aplaus], [tepu' taŋan]
ovação (f)	ovasi, tepuk tangan	[ovasi], [tepu' taŋan]
palco (m)	panggung	[paŋguŋ]
cortina (f)	tirai	[tiraj]
cenário (m)	tata panggung	[tata paŋguŋ]
bastidores (m pl)	belakang panggung	[belakaŋ paŋguŋ]
cena (f)	adegan	[adegan]
ato (m)	babak	[baba']
intervalo (m)	waktu istirahat	[waktu istirahat]

150. Cinema

ator (m)	aktor	[aktor]
atriz (f)	aktris	[aktris]
cinema (m)	sinematografi, perfilman	[sinematografi], [pərfilman]
filme (m)	film	[film]
episódio (m)	episode, seri	[episode], [seri]
filme (m) policial	detektif	[detektif]
filme (m) de ação	film laga	[film laga]
filme (m) de aventuras	film petualangan	[film petualaŋan]
filme (m) de ficção científica	film fiksi ilmiah	[film fiksi ilmiah]
filme (m) de horror	film horor	[film horor]
comédia (f)	film komedi	[film komedi]
melodrama (m)	melodrama	[melodrama]
drama (m)	drama	[drama]
filme (m) de ficção	film fiksi	[film fiksi]
documentário (m)	film dokumenter	[film dokumenter]
desenho (m) animado	kartun	[kartun]
cinema (m) mudo	film bisu	[film bisu]
papel (m)	peran	[peran]
papel (m) principal	peran utama	[peran utama]
representar (vt)	berperan	[bərperan]
estrela (f) de cinema	bintang film	[bintaŋ film]
conhecido (adj)	terkenal	[tərkenal]
famoso (adj)	terkenal	[tərkenal]
popular (adj)	populer, terkenal	[populer], [tərkenal]
roteiro (m)	skenario	[skenario]
roteirista (m)	penulis skenario	[penulis skenario]
diretor (m) de cinema	sutradara	[sutradara]
produtor (m)	produser	[produser]
assistente (m)	asisten	[asisten]
diretor (m) de fotografia	kamerawan	[kamerawan]
dublê (m)	pemeran pengganti	[pemeran peŋganti]
dublê (m) de corpo	pengganti	[peŋganti]
filmar (vt)	merekam film	[merekam film]
audição (f)	audisi	[audisi]
filmagem (f)	syuting, pengambilan gambar	[ʃyutiŋ], [peŋambilan gambar]
equipe (f) de filmagem	rombongan film	[romboŋan film]
set (m) de filmagem	set film	[set film]
câmera (f)	kamera	[kamera]
cinema (m)	bioskop	[bioskop]
tela (f)	layar	[lajar]
exibir um filme	menayangkan film	[mənajaŋkan film]
trilha (f) sonora	soundtrack, trek suara	[saundtrek], [tre' suara]
efeitos (m pl) especiais	efek khusus	[efe' husus]

legendas (f pl)	subjudul, teks film	[subdʒ'udul], [teks film]
crédito (m)	ucapan terima kasih	[utʃapan tərima kasih]
tradução (f)	terjemahan	[tərdʒ'emahan]

151. Pintura

arte (f)	seni	[seni]
belas-artes (f pl)	seni rupa	[seni rupa]
galeria (f) de arte	galeri seni	[galeri seni]
exibição (f) de arte	pameran seni	[pameran seni]

pintura (f)	seni lukis	[seni lukis]
arte (f) gráfica	seni grafis	[seni grafis]
arte (f) abstrata	seni abstrak	[seni abstraˀ]
impressionismo (m)	impresionisme	[impresionisme]

pintura (f), quadro (m)	lukisan	[lukisan]
desenho (m)	gambar	[gambar]
cartaz, pôster (m)	poster	[poster]

ilustração (f)	ilustrasi	[ilustrasi]
miniatura (f)	miniatur	[miniatur]
cópia (f)	salinan	[salinan]
reprodução (f)	reproduksi	[reproduksi]

mosaico (m)	mozaik	[mozajˀ]
vitral (m)	kaca berwarna	[katʃa bərwarna]
afresco (m)	fresko	[fresko]
gravura (f)	gravir	[gravir]

busto (m)	patung sedada	[patuŋ sedada]
escultura (f)	seni patung	[seni patuŋ]
estátua (f)	patung	[patuŋ]
gesso (m)	gips	[gips]
em gesso (adj)	dari gips	[dari gips]

retrato (m)	potret	[potret]
autorretrato (m)	potret diri	[potret diri]
paisagem (f)	lukisan lanskap	[lukisan lanskap]
natureza (f) morta	alam benda	[alam benda]
caricatura (f)	karikatur	[karikatur]
esboço (m)	sketsa	[sketsa]

tinta (f)	cat	[tʃat]
aquarela (f)	cat air	[tʃat air]
tinta (f) a óleo	cat minyak	[tʃat minjaˀ]
lápis (m)	pensil	[pensil]
tinta (f) nanquim	tinta gambar	[tinta gambar]
carvão (m)	arang	[araŋ]

desenhar (vt)	menggambar	[məŋgambar]
pintar (vt)	melukis	[melukis]
posar (vi)	berpose	[bərpose]
modelo (m)	model lelaki	[model lelaki]

modelo (f)	model perempuan	[model pərempuan]
pintor (m)	perupa	[pərupa]
obra (f)	karya seni	[karja seni]
obra-prima (f)	adikarya, mahakarya	[adikarja], [mahakarja]
estúdio (m)	studio seni	[studio seni]
tela (f)	kanvas	[kanvas]
cavalete (m)	esel, kuda-kuda	[esel], [kuda-kuda]
paleta (f)	palet	[palet]
moldura (f)	bingkai	[biŋkaj]
restauração (f)	pemugaran	[pemugaran]
restaurar (vt)	memugar	[memugar]

152. Literatura & Poesia

literatura (f)	sastra, kesusastraan	[sastra], [kesusastra'an]
autor (m)	pengarang	[peŋaraŋ]
pseudônimo (m)	pseudonim, nama samaran	[pseudonim], [nama samaran]
livro (m)	buku	[buku]
volume (m)	jilid	[dʒilid]
índice (m)	daftar isi	[daftar isi]
página (f)	halaman	[halaman]
protagonista (m)	karakter utama	[karakter utama]
autógrafo (m)	tanda tangan	[tanda taŋan]
conto (m)	cerpen	[tʃerpen]
novela (f)	novel, cerita	[novel], [tʃerita]
romance (m)	novel	[novel]
obra (f)	karya	[karja]
fábula (m)	fabel	[fabel]
romance (m) policial	novel detektif	[novel detektif]
verso (m)	puisi, sajak	[puisi], [sadʒ'a']
poesia (f)	puisi	[puisi]
poema (m)	puisi	[puisi]
poeta (m)	penyair	[penjajr]
ficção (f)	fiksi	[fiksi]
ficção (f) científica	fiksi ilmiah	[fiksi ilmiah]
aventuras (f pl)	petualangan	[petualaŋan]
literatura (f) didática	literatur pendidikan	[literatur pendidikan]
literatura (f) infantil	sastra kanak-kanak	[sastra kana'-kana']

153. Circo

circo (m)	sirkus	[sirkus]
circo (m) ambulante	sirkus keliling	[sirkus keliliŋ]
programa (m)	program	[program]
apresentação (f)	pertunjukan	[pərtundʒ'ukan]

número (m)	aksi	[aksi]
picadeiro (f)	arena	[arena]

pantomima (f)	pantomim	[pantomim]
palhaço (m)	badut	[badut]

acrobata (m)	pemain akrobat	[pemajn akrobat]
acrobacia (f)	akrobatik	[akrobatiʔ]
ginasta (m)	pesenam	[pesenam]
ginástica (f)	senam	[senam]
salto (m) mortal	salto	[salto]

homem (m) forte	orang kuat	[oraŋ kuat]
domador (m)	penjinak hewan	[pendʒinaʔ hewan]
cavaleiro (m) equilibrista	penunggang kuda	[penuŋgaŋ kuda]
assistente (m)	asisten	[asisten]

truque (m)	stunt	[stun]
truque (m) de mágica	trik sulap	[triʔ sulap]
ilusionista (m)	pesulap	[pesulap]

malabarista (m)	juggler	[dʒˈuggler]
fazer malabarismos	bermain juggling	[bərmajn dʒˈuggliŋ]
adestrador (m)	pelatih binatang	[pelatih binataŋ]
adestramento (m)	pelatihan binatang	[pelatihan binataŋ]
adestrar (vt)	melatih	[melatih]

154. Música. Música popular

música (f)	musik	[musiʔ]
músico (m)	musisi, musikus	[musisi], [musikus]
instrumento (m) musical	alat musik	[alat musiʔ]
tocar …	bermain …	[bərmajn …]

guitarra (f)	gitar	[gitar]
violino (m)	biola	[biola]
violoncelo (m)	selo	[selo]
contrabaixo (m)	kontrabas	[kontrabas]
harpa (f)	harpa	[harpa]

piano (m)	piano	[piano]
piano (m) de cauda	grand piano	[grand piano]
órgão (m)	organ	[organ]

instrumentos (m pl) de sopro	alat musik tiup	[alat musiʔ tiup]
oboé (m)	obo	[obo]
saxofone (m)	saksofon	[saksofon]
clarinete (m)	klarinet	[klarinet]
flauta (f)	suling	[suliŋ]
trompete (m)	trompet	[trompet]

acordeão (m)	akordeon	[akordeon]
tambor (m)	drum	[drum]
dueto (m)	duo, duet	[duo], [duet]

trio (m)	trio	[trio]
quarteto (m)	kuartet	[kuartet]
coro (m)	kor	[kor]
orquestra (f)	orkestra	[orkestra]

música (f) pop	musik pop	[musi' pop]
música (f) rock	musik rok	[musi' ro']
grupo (m) de rock	grup musik rok	[grup musi' ro']
jazz (m)	jaz	[dʒ¡az]

| ídolo (m) | idola | [idola] |
| fã, admirador (m) | pengagum | [peŋagum] |

concerto (m)	konser	[konser]
sinfonia (f)	simfoni	[simfoni]
composição (f)	komposisi	[komposisi]
compor (vt)	menggubah, mencipta	[məŋgubah], [məntʃipta]

canto (m)	nyanyian	[njanjian]
canção (f)	lagu	[lagu]
melodia (f)	nada, melodi	[nada], [melodi]
ritmo (m)	irama	[irama]
blues (m)	musik blues	[musi' blus]

notas (f pl)	notasi musik	[notasi musi']
batuta (f)	tongkat dirigen	[toŋkat dirigen]
arco (m)	penggesek	[peŋgese']
corda (f)	tali, senar	[tali], [senar]
estojo (m)	wadah	[wadah]

Descanso. Entretenimento. Viagens

155. Viagens

turismo (m)	pariwisata	[pariwisata]
turista (m)	turis, wisatawan	[turis], [wisatawan]
viagem (f)	pengembaraan	[peɲembaraʔan]
aventura (f)	petualangan	[petualaŋan]
percurso (curta viagem)	perjalanan, lawatan	[pərdʒʲalanan], [lawatan]
férias (f pl)	liburan	[liburan]
estar de férias	berlibur	[bərlibur]
descanso (m)	istirahat	[istirahat]
trem (m)	kereta api	[kereta api]
de trem (chegar ~)	naik kereta api	[naiʔ kereta api]
avião (m)	pesawat terbang	[pesawat tərbaŋ]
de avião	naik pesawat terbang	[naiʔ pesawat tərbaŋ]
de carro	naik mobil	[naiʔ mobil]
de navio	naik kapal	[naiʔ kapal]
bagagem (f)	bagasi	[bagasi]
mala (f)	koper	[koper]
carrinho (m)	troli bagasi	[troli bagasi]
passaporte (m)	paspor	[paspor]
visto (m)	visa	[visa]
passagem (f)	tiket	[tiket]
passagem (f) aérea	tiket pesawat terbang	[tiket pesawat tərbaŋ]
guia (m) de viagem	buku pedoman	[buku pedoman]
mapa (m)	peta	[peta]
área (f)	kawasan	[kawasan]
lugar (m)	tempat	[tempat]
exotismo (m)	keeksotisan	[keeksotisan]
exótico (adj)	eksotis	[eksotis]
surpreendente (adj)	menakjubkan	[mənakdʒʲubkan]
grupo (m)	kelompok	[kelompoʔ]
excursão (f)	ekskursi	[ekskursi]
guia (m)	pemandu wisata	[pemandu wisata]

156. Hotel

hotel (m), hospedaria (f)	hotel	[hotel]
motel (m)	motel	[motel]
três estrelas	bintang tiga	[bintaŋ tiga]

| cinco estrelas | bintang lima | [bintaŋ lima] |
| ficar (vi, vt) | menginap | [məɲinap] |

quarto (m)	kamar	[kamar]
quarto (m) individual	kamar tunggal	[kamar tuŋgal]
quarto (m) duplo	kamar ganda	[kamar ganda]
reservar um quarto	memesan kamar	[memesan kamar]

| meia pensão (f) | sewa setengah | [sewa seteŋah] |
| pensão (f) completa | sewa penuh | [sewa penuh] |

com banheira	dengan kamar mandi	[deŋan kamar mandi]
com chuveiro	dengan pancuran	[deŋan panʧuran]
televisão (m) por satélite	televisi satelit	[televisi satelit]
ar (m) condicionado	penyejuk udara	[penjedʒʲuʔ udara]
toalha (f)	handuk	[handuʔ]
chave (f)	kunci	[kunʧi]

administrador (m)	administrator	[administrator]
camareira (f)	pelayan kamar	[pelajan kamar]
bagageiro (m)	porter	[porter]
porteiro (m)	pramupintu	[pramupintu]

restaurante (m)	restoran	[restoran]
bar (m)	bar	[bar]
café (m) da manhã	makan pagi, sarapan	[makan pagi], [sarapan]
jantar (m)	makan malam	[makan malam]
bufê (m)	prasmanan	[prasmanan]

| saguão (m) | lobi | [lobi] |
| elevador (m) | elevator | [elevator] |

| NÃO PERTURBE | JANGAN MENGGANGGU | [dʒʲaŋan məŋgaŋgu] |
| PROIBIDO FUMAR! | DILARANG MEROKOK! | [dilaraŋ merokoʔ!] |

157. Livros. Leitura

livro (m)	buku	[buku]
autor (m)	pengarang	[peŋaraŋ]
escritor (m)	penulis	[penulis]
escrever (~ um livro)	menulis	[mənulis]

leitor (m)	pembaca	[pembaʧa]
ler (vt)	membaca	[membaʧa]
leitura (f)	membaca	[membaʧa]

| para si | dalam hati | [dalam hati] |
| em voz alta | dengan keras | [deŋan keras] |

publicar (vt)	menerbitkan	[mənerbitkan]
publicação (f)	penerbitan	[penerbitan]
editor (m)	penerbit	[penerbit]
editora (f)	penerbit	[penerbit]
sair (vi)	terbit	[terbit]

lançamento (m)	**penerbitan**	[penerbitan]
tiragem (f)	**oplah**	[oplah]
livraria (f)	**toko buku**	[toko buku]
biblioteca (f)	**perpustakaan**	[pərpustaka'an]
novela (f)	**novel, cerita**	[novel], [ʧerita]
conto (m)	**cerpen**	[ʧerpen]
romance (m)	**novel**	[novel]
romance (m) policial	**novel detektif**	[novel detektif]
memórias (f pl)	**memoir**	[memoir]
lenda (f)	**legenda**	[legenda]
mito (m)	**mitos**	[mitos]
poesia (f)	**puisi**	[puisi]
autobiografia (f)	**autobiografi**	[autobiografi]
obras (f pl) escolhidas	**karya pilihan**	[karja pilihan]
ficção (f) científica	**fiksi ilmiah**	[fiksi ilmiah]
título (m)	**judul**	[dʒ'udul]
introdução (f)	**pendahuluan**	[pendahuluan]
folha (f) de rosto	**halaman judul**	[halaman dʒ'udul]
capítulo (m)	**bab**	[bab]
excerto (m)	**kutipan**	[kutipan]
episódio (m)	**episode**	[episode]
enredo (m)	**alur cerita**	[alur ʧerita]
conteúdo (m)	**daftar isi**	[daftar isi]
índice (m)	**daftar isi**	[daftar isi]
protagonista (m)	**karakter utama**	[karakter utama]
volume (m)	**jilid**	[dʒilid]
capa (f)	**sampul**	[sampul]
encadernação (f)	**penjilidan**	[pendʒilidan]
marcador (m) de página	**pembatas buku**	[pembatas buku]
página (f)	**halaman**	[halaman]
folhear (vt)	**membolak-balik**	[membola'-bali']
margem (f)	**margin**	[margin]
anotação (f)	**anotasi, catatan**	[anotasi], [ʧatatan]
nota (f) de rodapé	**catatan kaki**	[ʧatatan kaki]
texto (m)	**teks**	[teks]
fonte (f)	**huruf**	[huruf]
falha (f) de impressão	**salah cetak**	[salah ʧeta']
tradução (f)	**terjemahan**	[tərdʒ'emahan]
traduzir (vt)	**menerjemahkan**	[mənerdʒ'emahkan]
original (m)	**orisinal**	[orisinal]
famoso (adj)	**terkenal**	[tərkenal]
desconhecido (adj)	**tidak dikenali**	[tida' dikenali]
interessante (adj)	**menarik**	[mənari']
best-seller (m)	**buku laris**	[buku laris]

dicionário (m)	kamus	[kamus]
livro (m) didático	buku pelajaran	[buku peladʒaran]
enciclopédia (f)	ensiklopedi	[ensiklopedi]

158. Caça. Pesca

caça (f)	perburuan	[pərburuan]
caçar (vi)	berburu	[bərburu]
caçador (m)	pemburu	[pemburu]

disparar, atirar (vi)	menembak	[mənemba']
rifle (m)	senapan	[senapan]
cartucho (m)	peluru, patrun	[peluru], [patrun]
chumbo (m) de caça	peluru gotri	[peluru gotri]

armadilha (f)	perangkap	[pəraŋkap]
armadilha (com corda)	perangkap	[pəraŋkap]
cair na armadilha	terperangkap	[tərperaŋkap]
pôr a armadilha	memasang perangkap	[memasaŋ pəraŋkap]

caçador (m) furtivo	pemburu ilegal	[pemburu ilegal]
caça (animais)	binatang buruan	[binataŋ buruan]
cão (m) de caça	anjing pemburu	[andʒiŋ pemburu]
safári (m)	safari	[safari]
animal (m) empalhado	patung binatang	[patuŋ binataŋ]

pescador (m)	nelayan, pemancing	[nelajan], [pemanʧiŋ]
pesca (f)	memancing	[memanʧiŋ]
pescar (vt)	memancing	[memanʧiŋ]

vara (f) de pesca	joran	[dʒoran]
linha (f) de pesca	tali pancing	[tali panʧiŋ]
anzol (m)	kail	[kail]

boia (f), flutuador (m)	pelampung	[pelampuŋ]
isca (f)	umpan	[umpan]

lançar a linha	melempar pancing	[melempar panʧiŋ]
morder (peixe)	memakan umpan	[memakan umpan]

pesca (f)	tangkapan	[taŋkapan]
buraco (m) no gelo	lubang es	[lubaŋ es]

rede (f)	jala	[dʒala]
barco (m)	perahu	[pərahu]

pescar com rede	menjala	[məndʒala]
lançar a rede	menabur jala	[mənabur dʒala]
puxar a rede	menarik jala	[mənari' dʒala]
cair na rede	tertangkap dalam jala	[tərtaŋkap dalam dʒala]

baleeiro (m)	pemburu paus	[pemburu paus]
baleeira (f)	kapal pemburu paus	[kapal pemburu paus]
arpão (m)	tempuling	[tempuliŋ]

159. Jogos. Bilhar

bilhar (m)	biliar	[biliar]
sala (f) de bilhar	kamar biliar	[kamar biliar]
bola (f) de bilhar	bola	[bola]
embolsar uma bola	memasukkan bola	[memasuʔkan bola]
taco (m)	stik	[stiʔ]
caçapa (f)	lubang meja biliar	[lubaŋ medʒ|a biliar]

160. Jogos. Jogar cartas

ouros (m pl)	wajik	[wadʒiʔ]
espadas (f pl)	sekop	[sekop]
copas (f pl)	hati	[hati]
paus (m pl)	keriting	[keritiŋ]
ás (m)	as	[as]
rei (m)	raja	[radʒ|a]
dama (f), rainha (f)	ratu	[ratu]
valete (m)	jack	[dʒ|eʔ]
carta (f) de jogar	kartu permainan	[kartu pərmajnan]
cartas (f pl)	kartu	[kartu]
trunfo (m)	truf	[truf]
baralho (m)	pak kartu	[paʔ kartu]
ponto (m)	poin	[poin]
dar, distribuir (vt)	membagikan	[membagikan]
embaralhar (vt)	mengocok	[məŋotʃoʔ]
vez, jogada (f)	giliran	[giliran]
trapaceiro (m)	pemain kartu curang	[pemajn kartu tʃuraŋ]

161. Casino. Roleta

cassino (m)	kasino	[kasino]
roleta (f)	rolet	[rolet]
aposta (f)	bet, taruhan	[bet], [taruhan]
apostar (vt)	bertaruh	[bərtaruh]
vermelho (m)	merah	[merah]
preto (m)	hitam	[hitam]
apostar no vermelho	memasang warna merah	[memasaŋ warna merah]
apostar no preto	memasang warna hitam	[memasaŋ warna hitam]
croupier (m, f)	bandar	[bandar]
girar da roleta	memutar roda	[memutar roda]
regras (f pl) do jogo	aturan main	[aturan majn]
ficha (f)	chip	[tʃip]
ganhar (vi, vt)	menang	[menaŋ]
ganho (m)	kemenangan	[kemenaŋan]

| perder (dinheiro) | kalah | [kalah] |
| perda (f) | kekalahan | [kekalahan] |

jogador (m)	pemain	[pemajn]
blackjack, vinte-e-um (m)	Blackjack	[blekdʒ'e']
jogo (m) de dados	permainan dadu	[pərmajnan dadu]
dados (m pl)	dadu	[dadu]
caça-níqueis (m)	mesin slot	[mesin slot]

162. Descanso. Jogos. Diversos

passear (vi)	berjalan-jalan	[bərdʒ'alan-dʒ'alan]
passeio (m)	jalan-jalan	[dʒ'alan-dʒ'alan]
viagem (f) de carro	perjalanan	[pərdʒ'alanan]
aventura (f)	petualangan	[petualaŋan]
piquenique (m)	piknik	[pikni']

jogo (m)	permainan	[pərmajnan]
jogador (m)	pemain	[pemajn]
partida (f)	partai	[partaj]

colecionador (m)	kolektor	[kolektor]
colecionar (vt)	mengoleksi	[məŋoleksi]
coleção (f)	koleksi	[koleksi]

palavras (f pl) cruzadas	teka-teki silang	[teka-teki silaŋ]
hipódromo (m)	lapangan pacu	[lapaŋan patʃu]
discoteca (f)	diskotik	[diskoti']

| sauna (f) | sauna | [sauna] |
| loteria (f) | lotre | [lotre] |

campismo (m)	darmawisata	[darmawisata]
acampamento (m)	perkemahan	[pərkemahan]
barraca (f)	tenda, kemah	[tenda], [kemah]
bússola (f)	kompas	[kompas]
campista (m)	pewisata alam	[pewisata alam]

ver (vt), assistir à …	menonton	[mənonton]
telespectador (m)	penonton	[penonton]
programa (m) de TV	acara TV	[atʃara ti-vi]

163. Fotografia

| máquina (f) fotográfica | kamera | [kamera] |
| foto, fotografia (f) | foto | [foto] |

fotógrafo (m)	fotografer	[fotografer]
estúdio (m) fotográfico	studio foto	[studio foto]
álbum (m) de fotografias	album foto	[album foto]
lente (f) fotográfica	lensa kamera	[lensa kamera]
lente (f) teleobjetiva	lensa telefoto	[lensa telefoto]

| filtro (m) | filter | [filter] |
| lente (f) | lensa | [lensa] |

ótica (f)	alat optik	[alat opti']
abertura (f)	diafragma	[diafragma]
exposição (f)	kecepatan rana	[ketʃepatan rana]
visor (m)	jendela pengamat	[dʒˈendela peŋamat]

câmera (f) digital	kamera digital	[kamera digital]
tripé (m)	kakitiga	[kakitiga]
flash (m)	blitz	[blits]

fotografar (vt)	memotret	[memotret]
tirar fotos	memotret	[memotret]
fotografar-se (vr)	berfoto	[bərfoto]

foco (m)	fokus	[fokus]
focar (vt)	mengatur fokus	[məŋatur fokus]
nítido (adj)	tajam	[tadʒˈam]
nitidez (f)	ketajaman	[ketadʒˈaman]

| contraste (m) | kekontrasan | [kekontrasan] |
| contrastante (adj) | kontras | [kontras] |

retrato (m)	gambar foto	[gambar foto]
negativo (m)	negatif	[negatif]
filme (m)	film	[film]
fotograma (m)	frame, gambar diam	[frame], [gambar diam]
imprimir (vt)	mencetak	[məntʃeta']

164. Praia. Natação

praia (f)	pantai	[pantaj]
areia (f)	pasir	[pasir]
deserto (adj)	sepi	[sepi]

bronzeado (m)	hitam terbakar matahari	[hitam tərbakar matahari]
bronzear-se (vr)	berjemur di sinar matahari	[bərdʒˈemur di sinar matahari]
bronzeado (adj)	hitam terbakar matahari	[hitam tərbakar matahari]
protetor (m) solar	tabir surya	[tabir surja]

biquíni (m)	bikini	[bikini]
maiô (m)	baju renang	[badʒˈu renaŋ]
calção (m) de banho	celana renang	[tʃelana renaŋ]

piscina (f)	kolam renang	[kolam renaŋ]
nadar (vi)	berenang	[bərenaŋ]
chuveiro (m), ducha (f)	pancuran	[pantʃuran]
mudar, trocar (vt)	berganti pakaian	[bərganti pakajan]
toalha (f)	handuk	[handu']

barco (m)	perahu	[pərahu]
lancha (f)	perahu motor	[pərahu motor]
esqui (m) aquático	ski air	[ski air]

barco (m) de pedais	sepeda air	[sepeda air]
surf, surfe (m)	berselancar	[bərselantʃar]
surfista (m)	peselancar	[peselantʃar]

equipamento (m) de mergulho	alat scuba	[alat skuba]
pé (m pl) de pato	sirip karet	[sirip karet]
máscara (f)	masker	[masker]
mergulhador (m)	penyelam	[penjelam]
mergulhar (vi)	menyelam	[mənjelam]
debaixo d'água	bawah air	[bawah air]

guarda-sol (m)	payung	[pajuŋ]
espreguiçadeira (f)	kursi pantai	[kursi pantaj]
óculos (m pl) de sol	kacamata hitam	[katʃamata hitam]
colchão (m) de ar	kasur udara	[kasur udara]

| brincar (vi) | bermain | [bərmajn] |
| ir nadar | berenang | [bərenaŋ] |

bola (f) de praia	bola pantai	[bola pantaj]
encher (vt)	meniup	[məniup]
inflável (adj)	udara	[udara]

onda (f)	gelombang	[gelombaŋ]
boia (f)	pelampung	[pelampuŋ]
afogar-se (vr)	tenggelam	[teŋgelam]

salvar (vt)	menyelamatkan	[mənjelamatkan]
colete (m) salva-vidas	jaket pelampung	[dʒjaket pelampuŋ]
observar (vt)	mengamati	[məŋamati]
salva-vidas (pessoa)	penyelamat	[penjelamat]

EQUIPAMENTO TÉCNICO. TRANSPORTES

Equipamento técnico. Transportes

165. Computador

computador (m)	komputer	[komputer]
computador (m) portátil	laptop	[laptop]
ligar (vt)	menyalakan	[mənjalakan]
desligar (vt)	mematikan	[mematikan]
teclado (m)	keyboard, papan tombol	[keybor], [papan tombol]
tecla (f)	tombol	[tombol]
mouse (m)	tetikus	[tetikus]
tapete (m) para mouse	bantal tetikus	[bantal tetikus]
botão (m)	tombol	[tombol]
cursor (m)	kursor	[kursor]
monitor (m)	monitor	[monitor]
tela (f)	layar	[lajar]
disco (m) rígido	hard disk, cakram keras	[hard disk], [tʃakram keras]
capacidade (f) do disco rígido	kapasitas cakram keras	[kapasitas tʃakram keras]
memória (f)	memori	[memori]
memória RAM (f)	memori akses acak	[memori akses atʃaʔ]
arquivo (m)	file, berkas	[file], [bərkas]
pasta (f)	folder	[folder]
abrir (vt)	membuka	[membuka]
fechar (vt)	menutup	[mənutup]
salvar (vt)	menyimpan	[mənjimpan]
deletar (vt)	menghapus	[məŋhapus]
copiar (vt)	menyalin	[mənjalin]
ordenar (vt)	menyortir	[mənjortir]
copiar (vt)	mentransfer	[məntransfer]
programa (m)	program	[program]
software (m)	perangkat lunak	[pəraŋkat lunaʔ]
programador (m)	pemrogram	[pemrogram]
programar (vt)	memprogram	[memprogram]
hacker (m)	peretas	[pəretas]
senha (f)	kata sandi	[kata sandi]
vírus (m)	virus	[virus]
detectar (vt)	mendeteksi	[məndeteksi]
byte (m)	bita	[bita]

megabyte (m)	megabita	[megabita]
dados (m pl)	data	[data]
base (f) de dados	basis data, pangkalan data	[basis data], [paŋkalan data]

cabo (m)	kabel	[kabel]
desconectar (vt)	melepaskan	[melepaskan]
conectar (vt)	menyambungkan	[mənjambuŋkan]

166. Internet. E-mail

internet (f)	Internet	[internet]
browser (m)	peramban	[pəramban]
motor (m) de busca	mesin telusur	[mesin telusur]
provedor (m)	provider	[provider]

webmaster (m)	webmaster, perancang web	[webmaster], [pərantʃaŋ web]
website (m)	situs web	[situs web]
web page (f)	halaman web	[halaman web]

endereço (m)	alamat	[alamat]
livro (m) de endereços	buku alamat	[buku alamat]

caixa (f) de correio	kotak surat	[kotaʔ surat]
correio (m)	surat	[surat]
cheia (caixa de correio)	penuh	[penuh]

mensagem (f)	pesan	[pesan]
mensagens (f pl) recebidas	pesan masuk	[pesan masuʔ]
mensagens (f pl) enviadas	pesan keluar	[pesan keluar]

remetente (m)	pengirim	[peɲirim]
enviar (vt)	mengirim	[məɲirim]
envio (m)	pengiriman	[peɲiriman]

destinatário (m)	penerima	[penerima]
receber (vt)	menerima	[mənerima]

correspondência (f)	surat-menyurat	[surat-menyurat]
corresponder-se (vr)	surat-menyurat	[surat-menyurat]

arquivo (m)	file, berkas	[file], [bərkas]
fazer download, baixar (vt)	mengunduh	[məŋunduh]
criar (vt)	membuat	[membuat]
deletar (vt)	menghapus	[məɲhapus]
deletado (adj)	terhapus	[tərhapus]

conexão (f)	koneksi	[koneksi]
velocidade (f)	kecepatan	[ketʃepatan]
modem (m)	modem	[modem]
acesso (m)	akses	[akses]
porta (f)	porta	[porta]

conexão (f)	koneksi	[koneksi]
conectar (vi)	terhubung ke …	[tərhubuŋ ke …]

escolher (vt)	memilih	[memilih]
buscar (vt)	mencari ...	[mənʧari ...]

167. Eletricidade

eletricidade (f)	listrik	[listri⁷]
elétrico (adj)	listrik	[listri⁷]
planta (f) elétrica	pembangkit listrik	[pembaŋkit listri⁷]
energia (f)	energi, tenaga	[energi], [tenaga]
energia (f) elétrica	tenaga listrik	[tenaga listri⁷]

lâmpada (f)	bohlam	[bohlam]
lanterna (f)	lentera	[lentera]
poste (m) de iluminação	lampu jalan	[lampu dʒialan]

luz (f)	lampu	[lampu]
ligar (vt)	menyalakan	[mənjalakan]
desligar (vt)	mematikan	[mematikan]
apagar a luz	mematikan lampu	[mematikan lampu]

queimar (vi)	mati	[mati]
curto-circuito (m)	korsleting	[korsletiŋ]
ruptura (f)	kabel putus	[kabel putus]
contato (m)	kontak	[konta⁷]

interruptor (m)	sakelar	[sakelar]
tomada (de parede)	colokan	[ʧolokan]
plugue (m)	steker	[steker]
extensão (f)	kabel ekstensi	[kabel ekstensi]

fusível (m)	sekering	[sekeriŋ]
fio, cabo (m)	kabel, kawat	[kabel], [kawat]
instalação (f) elétrica	rangkaian kabel	[raŋkajan kabel]

ampère (m)	ampere	[ampere]
amperagem (f)	kuat arus listrik	[kuat arus listri⁷]
volt (m)	volt	[volt]
voltagem (f)	voltase	[voltase]

aparelho (m) elétrico	perkakas listrik	[pərkakas listri⁷]
indicador (m)	indikator	[indikator]

eletricista (m)	tukang listrik	[tukaŋ listri⁷]
soldar (vt)	mematri	[mematri]
soldador (m)	besi solder	[besi solder]
corrente (f) elétrica	arus listrik	[arus listri⁷]

168. Ferramentas

ferramenta (f)	alat	[alat]
ferramentas (f pl)	peralatan	[pəralatan]
equipamento (m)	perlengkapan	[pərleŋkapan]

martelo (m)	martil, palu	[martil], [palu]
chave (f) de fenda	obeng	[obeŋ]
machado (m)	kapak	[kapaʔ]
serra (f)	gergaji	[gergadʒi]
serrar (vt)	menggergaji	[məŋgergadʒi]
plaina (f)	serut	[serut]
aplainar (vt)	menyerut	[mənjerut]
soldador (m)	besi solder	[besi solder]
soldar (vt)	mematri	[mematri]
lima (f)	kikir	[kikir]
tenaz (f)	tang	[taŋ]
alicate (m)	catut	[tʃatut]
formão (m)	pahat	[pahat]
broca (f)	mata bor	[mata bor]
furadeira (f) elétrica	bor listrik	[bor listriʔ]
furar (vt)	mengebor	[məŋebor]
faca (f)	pisau	[pisau]
lâmina (f)	mata pisau	[mata pisau]
afiado (adj)	tajam	[tadʒiam]
cego (adj)	tumpul	[tumpul]
embotar-se (vr)	menjadi tumpul	[məndʒiadi tumpul]
afiar, amolar (vt)	mengasah	[məŋasah]
parafuso (m)	baut	[baut]
porca (f)	mur	[mur]
rosca (f)	ulir	[ulir]
parafuso (para madeira)	sekrup	[sekrup]
prego (m)	paku	[paku]
cabeça (f) do prego	paku payung	[paku pajuŋ]
régua (f)	mistar, penggaris	[mistar], [peŋgaris]
fita (f) métrica	meteran	[meteran]
nível (m)	pengukur kedataran	[peŋukur kedataran]
lupa (f)	kaca pembesar	[katʃa pembesar]
medidor (m)	alat ukur	[alat ukur]
medir (vt)	mengukur	[məŋukur]
escala (f)	skala	[skala]
indicação (f), registro (m)	pencatatan	[pentʃatatan]
compressor (m)	kompresor	[kompresor]
microscópio (m)	mikroskop	[mikroskop]
bomba (f)	pompa	[pompa]
robô (m)	robot	[robot]
laser (m)	laser	[laser]
chave (f) de boca	kunci pas	[kuntʃi pas]
fita (f) adesiva	selotip	[selotip]
cola (f)	lem	[lem]

lixa (f)	kertas amplas	[kertas amplas]
mola (f)	pegas, per	[pegas], [pər]
ímã (m)	magnet	[magnet]
luva (f)	sarung tangan	[saruŋ taŋan]

corda (f)	tali	[tali]
cabo (~ de nylon, etc.)	tambang, tali	[tambaŋ], [tali]
fio (m)	kabel, kawat	[kabel], [kawat]
cabo (~ elétrico)	kabel, kawat	[kabel], [kawat]

marreta (f)	palu godam	[palu godam]
pé de cabra (m)	linggis	[liŋgis]
escada (f) de mão	tangga	[taŋga]
escada (m)	tangga	[taŋga]

enroscar (vt)	mengencangkan	[məŋentʃaŋkan]
desenroscar (vt)	mengendurkan	[məŋendurkan]
apertar (vt)	mengencangkan	[məŋentʃaŋkan]
colar (vt)	menempelkan	[mənempelkan]
cortar (vt)	memotong	[memotoŋ]

falha (f)	malafungsi, kerusakan	[malafuŋsi], [kerusakan]
conserto (m)	perbaikan	[pərbajkan]
consertar, reparar (vt)	mereparasi, memperbaiki	[mereparasi], [memperbajki]
regular, ajustar (vt)	menyetel	[mənetel]

verificar (vt)	memeriksa	[memeriksa]
verificação (f)	pemeriksaan	[pemeriksa'an]
indicação (f), registro (m)	pencatatan	[pentʃatatan]

seguro (adj)	andal	[andal]
complicado (adj)	rumit	[rumit]

enferrujar (vi)	berkarat, karatan	[bərkarat], [karatan]
enferrujado (adj)	berkarat, karatan	[bərkarat], [karatan]
ferrugem (f)	karat	[karat]

Transportes

169. Avião

avião (m)	pesawat terbang	[pesawat tərbaŋ]
passagem (f) aérea	tiket pesawat terbang	[tiket pesawat tərbaŋ]
companhia (f) aérea	maskapai penerbangan	[maskapaj penerbaŋan]
aeroporto (m)	bandara	[bandara]
supersônico (adj)	supersonik	[supersoniʔ]
comandante (m) do avião	kapten	[kapten]
tripulação (f)	awak	[awaʔ]
piloto (m)	pilot	[pilot]
aeromoça (f)	pramugari	[pramugari]
copiloto (m)	navigator, penavigasi	[navigator], [penavigasi]
asas (f pl)	sayap	[sajap]
cauda (f)	ekor	[ekor]
cabine (f)	kokpit	[kokpit]
motor (m)	mesin	[mesin]
trem (m) de pouso	roda pendarat	[roda pendarat]
turbina (f)	turbin	[turbin]
hélice (f)	baling-baling	[baliŋ-baliŋ]
caixa-preta (f)	kotak hitam	[kotaʔ hitam]
coluna (f) de controle	kemudi	[kemudi]
combustível (m)	bahan bakar	[bahan bakar]
instruções (f pl) de segurança	instruksi keselamatan	[instruksi keselamatan]
máscara (f) de oxigênio	masker oksigen	[masker oksigen]
uniforme (m)	seragam	[seragam]
colete (m) salva-vidas	jaket pelampung	[dʒ'aket pelampuŋ]
paraquedas (m)	parasut	[parasut]
decolagem (f)	lepas landas	[lepas landas]
descolar (vi)	bertolak	[bərtola']
pista (f) de decolagem	jalur lepas landas	[dʒ'alur lepas landas]
visibilidade (f)	visibilitas, pandangan	[visibilitas], [pandaŋan]
voo (m)	penerbangan	[penerbaŋan]
altura (f)	ketinggian	[ketiŋgian]
poço (m) de ar	lubang udara	[lubaŋ udara]
assento (m)	tempat duduk	[tempat dudu']
fone (m) de ouvido	headphone, fonkepala	[headphone], [fonkepala]
mesa (f) retrátil	meja lipat	[medʒ'a lipat]
janela (f)	jendela pesawat	[dʒ'endela pesawat]
corredor (m)	lorong	[loroŋ]

170. Comboio

trem (m)	kereta api	[kereta api]
trem (m) elétrico	kereta api listrik	[kereta api listriʔ]
trem (m)	kereta api cepat	[kereta api ʧepat]
locomotiva (f) diesel	lokomotif diesel	[lokomotif disel]
locomotiva (f) a vapor	lokomotif uap	[lokomotif uap]
vagão (f) de passageiros	gerbong penumpang	[gerboŋ penumpaŋ]
vagão-restaurante (m)	gerbong makan	[gerboŋ makan]
carris (m pl)	rel	[rel]
estrada (f) de ferro	rel kereta api	[rel kereta api]
travessa (f)	bantalan rel	[bantalan rel]
plataforma (f)	platform	[platform]
linha (f)	jalur	[dʒ'alur]
semáforo (m)	semafor	[semafor]
estação (f)	stasiun	[stasiun]
maquinista (m)	masinis	[masinis]
bagageiro (m)	porter	[porter]
hospedeiro, -a (m, f)	kondektur	[kondektur]
passageiro (m)	penumpang	[penumpaŋ]
revisor (m)	kondektur	[kondektur]
corredor (m)	koridor	[koridor]
freio (m) de emergência	rem darurat	[rem darurat]
compartimento (m)	kabin	[kabin]
cama (f)	bangku	[baŋku]
cama (f) de cima	bangku atas	[baŋku atas]
cama (f) de baixo	bangku bawah	[baŋku bawah]
roupa (f) de cama	kain kasur	[kain kasur]
passagem (f)	tiket	[tiket]
horário (m)	jadwal	[dʒ'adwal]
painel (m) de informação	layar informasi	[lajar informasi]
partir (vt)	berangkat	[bəraŋkat]
partida (f)	keberangkatan	[keberaŋkatan]
chegar (vi)	datang	[dataŋ]
chegada (f)	kedatangan	[kedataŋan]
chegar de trem	datang naik kereta api	[dataŋ najʔ kereta api]
pegar o trem	naik ke kereta	[naiʔ ke kereta]
descer de trem	turun dari kereta	[turun dari kereta]
acidente (m) ferroviário	kecelakaan kereta	[keʧelakaʔan kereta]
descarrilar (vi)	keluar rel	[keluar rel]
locomotiva (f) a vapor	lokomotif uap	[lokomotif uap]
foguista (m)	juru api	[dʒ'uru api]
fornalha (f)	tungku	[tuŋku]
carvão (m)	batu bara	[batu bara]

171. Barco

| navio (m) | kapal | [kapal] |
| embarcação (f) | kapal | [kapal] |

barco (m) a vapor	kapal uap	[kapal uap]
barco (m) fluvial	kapal api	[kapal api]
transatlântico (m)	kapal laut	[kapal laut]
cruzeiro (m)	kapal penjelajah	[kapal pendʒ'eladʒ'ah]

iate (m)	perahu pesiar	[pərahu pesiar]
rebocador (m)	kapal tunda	[kapal tunda]
barcaça (f)	tongkang	[toŋkaŋ]
ferry (m)	feri	[feri]

| veleiro (m) | kapal layar | [kapal lajar] |
| bergantim (m) | kapal brigantin | [kapal brigantin] |

| quebra-gelo (m) | kapal pemecah es | [kapal pemetʃah es] |
| submarino (m) | kapal selam | [kapal selam] |

bote, barco (m)	perahu	[pərahu]
baleeira (bote salva-vidas)	sekoci	[sekotʃi]
bote (m) salva-vidas	sekoci penyelamat	[sekotʃi penjelamat]
lancha (f)	perahu motor	[pərahu motor]

capitão (m)	kapten	[kapten]
marinheiro (m)	kelasi	[kelasi]
marujo (m)	pelaut	[pelaut]
tripulação (f)	awak	[awaʔ]

contramestre (m)	bosman, bosun	[bosman], [bosun]
grumete (m)	kadet laut	[kadet laut]
cozinheiro (m) de bordo	koki	[koki]
médico (m) de bordo	dokter kapal	[dokter kapal]

convés (m)	dek	[deʔ]
mastro (m)	tiang	[tiaŋ]
vela (f)	layar	[lajar]

porão (m)	lambung kapal	[lambuŋ kapal]
proa (f)	haluan	[haluan]
popa (f)	buritan	[buritan]
remo (m)	dayung	[dajuŋ]
hélice (f)	baling-baling	[baliŋ-baliŋ]

cabine (m)	kabin	[kabin]
sala (f) dos oficiais	ruang rekreasi	[ruaŋ rekreasi]
sala (f) das máquinas	ruang mesin	[ruaŋ mesin]
ponte (m) de comando	anjungan kapal	[andʒ'uŋan kapal]
sala (f) de comunicações	ruang radio	[ruaŋ radio]
onda (f)	gelombang radio	[gelombaŋ radio]
diário (m) de bordo	buku harian kapal	[buku harian kapal]
luneta (f)	teropong	[təropoŋ]
sino (m)	lonceng	[lontʃeŋ]

bandeira (f)	bendera	[bendera]
cabo (m)	tali	[tali]
nó (m)	simpul	[simpul]

| corrimão (m) | pegangan | [pegaŋan] |
| prancha (f) de embarque | tangga kapal | [taŋga kapal] |

âncora (f)	jangkar	[dʒˈaŋkar]
recolher a âncora	mengangkat jangkar	[məŋaŋkat dʒˈaŋkar]
jogar a âncora	menjatuhkan jangkar	[məndʒˈatuhkan dʒˈaŋkar]
amarra (corrente de âncora)	rantai jangkar	[rantaj dʒˈaŋkar]

porto (m)	pelabuhan	[pelabuhan]
cais, amarradouro (m)	dermaga	[dermaga]
atracar (vi)	merapat	[merapat]
desatracar (vi)	bertolak	[bərtolaʔ]

viagem (f)	pengembaraan	[peɲembaraʔan]
cruzeiro (m)	pesiar	[pesiar]
rumo (m)	haluan	[haluan]
itinerário (m)	rute	[rute]

| banco (m) de areia | beting | [betiŋ] |
| encalhar (vt) | kandas | [kandas] |

tempestade (f)	badai	[badaj]
sinal (m)	sinyal	[sinjal]
afundar-se (vr)	tenggelam	[teŋgelam]
Homem ao mar!	Orang hanyut!	[oraŋ hanyut!]
SOS	SOS	[es-o-es]
boia (f) salva-vidas	pelampung penyelamat	[pelampuŋ peɲelamat]

172. Aeroporto

aeroporto (m)	bandara	[bandara]
avião (m)	pesawat terbang	[pesawat tərbaŋ]
companhia (f) aérea	maskapai penerbangan	[maskapaj penerbaŋan]
controlador (m) de tráfego aéreo	pengawas lalu lintas udara	[peɲawas lalu lintas udara]

partida (f)	keberangkatan	[keberaŋkatan]
chegada (f)	kedatangan	[kedataŋan]
chegar (vi)	datang	[dataŋ]

| hora (f) de partida | waktu keberangkatan | [waktu keberaŋkatan] |
| hora (f) de chegada | waktu kedatangan | [waktu kedataŋan] |

| estar atrasado | terlambat | [tərlambat] |
| atraso (m) de voo | penundaan penerbangan | [penundaʔan penerbaŋan] |

painel (m) de informação	papan informasi	[papan informasi]
informação (f)	informasi	[informasi]
anunciar (vt)	mengumumkan	[məŋumumkan]
voo (m)	penerbangan	[penerbaŋan]

| alfândega (f) | pabean | [pabean] |
| funcionário (m) da alfândega | petugas pabean | [petugas pabean] |

declaração (f) alfandegária	pernyataan pabean	[pərnjata'an pabean]
preencher (vt)	mengisi	[məŋisi]
preencher a declaração	mengisi formulir bea cukai	[məŋisi formulir bea ʧukaj]
controle (m) de passaporte	pemeriksaan paspor	[pemeriksa'an paspor]

bagagem (f)	bagasi	[bagasi]
bagagem (f) de mão	jinjingan	[dʒindʒiŋan]
carrinho (m)	troli bagasi	[troli bagasi]

pouso (m)	pendaratan	[pendaratan]
pista (f) de pouso	jalur pendaratan	[dʒ'alur pendaratan]
aterrissar (vi)	mendarat	[mendarat]
escada (f) de avião	tangga pesawat	[taŋga pesawat]

check-in (m)	check-in	[ʧekin]
balcão (m) do check-in	meja check-in	[medʒ'a ʧekin]
fazer o check-in	check-in	[ʧekin]
cartão (m) de embarque	kartu pas	[kartu pas]
portão (m) de embarque	gerbang keberangkatan	[gerbaŋ keberaŋkatan]

trânsito (m)	transit	[transit]
esperar (vi, vt)	menunggu	[mənuŋgu]
sala (f) de espera	ruang tunggu	[ruaŋ tuŋgu]
despedir-se (acompanhar)	mengantar	[məŋantar]
despedir-se (dizer adeus)	berpamitan	[bərpamitan]

173. Bicicleta. Motocicleta

bicicleta (f)	sepeda	[sepeda]
lambreta (f)	skuter	[skuter]
moto (f)	sepeda motor	[sepeda motor]

ir de bicicleta	naik sepeda	[nai' sepeda]
guidão (m)	kemudi, setang	[kemudi], [setaŋ]
pedal (m)	pedal	[pedal]
freios (m pl)	rem	[rem]
banco, selim (m)	sadel	[sadel]

bomba (f)	pompa	[pompa]
bagageiro (m) de teto	boncengan	[bonʧeŋan]
lanterna (f)	lampu depan, berko	[lampu depan], [bərko]
capacete (m)	helm	[helm]

roda (f)	roda	[roda]
para-choque (m)	sayap roda	[sajap roda]
aro (m)	bingkai	[biŋkaj]
raio (m)	jari-jari, ruji	[dʒ'ari-dʒ'ari], [rudʒi]

Carros

174. Tipos de carros

carro, automóvel (m)	mobil	[mobil]
carro (m) esportivo	mobil sports	[mobil sports]
limusine (f)	limusin	[limusin]
todo o terreno (m)	kendaraan lintas medan	[kendaraʔan lintas medan]
conversível (m)	kabriolet	[kabriolet]
minibus (m)	minibus	[minibus]
ambulância (f)	ambulans	[ambulans]
limpa-neve (m)	truk pembersih salju	[truʔ pembersih saldʒiu]
caminhão (m)	truk	[truʔ]
caminhão-tanque (m)	truk tangki	[truʔ taŋki]
perua, van (f)	mobil van	[mobil van]
caminhão-trator (m)	truk semi trailer	[traʔ semi treyler]
reboque (m)	trailer	[treyler]
confortável (adj)	nyaman	[njaman]
usado (adj)	bekas	[bekas]

175. Carros. Carroçaria

capô (m)	kap	[kap]
para-choque (m)	sepatbor	[sepatbor]
teto (m)	atap	[atap]
para-brisa (m)	kaca depan	[katʃa depan]
retrovisor (m)	spion belakang	[spion belakaŋ]
esguicho (m)	pencuci kaca	[pentʃutʃi katʃa]
limpadores (m) de para-brisas	karet wiper	[karet wiper]
vidro (m) lateral	jendela mobil	[dʒiendela mobil]
elevador (m) do vidro	pemutar jendela	[pemutar dʒiendela]
antena (f)	antena	[antena]
teto (m) solar	panel atap	[panel atap]
para-choque (m)	bumper	[bumper]
porta-malas (f)	bagasi mobil	[bagasi mobil]
bagageira (f)	rak bagasi atas	[raʔ bagasi atas]
porta (f)	pintu	[pintu]
maçaneta (f)	gagang pintu	[gagaŋ pintu]
fechadura (f)	kunci	[kuntʃi]
placa (f)	pelat nomor	[pelat nomor]
silenciador (m)	peredam suara	[pəredam suara]

tanque (m) de gasolina	**tangki bahan bakar**	[taŋki bahan bakar]
tubo (m) de exaustão	**knalpot**	[knalpot]
acelerador (m)	**gas**	[gas]
pedal (m)	**pedal**	[pedal]
pedal (m) do acelerador	**pedal gas**	[pedal gas]
freio (m)	**rem**	[rem]
pedal (m) do freio	**pedal rem**	[pedal rem]
frear (vt)	**mengerem**	[məŋerem]
freio (m) de mão	**rem tangan**	[rem taŋan]
embreagem (f)	**kopling**	[kopliŋ]
pedal (m) da embreagem	**pedal kopling**	[pedal kopliŋ]
disco (m) de embreagem	**pelat kopling**	[pelat kopliŋ]
amortecedor (m)	**peredam kejut**	[pəredam kedʒʲut]
roda (f)	**roda**	[roda]
pneu (m) estepe	**ban serep**	[ban serep]
pneu (m)	**ban**	[ban]
calota (f)	**dop**	[dop]
rodas (f pl) motrizes	**roda penggerak**	[roda peŋgeraʔ]
de tração dianteira	**penggerak roda depan**	[peŋgeraʔ roda depan]
de tração traseira	**penggerak roda belakang**	[peŋgeraʔ roda belakaŋ]
de tração às 4 rodas	**penggerak roda empat**	[peŋgeraʔ roda empat]
caixa (f) de mudanças	**transmisi, girboks**	[transmisi], [girboks]
automático (adj)	**otomatis**	[otomatis]
mecânico (adj)	**mekanis**	[mekanis]
alavanca (f) de câmbio	**tuas persneling**	[tuas pərsneliŋ]
farol (m)	**lampu depan**	[lampu depan]
faróis (m pl)	**lampu depan**	[lampu depan]
farol (m) baixo	**lampu dekat**	[lampu dekat]
farol (m) alto	**lampu jauh**	[lampu dʒʲauh]
luzes (f pl) de parada	**lampu rem**	[lampu rem]
luzes (f pl) de posição	**lampu kecil**	[lampu ketʃil]
luzes (f pl) de emergência	**lampu bahaya**	[lampu bahaja]
faróis (m pl) de neblina	**lampu kabut**	[lampu kabut]
pisca-pisca (m)	**lampu sein**	[lampu sein]
luz (f) de marcha ré	**lampu belakang**	[lampu belakaŋ]

176. Carros. Habitáculo

interior (do carro)	**kabin, interior**	[kabin], [interior]
de couro	**kulit**	[kulit]
de veludo	**velour**	[velour]
estofamento (m)	**pelapis jok**	[pelapis dʒoʔ]
indicador (m)	**alat pengukur**	[alat peŋukur]
painel (m)	**dasbor**	[dasbor]

| velocímetro (m) | spidometer | [spidometer] |
| ponteiro (m) | jarum | [dʒ¡arum] |

hodômetro, odômetro (m)	odometer	[odometer]
indicador (m)	indikator, sensor	[indikator], [sensor]
nível (m)	level	[level]
luz (f) de aviso	lampu indikator	[lampu indikator]

volante (m)	setir	[setir]
buzina (f)	klakson	[klakson]
botão (m)	tombol	[tombol]
interruptor (m)	tuas	[tuas]

assento (m)	jok	[dʒo']
costas (f pl) do assento	sandaran	[sandaran]
cabeceira (f)	sandaran kepala	[sandaran kepala]
cinto (m) de segurança	sabuk pengaman	[sabu' peŋaman]
apertar o cinto	mengencangkan sabuk pengaman	[məŋentʃaŋkan sabu' peŋaman]
ajuste (m)	penyetelan	[penjetelan]

| airbag (m) | bantal udara | [bantal udara] |
| ar (m) condicionado | penyejuk udara | [penjedʒ¡u' udara] |

rádio (m)	radio	[radio]
leitor (m) de CD	pemutar CD	[pemutar si-di]
ligar (vt)	menyalakan	[mənjalakan]
antena (f)	antena	[antena]
porta-luvas (m)	laci depan	[latʃi depan]
cinzeiro (m)	asbak	[asba']

177. Carros. Motor

motor (m)	mesin	[mesin]
motor (m)	motor	[motor]
a diesel	diesel	[disel]
a gasolina	bensin	[bensin]

cilindrada (f)	kapasitas mesin	[kapasitas mesin]
potência (f)	daya, tenaga	[daja], [tenaga]
cavalo (m) de potência	tenaga kuda	[tenaga kuda]
pistão (m)	piston	[piston]
cilindro (m)	silinder	[silinder]
válvula (f)	katup	[katup]

injetor (m)	injektor	[indʒ¡ektor]
gerador (m)	generator	[generator]
carburador (m)	karburator	[karburator]
óleo (m) de motor	oli	[oli]

radiador (m)	radiator	[radiator]
líquido (m) de arrefecimento	cairan pendingin	[tʃajran pendiŋin]
ventilador (m)	kipas angin	[kipas aŋin]
bateria (f)	aki	[aki]

dispositivo (m) de arranque	starter	[starter]
ignição (f)	pengapian	[peŋapian]
vela (f) de ignição	busi	[busi]

terminal (m)	elektroda	[elektroda]
terminal (m) positivo	terminal positif	[tərminal positif]
terminal (m) negativo	terminal negatif	[tərminal negatif]
fusível (m)	sekering	[sekeriŋ]

filtro (m) de ar	filter udara	[filter udara]
filtro (m) de óleo	filter oli	[filter oli]
filtro (m) de combustível	filter bahan bakar	[filter bahan bakar]

178. Carros. Batidas. Reparação

acidente (m) de carro	kecelakaan mobil	[ketʃelaka'an mobil]
acidente (m) rodoviário	kecelakaan jalan raya	[ketʃelaka'an dʒʲalan raja]
bater (~ num muro)	menabrak	[mənabra']
sofrer um acidente	mengalami kecelakaan	[məŋalami ketʃelaka'an]
dano (m)	kerusakan	[kerusakan]
intato	tidak tersentuh	[tida' tərsentuh]

pane (f)	kerusakan	[kerusakan]
avariar (vi)	rusak	[rusa']
cabo (m) de reboque	tali penyeret	[tali penjeret]

furo (m)	ban bocor	[ban botʃor]
estar furado	kempes	[kempes]
encher (vt)	memompa	[memompa]
pressão (f)	tekanan	[tekanan]
verificar (vt)	memeriksa	[memeriksa]

reparo (m)	reparasi	[reparasi]
oficina (f) automotiva	bengkel mobil	[beŋkel mobil]
peça (f) de reposição	onderdil, suku cadang	[onderdil], [suku tʃadaŋ]
peça (f)	komponen	[komponen]

parafuso (com porca)	baut	[baut]
parafuso (m)	sekrup	[sekrup]
porca (f)	mur	[mur]
arruela (f)	ring	[riŋ]
rolamento (m)	bantalan luncur	[bantalan luntʃur]

tubo (m)	pipa	[pipa]
junta, gaxeta (f)	gasket	[gasket]
fio, cabo (m)	kabel, kawat	[kabel], [kawat]

macaco (m)	dongkrak	[doŋkra']
chave (f) de boca	kunci pas	[kuntʃi pas]
martelo (m)	martil, palu	[martil], [palu]
bomba (f)	pompa	[pompa]
chave (f) de fenda	obeng	[obeŋ]
extintor (m)	pemadam api	[pemadam api]
triângulo (m) de emergência	segi tiga pengaman	[segi tiga peŋaman]

morrer (motor)	mogok	[mogo⁷]
paragem, "morte" (f)	mogok	[mogo⁷]
estar quebrado	rusak	[rusa⁷]

superaquecer-se (vr)	kepanasan	[kepanasan]
entupir-se (vr)	tersumbat	[tərsumbat]
congelar-se (vr)	membeku	[membeku]
rebentar (vi)	pecah	[peʧah]

pressão (f)	tekanan	[tekanan]
nível (m)	level	[level]
frouxo (adj)	longgar	[loŋgar]

batida (f)	penyok	[penjo⁷]
ruído (m)	ketukan	[ketukan]
fissura (f)	retak	[reta⁷]
arranhão (m)	gores	[gores]

179. Carros. Estrada

estrada (f)	jalan	[dʒⁱalan]
autoestrada (f)	jalan raya	[dʒⁱalan raja]
rodovia (f)	jalan raya	[dʒⁱalan raja]
direção (f)	arah	[arah]
distância (f)	jarak	[dʒⁱara⁷]

ponte (f)	jembatan	[dʒⁱembatan]
parque (m) de estacionamento	tempat parkir	[tempat parkir]
praça (f)	lapangan	[lapaŋan]
nó (m) rodoviário	jembatan simpang susun	[dʒⁱembatan simpaŋ susun]
túnel (m)	terowongan	[tərowoŋan]

posto (m) de gasolina	SPBU, stasiun bensin	[es-pe-be-u], [stasjun bensin]
parque (m) de estacionamento	tempat parkir	[tempat parkir]
bomba (f) de gasolina	stasiun bahan bakar	[stasiun bahan bakar]
oficina (f) automotiva	bengkel mobil	[beŋkel mobil]
abastecer (vt)	mengisi bahan bakar	[məŋisi bahan bakar]
combustível (m)	bahan bakar	[bahan bakar]
galão (m) de gasolina	jeriken	[dʒⁱeriken]

asfalto (m)	aspal	[aspal]
marcação (f) de estradas	penandaan jalan	[penandaʾan dʒⁱalan]
meio-fio (m)	kerb jalan	[kerb dʒⁱalan]
guard-rail (m)	pagar pematas	[pagar pematas]
valeta (f)	parit	[parit]
acostamento (m)	bahu jalan	[bahu dʒⁱalan]
poste (m) de luz	tiang lampu	[tiaŋ lampu]

dirigir (vt)	menyetir	[mənjetir]
virar (~ para a direita)	membelok	[membelo⁷]
dar retorno	memutar arah	[memutar arah]
ré (f)	mundur	[mundur]
buzinar (vi)	membunyikan klakson	[membunjikan klakson]
buzina (f)	suara klakson	[suara klakson]

atolar-se (vr)	terjebak	[tərdʒʲebaʔ]
patinar (na lama)	terjebak	[tərdʒʲebaʔ]
desligar (vt)	mematikan	[mematikan]

velocidade (f)	kecepatan	[ketʃepatan]
exceder a velocidade	melebihi batas kecepatan	[melebihi batas ketʃepatan]
multar (vt)	memberikan surat tilang	[memberikan surat tilaŋ]
semáforo (m)	lampu lalu lintas	[lampu lalu lintas]
carteira (f) de motorista	Surat Izin Mengemudi, SIM	[surat izin məŋemudi], [sim]

passagem (f) de nível	lintasan	[lintasan]
cruzamento (m)	persimpangan	[pərsimpaŋan]
faixa (f)	penyeberangan	[penjeberaŋan]
curva (f)	tikungan	[tikuŋan]
zona (f) de pedestres	kawasan pejalan kaki	[kawasan pedʒʲalan kaki]

180. Sinais de trânsito

código (m) de trânsito	peraturan lalu lintas	[pəraturan lalu lintas]
sinal (m) de trânsito	rambu	[rambu]
ultrapassagem (f)	mendahului	[məndahului]
curva (f)	tikungan	[tikuŋan]
retorno (m)	putaran	[putaran]
rotatória (f)	bundaran lalu lintas	[bundaran lalu lintas]

sentido proibido	Dilarang masuk	[dilaraŋ masuʔ]
trânsito proibido	Kendaraan dilarang masuk	[kendara'an dilaraŋ masuʔ]
proibido de ultrapassar	Dilarang mendahului	[dilaraŋ mendahului]
estacionamento proibido	Dilarang parkir	[dilaraŋ parkir]
paragem proibida	Dilarang berhenti	[dilaraŋ bərhenti]

curva (f) perigosa	tikungan tajam	[tikuŋan tadʒʲam]
descida (f) perigosa	turunan terjal	[turunan tərdʒʲal]
trânsito de sentido único	jalan satu arah	[dʒʲalan satu arah]
faixa (f)	penyeberangan	[penjeberaŋan]
pavimento (m) escorregadio	jalan licin	[dʒʲalan litʃin]
conceder passagem	beri jalan	[beri dʒʲalan]

PESSOAS. EVENTOS

Eventos

181. Férias. Evento

festa (f)	perayaan	[pəraja²an]
feriado (m) nacional	hari besar nasional	[hari besar nasional]
feriado (m)	hari libur	[hari libur]
festejar (vt)	merayakan	[merajakan]
evento (festa, etc.)	peristiwa, kejadian	[pəristiwa], [kedʒadian]
evento (banquete, etc.)	acara	[atʃara]
banquete (m)	banket	[banket]
recepção (f)	resepsi	[resepsi]
festim (m)	pesta	[pesta]
aniversário (m)	hari jadi, HUT	[hari dʒadi], [ha-u-te]
jubileu (m)	yubileum	[yubileum]
celebrar (vt)	merayakan	[merajakan]
Ano (m) Novo	Tahun Baru	[tahun baru]
Feliz Ano Novo!	Selamat Tahun Baru!	[selamat tahun baru!]
Papai Noel (m)	Sinterklas	[sinterklas]
Natal (m)	Natal	[natal]
Feliz Natal!	Selamat Hari Natal!	[selamat hari natal!]
árvore (f) de Natal	pohon Natal	[pohon natal]
fogos (m pl) de artifício	kembang api	[kembaŋ api]
casamento (m)	pernikahan	[pərnikahan]
noivo (m)	mempelai lelaki	[mempelaj lelaki]
noiva (f)	mempelai perempuan	[mempelaj pərempuan]
convidar (vt)	mengundang	[məŋundaŋ]
convite (m)	kartu undangan	[kartu undaŋan]
convidado (m)	tamu	[tamu]
visitar (vt)	mengunjungi	[məŋundʒuŋi]
receber os convidados	menyambut tamu	[mənjambut tamu]
presente (m)	hadiah	[hadiah]
oferecer, dar (vt)	memberi	[memberi]
receber presentes	menerima hadiah	[mənerima hadiah]
buquê (m) de flores	buket	[buket]
felicitações (f pl)	ucapan selamat	[utʃapan selamat]
felicitar (vt)	mengucapkan selamat	[məŋutʃapkan selamat]
cartão (m) de parabéns	kartu ucapan selamat	[kartu utʃapan selamat]

| enviar um cartão postal | mengirim kartu pos | [meŋirim kartu pos] |
| receber um cartão postal | menerima kartu pos | [menerima kartu pos] |

brinde (m)	toas	[toas]
oferecer (vt)	menawari	[menawari]
champanhe (m)	sampanye	[sampanje]

divertir-se (vr)	bersukaria	[bersukaria]
diversão (f)	keriangan, kegembiraan	[keriaŋan], [kegembira'an]
alegria (f)	kegembiraan	[kegembira'an]

| dança (f) | dansa, tari | [dansa], [tari] |
| dançar (vi) | berdansa, menari | [berdansa], [menari] |

| valsa (f) | wals | [wals] |
| tango (m) | tango | [taŋo] |

182. Funerais. Enterro

cemitério (m)	pemakaman	[pemakaman]
sepultura (f), túmulo (m)	makam	[makam]
cruz (f)	salib	[salib]
lápide (f)	batu nisan	[batu nisan]
cerca (f)	pagar	[pagar]
capela (f)	kapel	[kapel]

morte (f)	kematian	[kematian]
morrer (vi)	mati, meninggal	[mati], [meniŋgal]
defunto (m)	almarhum	[almarhum]
luto (m)	perkabungan	[perkabuŋan]

enterrar, sepultar (vt)	memakamkan	[memakamkan]
funerária (f)	rumah duka	[rumah duka]
funeral (m)	pemakaman	[pemakaman]

coroa (f) de flores	karangan bunga	[karaŋan buŋa]
caixão (m)	keranda	[keranda]
carro (m) funerário	mobil jenazah	[mobil dʒ'enazah]
mortalha (f)	kain kafan	[kain kafan]

procissão (f) funerária	prosesi pemakaman	[prosesi pemakaman]
urna (f) funerária	guci abu jenazah	[gutʃi abu dʒ'enazah]
crematório (m)	krematorium	[krematorium]

obituário (m), necrologia (f)	obituarium	[obituarium]
chorar (vi)	menangis	[menaŋis]
soluçar (vi)	meratap	[meratap]

183. Guerra. Soldados

| pelotão (m) | peleton | [peleton] |
| companhia (f) | kompi | [kompi] |

regimento (m)	resimen	[resimen]
exército (m)	tentara	[tentara]
divisão (f)	divisi	[divisi]
esquadrão (m)	pasukan	[pasukan]
hoste (f)	tentara	[tentara]
soldado (m)	tentara, serdadu	[tentara], [serdadu]
oficial (m)	perwira	[pərwira]
soldado (m) raso	prajurit	[pradʒʲurit]
sargento (m)	sersan	[sersan]
tenente (m)	letnan	[letnan]
capitão (m)	kapten	[kapten]
major (m)	mayor	[major]
coronel (m)	kolonel	[kolonel]
general (m)	jenderal	[dʒʲenderal]
marujo (m)	pelaut	[pelaut]
capitão (m)	kapten	[kapten]
contramestre (m)	bosman, bosun	[bosman], [bosun]
artilheiro (m)	tentara artileri	[tentara artileri]
soldado (m) paraquedista	pasukan penerjun	[pasukan penerdʒʲun]
piloto (m)	pilot	[pilot]
navegador (m)	navigator, penavigasi	[navigator], [penavigasi]
mecânico (m)	mekanik	[mekaniˀ]
sapador-mineiro (m)	pencari ranjau	[pentʃari randʒʲau]
paraquedista (m)	parasutis	[parasutis]
explorador (m)	pengintai	[peɲintaj]
atirador (m) de tocaia	penembak jitu	[penembaˀ dʒitu]
patrulha (f)	patroli	[patroli]
patrulhar (vt)	berpatroli	[bərpatroli]
sentinela (f)	pengawal	[peŋawal]
guerreiro (m)	prajurit	[pradʒʲurit]
patriota (m)	patriot	[patriot]
herói (m)	pahlawan	[pahlawan]
heroína (f)	pahlawan wanita	[pahlawan wanita]
traidor (m)	pengkhianat	[peɲhianat]
trair (vt)	mengkhianati	[məɲhianati]
desertor (m)	desertir	[desertir]
desertar (vt)	melakukan desersi	[melakukan desersi]
mercenário (m)	tentara bayaran	[tentara bajaran]
recruta (m)	rekrut, calon tentara	[rekrut], [tʃalon tentara]
voluntário (m)	sukarelawan	[sukarelawan]
morto (m)	korban meninggal	[korban meniŋgal]
ferido (m)	korban luka	[korban luka]
prisioneiro (m) de guerra	tawanan perang	[tawanan pəraŋ]

184. Guerra. Ações militares. Parte 1

guerra (f)	perang	[peraŋ]
guerrear (vt)	berperang	[bərperaŋ]
guerra (f) civil	perang saudara	[pəraŋ saudara]
perfidamente	secara curang	[setʃara tʃuraŋ]
declaração (f) de guerra	pernyataan perang	[pərnjata'an pəraŋ]
declarar guerra	menyatakan perang	[mənjatakan pəraŋ]
agressão (f)	agresi	[agresi]
atacar (vt)	menyerang	[mənjeraŋ]
invadir (vt)	menduduki	[mənduduki]
invasor (m)	penduduk	[pendudu']
conquistador (m)	penakluk	[penaklu']
defesa (f)	pertahanan	[pərtahanan]
defender (vt)	mempertahankan	[mempertahankan]
defender-se (vr)	bertahan ...	[bərtahan ...]
inimigo (m)	musuh	[musuh]
adversário (m)	lawan	[lawan]
inimigo (adj)	musuh	[musuh]
estratégia (f)	strategi	[strategi]
tática (f)	taktik	[takti']
ordem (f)	perintah	[pərintah]
comando (m)	perintah	[pərintah]
ordenar (vt)	memerintahkan	[memerintahkan]
missão (f)	tugas	[tugas]
secreto (adj)	rahasia	[rahasia]
batalha (f)	pertempuran	[pərtempuran]
combate (m)	pertempuran	[pərtempuran]
ataque (m)	serangan	[seraŋan]
assalto (m)	serbuan	[serbuan]
assaltar (vt)	menyerbu	[mənjerbu]
assédio, sítio (m)	kepungan	[kepuŋan]
ofensiva (f)	serangan	[seraŋan]
tomar à ofensiva	menyerang	[mənjeraŋ]
retirada (f)	pengunduran	[peŋunduran]
retirar-se (vr)	mundur	[mundur]
cerco (m)	pengepungan	[peŋepuŋan]
cercar (vt)	mengepung	[məŋepuŋ]
bombardeio (m)	pengeboman	[peŋeboman]
lançar uma bomba	menjatuhkan bom	[məndʒʲatuhkan bom]
bombardear (vt)	mengebom	[məŋebom]
explosão (f)	ledakan	[ledakan]
tiro (m)	tembakan	[tembakan]

| dar um tiro | melepaskan | [melepaskan] |
| tiroteio (m) | penembakan | [penembakan] |

apontar para ...	membidik	[membidiʔ]
apontar (vt)	mengarahkan	[məŋarahkan]
acertar (vt)	mengenai	[məŋenaj]

afundar (~ um navio, etc.)	menenggelamkan	[mənəŋgelamkan]
brecha (f)	lubang	[lubaŋ]
afundar-se (vr)	karam	[karam]

frente (m)	garis depan	[garis depan]
evacuação (f)	evakuasi	[evakuasi]
evacuar (vt)	mengevakuasi	[məŋevakuasi]

trincheira (f)	parit perlindungan	[parit pərlinduŋan]
arame (m) enfarpado	kawat berduri	[kawat bərduri]
barreira (f) anti-tanque	rintangan	[rintaŋan]
torre (f) de vigia	menara	[mənara]

hospital (m) militar	rumah sakit militer	[rumah sakit militer]
ferir (vt)	melukai	[melukaj]
ferida (f)	luka	[luka]
ferido (m)	korban luka	[korban luka]
ficar ferido	terluka	[tərluka]
grave (ferida ~)	parah	[parah]

185. Guerra. Ações militares. Parte 2

cativeiro (m)	tawanan	[tawanan]
capturar (vt)	menawan	[mənawan]
estar em cativeiro	ditawan	[ditawan]
ser aprisionado	tertawan	[tərtawan]

campo (m) de concentração	kamp konsentrasi	[kamp konsentrasi]
prisioneiro (m) de guerra	tawanan perang	[tawanan pəraŋ]
escapar (vi)	melarikan diri	[melarikan diri]

trair (vt)	mengkhianati	[məŋhianati]
traidor (m)	pengkhianat	[peŋhianat]
traição (f)	pengkhianatan	[peŋhianatan]

| fuzilar, executar (vt) | mengeksekusi | [məŋeksekusi] |
| fuzilamento (m) | eksekusi | [eksekusi] |

equipamento (m)	perlengkapan	[pərleŋkapan]
insígnia (f) de ombro	epolet	[epolet]
máscara (f) de gás	masker gas	[masker gas]

rádio (m)	pemancar radio	[pemantʃar radio]
cifra (f), código (m)	kode	[kode]
conspiração (f)	kerahasiaan	[kerahasiaʔan]
senha (f)	kata sandi	[kata sandi]
mina (f)	ranjau darat	[randʒ'au darat]

| minar (vt) | memasang ranjau | [memasaŋ randʒⁱau] |
| campo (m) minado | padang yang dipenuhi ranjau | [padaŋ yaŋ dipenuhi randʒⁱau] |

alarme (m) aéreo	peringatan serangan udara	[pəriŋatan seraŋan udara]
alarme (m)	alarm serangan udara	[alarm seraŋan udara]
sinal (m)	sinyal	[sinjal]
sinalizador (m)	roket sinyal	[roket sinjal]

quartel-general (m)	markas	[markas]
reconhecimento (m)	pengintaian	[pəŋintajan]
situação (f)	keadaan	[keadaˀan]
relatório (m)	laporan	[laporan]
emboscada (f)	penyergapan	[penjergapan]
reforço (m)	bala bantuan	[bala bantuan]

alvo (m)	sasaran	[sasaran]
campo (m) de tiro	lapangan tembak	[lapaŋan tembaˀ]
manobras (f pl)	latihan perang	[latihan pəraŋ]

pânico (m)	panik	[paniˀ]
devastação (f)	pengrusakan	[peŋrusakan]
ruínas (f pl)	penghancuran	[peŋhanʧuran]
destruir (vt)	menghancurkan	[məŋhanʧurkan]

sobreviver (vi)	menyintas	[mənjintas]
desarmar (vt)	melucuti	[meluʧuti]
manusear (vt)	mengendalikan	[məŋendalikan]

| Sentido! | Siap! | [siap!] |
| Descansar! | Istirahat di tempat! | [istirahat di tempat!] |

façanha (f)	keberanian	[keberanian]
juramento (m)	sumpah	[sumpah]
jurar (vi)	bersumpah	[bərsumpah]

condecoração (f)	anugerah	[anugerah]
condecorar (vt)	menganugerahi	[məŋanugerahi]
medalha (f)	medali	[medali]
ordem (f)	bintang kehormatan	[bintaŋ kehormatan]

vitória (f)	kemenangan	[kemenaŋan]
derrota (f)	kekalahan	[kekalahan]
armistício (m)	gencatan senjata	[genʧatan sendʒⁱata]

bandeira (f)	bendera	[bendera]
glória (f)	kehormatan	[kehormatan]
parada (f)	parade	[parade]
marchar (vi)	berbaris	[bərbaris]

186. Armas

| arma (f) | senjata | [sendʒⁱata] |
| arma (f) de fogo | senjata api | [sendʒⁱata api] |

arma (f) branca	sejata tajam	[sedʒ'ata tadʒ'am]
arma (f) química	senjata kimia	[sendʒ'ata kimia]
nuclear (adj)	nuklir	[nuklir]
arma (f) nuclear	senjata nuklir	[sendʒ'ata nuklir]
bomba (f)	bom	[bom]
bomba (f) atômica	bom atom	[bom atom]
pistola (f)	pistol	[pistol]
rifle (m)	senapan	[senapan]
semi-automática (f)	senapan otomatis	[senapan otomatis]
metralhadora (f)	senapan mesin	[senapan mesin]
boca (f)	moncong	[montʃoŋ]
cano (m)	laras	[laras]
calibre (m)	kaliber	[kaliber]
gatilho (m)	pelatuk	[pelatuʔ]
mira (f)	pembidik	[pembidiʔ]
carregador (m)	magasin	[magasin]
coronha (f)	pantat senapan	[pantat senapan]
granada (f) de mão	granat tangan	[granat taŋan]
explosivo (m)	bahan peledak	[bahan peledaʔ]
bala (f)	peluru	[peluru]
cartucho (m)	patrun	[patrun]
carga (f)	isian	[isian]
munições (f pl)	amunisi	[amunisi]
bombardeiro (m)	pesawat pengebom	[pesawat peŋebom]
avião (m) de caça	pesawat pemburu	[pesawat pemburu]
helicóptero (m)	helikopter	[helikopter]
canhão (m) antiaéreo	meriam penangkis serangan udara	[meriam penaŋkis seraŋan udara]
tanque (m)	tank	[tanʔ]
canhão (de um tanque)	meriam tank	[meriam tanʔ]
artilharia (f)	artileri	[artileri]
canhão (m)	meriam	[meriam]
fazer a pontaria	mengarahkan	[məŋarahkan]
projétil (m)	peluru	[peluru]
granada (f) de morteiro	peluru mortir	[peluru mortir]
morteiro (m)	mortir	[mortir]
estilhaço (m)	serpihan	[serpihan]
submarino (m)	kapal selam	[kapal selam]
torpedo (m)	torpedo	[torpedo]
míssil (m)	rudal	[rudal]
carregar (uma arma)	mengisi	[məŋisi]
disparar, atirar (vi)	menembak	[mənembaʔ]
apontar para ...	membidik	[membidiʔ]
baioneta (f)	bayonet	[bajonet]

espada (f)	**pedang rapier**	[pedaŋ rapier]
sabre (m)	**pedang saber**	[pedaŋ saber]
lança (f)	**lembing**	[lembiŋ]
arco (m)	**busur panah**	[busur panah]
flecha (f)	**anak panah**	[ana' panah]
mosquete (m)	**senapan lantak**	[senapan lanta']
besta (f)	**busur silang**	[busur silaŋ]

187. Povos da antiguidade

primitivo (adj)	**primitif**	[primitif]
pré-histórico (adj)	**prasejarah**	[prasedʒ'arah]
antigo (adj)	**kuno**	[kuno]

Idade (f) da Pedra	**Zaman Batu**	[zaman batu]
Idade (f) do Bronze	**Zaman Perunggu**	[zaman pəruŋgu]
Era (f) do Gelo	**Zaman Es**	[zaman es]

tribo (f)	**suku**	[suku]
canibal (m)	**kanibal**	[kanibal]
caçador (m)	**pemburu**	[pemburu]
caçar (vi)	**berburu**	[berburu]
mamute (m)	**mamut**	[mamut]

caverna (f)	**gua**	[gua]
fogo (m)	**api**	[api]
fogueira (f)	**api unggun**	[api uŋgun]
pintura (f) rupestre	**lukisan gua**	[lukisan gua]

ferramenta (f)	**alat kerja**	[alat kerdʒ'a]
lança (f)	**tombak**	[tomba']
machado (m) de pedra	**kapak batu**	[kapa' batu]
guerrear (vt)	**berperang**	[berperaŋ]
domesticar (vt)	**menjinakkan**	[mendʒina'kan]

ídolo (m)	**berhala**	[berhala]
adorar, venerar (vt)	**memuja**	[memudʒ'a]
superstição (f)	**takhayul**	[tahajul]
ritual (m)	**upacara**	[upatʃara]

evolução (f)	**evolusi**	[evolusi]
desenvolvimento (m)	**perkembangan**	[pərkembaŋan]

extinção (f)	**kehilangan**	[kehilaŋan]
adaptar-se (vr)	**menyesuaikan diri**	[mənjesuajkan diri]

arqueologia (f)	**arkeologi**	[arkeologi]
arqueólogo (m)	**arkeolog**	[arkeolog]
arqueológico (adj)	**arkeologis**	[arkeologis]

escavação (sítio)	**situs ekskavasi**	[situs ekskavasi]
escavações (f pl)	**ekskavasi**	[ekskavasi]
achado (m)	**penemuan**	[penemuan]
fragmento (m)	**fragmen**	[fragmen]

188. Idade média

povo (m)	rakyat	[rakjat]
povos (m pl)	bangsa-bangsa	[baŋsa-baŋsa]
tribo (f)	suku	[suku]
tribos (f pl)	suku-suku	[suku-suku]

bárbaros (pl)	kaum barbar	[kaum barbar]
galeses (pl)	kaum Gaul	[kaum gaul]
godos (pl)	kaum Goth	[kaum got]
eslavos (pl)	kaum Slavia	[kaum slavia]
viquingues (pl)	kaum Viking	[kaum vikiŋ]

romanos (pl)	kaum Roma	[kaum roma]
romano (adj)	Romawi	[romawi]

bizantinos (pl)	kaum Byzantium	[kaum bizantium]
Bizâncio	Byzantium	[bizantium]
bizantino (adj)	Byzantium	[bizantium]

imperador (m)	kaisar	[kajsar]
líder (m)	pemimpin	[pemimpin]
poderoso (adj)	adikuasa, berkuasa	[adikuasa], [bərkuasa]
rei (m)	raja	[radʒⁱa]
governante (m)	penguasa	[peŋuasa]

cavaleiro (m)	ksatria	[ksatria]
senhor feudal (m)	tuan	[tuan]
feudal (adj)	feodal	[feodal]
vassalo (m)	vasal	[vasal]

duque (m)	duke	[duke]
conde (m)	earl	[earl]
barão (m)	baron	[baron]
bispo (m)	uskup	[uskup]

armadura (f)	baju besi	[badʒⁱu besi]
escudo (m)	perisai	[pərisaj]
espada (f)	pedang	[pedaŋ]
viseira (f)	visor, topeng besi	[visor], [topeŋ besi]
cota (f) de malha	baju zirah	[badʒⁱu zirah]

cruzada (f)	Perang Salib	[pəraŋ salib]
cruzado (m)	kaum salib	[kaum salib]

território (m)	wilayah	[wilajah]
atacar (vt)	menyerang	[mənjeraŋ]
conquistar (vt)	menaklukkan	[mənakluʾkan]
ocupar, invadir (vt)	menduduki	[mənduduki]

assédio, sítio (m)	kepungan	[kepuŋan]
sitiado (adj)	terkepung	[tərkepuŋ]
assediar, sitiar (vt)	mengepung	[məŋepuŋ]
inquisição (f)	inkuisisi	[inkuisisi]
inquisidor (m)	inkuisitor	[inkuisitor]

tortura (f)	siksaan	[siksa'an]
cruel (adj)	kejam	[kedʒˈam]
herege (m)	penganut bidah	[peŋanut bidah]
heresia (f)	bidah	[bidah]

navegação (f) marítima	pelayaran laut	[pelajaran laut]
pirata (m)	bajak laut	[badʒˈa' laut]
pirataria (f)	pembajakan	[pembadʒˈakan]
abordagem (f)	serangan terhadap kapal dari dekat	[seraŋan tərhadap kapal dari dekat]
presa (f), butim (m)	rampasan	[rampasan]
tesouros (m pl)	harta karun	[harta karun]

descobrimento (m)	penemuan	[penemuan]
descobrir (novas terras)	menemukan	[mənemukan]
expedição (f)	ekspedisi	[ekspedisi]

mosqueteiro (m)	musketir	[musketir]
cardeal (m)	kardinal	[kardinal]
heráldica (f)	heraldik	[heraldi']
heráldico (adj)	heraldik	[heraldi']

189. Líder. Chefe. Autoridades

rei (m)	raja	[radʒˈa]
rainha (f)	ratu	[ratu]
real (adj)	kerajaan, raja	[keradʒˈa'an], [radʒˈa]
reino (m)	kerajaan	[keradʒˈa'an]

| príncipe (m) | pangeran | [paŋeran] |
| princesa (f) | putri | [putri] |

presidente (m)	presiden	[presiden]
vice-presidente (m)	wakil presiden	[wakil presiden]
senador (m)	senator	[senator]

monarca (m)	monark	[monar']
governante (m)	penguasa	[peŋuasa]
ditador (m)	diktator	[diktator]
tirano (m)	tiran	[tiran]
magnata (m)	magnat	[magnat]

diretor (m)	direktur	[direktur]
chefe (m)	atasan	[atasan]
gerente (m)	manajer	[manadʒˈer]
patrão (m)	bos	[bos]
dono (m)	pemilik	[pemili']

líder (m)	pemimpin	[pemimpin]
chefe (m)	kepala	[kepala]
autoridades (f pl)	pihak berwenang	[piha' bərwenaŋ]
superiores (m pl)	atasan	[atasan]
governador (m)	gabernur	[gabernur]
cônsul (m)	konsul	[konsul]

diplomata (m)	diplomat	[diplomat]
Presidente (m) da Câmara	walikota	[walikota]
xerife (m)	sheriff	[ʃeriff]

imperador (m)	kaisar	[kajsar]
czar (m)	tsar, raja	[tsar], [radʒʲa]
faraó (m)	firaun	[firaun]
cã, khan (m)	khan	[han]

190. Estrada. Caminho. Direções

estrada (f)	jalan	[dʒʲalan]
via (f)	jalan	[dʒʲalan]

rodovia (f)	jalan raya	[dʒʲalan raja]
autoestrada (f)	jalan raya	[dʒʲalan raja]
estrada (f) nacional	jalan nasional	[dʒʲalan nasional]

estrada (f) principal	jalan utama	[dʒʲalan utama]
estrada (f) de terra	jalan tanah	[dʒʲalan tanah]

trilha (f)	jalan setapak	[dʒʲalan setapaʔ]
pequena trilha (f)	jalan setapak	[dʒʲalan setapaʔ]

Onde?	Di mana?	[di mana?]
Para onde?	Ke mana?	[ke mana?]
De onde?	Dari mana?	[dari mana?]

direção (f)	arah	[arah]
indicar (~ o caminho)	menunjuk	[mənundʒʲuʔ]

para a esquerda	ke kiri	[ke kiri]
para a direita	ke kanan	[ke kanan]
em frente	terus lurus	[terus lurus]
para trás	balik	[baliʔ]

curva (f)	tikungan	[tikuŋan]
virar (~ para a direita)	membelok	[membeloʔ]
dar retorno	memutar arah	[memutar arah]

estar visível	kelihatan	[kelihatan]
aparecer (vi)	muncul	[muntʃul]

paragem (pausa)	perhentian	[pərhentian]
descansar (vi)	beristirahat	[bəristirahat]
descanso, repouso (m)	istirahat	[istirahat]

perder-se (vr)	tersesat	[tərsesat]
conduzir a ... (caminho)	menuju ...	[mənudʒʲu ...]
chegar a ...	sampai	[sampaj]
trecho (m)	trayek	[traeʔ]

asfalto (m)	aspal	[aspal]
meio-fio (m)	kerb jalan	[kerb dʒʲalan]

valeta (f)	parit	[parit]
tampa (f) de esgoto	lubang penutup jalan	[lubaŋ penutup dʒ¹alan]
acostamento (m)	bahu jalan	[bahu dʒ¹alan]
buraco (m)	lubang	[lubaŋ]
ir (a pé)	berjalan	[bərdʒ¹alan]
ultrapassar (vt)	mendahului	[məndahului]
passo (m)	langkah	[laŋkah]
a pé	berjalan kaki	[bərdʒ¹alan kaki]
bloquear (vt)	merintangi	[merintaɲi]
cancela (f)	palang jalan	[palaŋ dʒ¹alan]
beco (m) sem saída	jalan buntu	[dʒ¹alan buntu]

191. Violação da lei. Criminosos. Parte 1

bandido (m)	bandit	[bandit]
crime (m)	kejahatan	[kedʒ¹ahatan]
criminoso (m)	penjahat	[pendʒ¹ahat]
ladrão (m)	pencuri	[pentʃuri]
roubar (vt)	mencuri	[məntʃuri]
furto, roubo (m)	pencurian	[pentʃurian]
raptar, sequestrar (vt)	menculik	[məntʃuliʔ]
sequestro (m)	penculikan	[pentʃulikan]
sequestrador (m)	penculik	[pentʃuliʔ]
resgate (m)	uang tebusan	[uaŋ tebusan]
pedir resgate	menuntut uang tebusan	[mənuntut uaŋ tebusan]
roubar (vt)	merampok	[merampoʔ]
assalto, roubo (m)	perampokan	[pərampokan]
assaltante (m)	perampok	[pərampoʔ]
extorquir (vt)	memeras	[memeras]
extorsionário (m)	pemeras	[pemeras]
extorsão (f)	pemerasan	[pemerasan]
matar, assassinar (vt)	membunuh	[membunuh]
homicídio (m)	pembunuhan	[pembunuhan]
homicida, assassino (m)	pembunuh	[pembunuh]
tiro (m)	tembakan	[tembakan]
dar um tiro	melepaskan	[melepaskan]
matar a tiro	menembak mati	[mənembaʔ mati]
disparar, atirar (vi)	menembak	[mənembaʔ]
tiroteio (m)	penembakan	[penembakan]
incidente (m)	insiden, kejadian	[insiden], [kedʒ¹adian]
briga (~ de rua)	perkelahian	[pərkelahian]
Socorro!	Tolong!	[toloŋ!]
vítima (f)	korban	[korban]

danificar (vt)	merusak	[merusaʔ]
dano (m)	kerusakan	[kerusakan]
cadáver (m)	jenazah, mayat	[dʒʲenazah], [majat]
grave (adj)	berat	[berat]

atacar (vt)	menyerang	[mənjeraŋ]
bater (espancar)	memukul	[memukul]
espancar (vt)	memukuli	[memukuli]
tirar, roubar (dinheiro)	merebut	[merebut]
esfaquear (vt)	menikam mati	[mənikam mati]
mutilar (vt)	mencederai	[məntʃederaj]
ferir (vt)	melukai	[melukaj]

chantagem (f)	pemerasan	[pemerasan]
chantagear (vt)	memeras	[memeras]
chantagista (m)	pemeras	[pemeras]

extorsão (f)	pemerasan	[pemerasan]
extorsionário (m)	pemeras	[pemeras]
gângster (m)	gangster, preman	[gaŋster], [preman]
máfia (f)	mafia	[mafia]

punguista (m)	pencopet	[pentʃopet]
assaltante, ladrão (m)	perampok	[pərampoʔ]
contrabando (m)	penyelundupan	[penjelundupan]
contrabandista (m)	penyelundup	[penjelundup]

falsificação (f)	pemalsuan	[pemalsuan]
falsificar (vt)	memalsukan	[memalsukan]
falsificado (adj)	palsu	[palsu]

192. Violação da lei. Criminosos. Parte 2

estupro (m)	pemerkosaan	[pemerkosaʔan]
estuprar (vt)	memerkosa	[memerkosa]
estuprador (m)	pemerkosa	[pemerkosa]
maníaco (m)	maniak	[maniaʔ]

prostituta (f)	pelacur	[pelatʃur]
prostituição (f)	pelacuran	[pelatʃuran]
cafetão (m)	germo	[germo]

drogado (m)	pecandu narkoba	[petʃandu narkoba]
traficante (m)	pengedar narkoba	[peŋedar narkoba]

explodir (vt)	meledakkan	[meledaʔkan]
explosão (f)	ledakan	[ledakan]
incendiar (vt)	membakar	[membakar]
incendiário (m)	pelaku pembakaran	[pelaku pembakaran]

terrorismo (m)	terorisme	[tərorisme]
terrorista (m)	teroris	[təroris]
refém (m)	sandera	[sandera]
enganar (vt)	menipu	[mənipu]

| engano (m) | penipuan | [penipuan] |
| vigarista (m) | penipu | [penipu] |

subornar (vt)	menyuap	[mənyuap]
suborno (atividade)	penyuapan	[penyuapan]
suborno (dinheiro)	uang suap, suapan	[uaŋ suap], [suapan]

veneno (m)	racun	[ratʃun]
envenenar (vt)	meracuni	[meratʃuni]
envenenar-se (vr)	meracuni diri sendiri	[meratʃuni diri sendiri]

| suicídio (m) | bunuh diri | [bunuh diri] |
| suicida (m) | pelaku bunuh diri | [pelaku bunuh diri] |

ameaçar (vt)	mengancam	[məŋantʃam]
ameaça (f)	ancaman	[antʃaman]
atentar contra a vida de ...	melakukan percobaan pembunuhan	[melakukan pərtʃoba'an pembunuhan]
atentado (m)	percobaan pembunuhan	[pərtʃoba'an pembunuhan]

| roubar (um carro) | mencuri | [məntʃuri] |
| sequestrar (um avião) | membajak | [membadʒⁱa'] |

| vingança (f) | dendam | [dendam] |
| vingar (vt) | membalas dendam | [membalas dendam] |

torturar (vt)	menyiksa	[mənjiksa]
tortura (f)	siksaan	[siksa'an]
atormentar (vt)	menyiksa	[mənjiksa]

pirata (m)	bajak laut	[badʒⁱa' laut]
desordeiro (m)	berandal	[bərandal]
armado (adj)	bersenjata	[bərsendʒⁱata]
violência (f)	kekerasan	[kekerasan]
ilegal (adj)	ilegal	[ilegal]

| espionagem (f) | spionase | [spionase] |
| espionar (vi) | memata-matai | [memata-mataj] |

193. Polícia. Lei. Parte 1

| justiça (sistema de ~) | keadilan | [keadilan] |
| tribunal (m) | pengadilan | [peŋadilan] |

juiz (m)	hakim	[hakim]
jurados (m pl)	anggota juri	[aŋgota dʒⁱuri]
tribunal (m) do júri	pengadilan juri	[peŋadilan dʒⁱuri]
julgar (vt)	mengadili	[məŋadili]

advogado (m)	advokat, pengacara	[advokat], [peŋatʃara]
réu (m)	terdakwa	[tərdakwa]
banco (m) dos réus	bangku terdakwa	[baŋku tərdakwa]
acusação (f)	tuduhan	[tuduhan]
acusado (m)	terdakwa	[tərdakwa]

sentença (f)	**hukuman**	[hukuman]
sentenciar (vt)	**menjatuhkan hukuman**	[mənʤʲatuhkan hukuman]
culpado (m)	**bersalah**	[bərsalah]
punir (vt)	**menghukum**	[məŋhukum]
punição (f)	**hukuman**	[hukuman]
multa (f)	**denda**	[denda]
prisão (f) perpétua	**penjara seumur hidup**	[penʤʲara seumur hidup]
pena (f) de morte	**hukuman mati**	[hukuman mati]
cadeira (f) elétrica	**kursi listrik**	[kursi listriʔ]
forca (f)	**tiang gantungan**	[tiaŋ gantuŋan]
executar (vt)	**menjalankan**	[mənʤʲalankan
	hukuman mati	hukuman mati]
execução (f)	**hukuman mati**	[hukuman mati]
prisão (f)	**penjara**	[penʤʲara]
cela (f) de prisão	**sel**	[sel]
escolta (f)	**pengawal**	[peɲawal]
guarda (m) prisional	**sipir, penjaga penjara**	[sipir], [penʤʲaga penʤʲara]
preso, prisioneiro (m)	**tahanan**	[tahanan]
algemas (f pl)	**borgol**	[borgol]
algemar (vt)	**memborgol**	[memborgol]
fuga, evasão (f)	**pelarian**	[pelarian]
fugir (vi)	**melarikan diri**	[melarikan diri]
desaparecer (vi)	**menghilang**	[məŋhilaŋ]
soltar, libertar (vt)	**membebaskan**	[membebaskan]
anistia (f)	**amnesti**	[amnesti]
polícia (instituição)	**polisi, kepolisian**	[polisi], [kepolisian]
polícia (m)	**polisi**	[polisi]
delegacia (f) de polícia	**kantor polisi**	[kantor polisi]
cassetete (m)	**pentungan karet**	[pentuŋan karet]
megafone (m)	**pengeras suara**	[peŋeras suara]
carro (m) de patrulha	**mobil patroli**	[mobil patroli]
sirene (f)	**sirene**	[sirene]
ligar a sirene	**membunyikan sirene**	[membunjikan sirene]
toque (m) da sirene	**suara sirene**	[suara sirene]
cena (f) do crime	**tempat kejadian perkara**	[tempat keʤʲadian pərkara]
testemunha (f)	**saksi**	[saksi]
liberdade (f)	**kebebasan**	[kebebasan]
cúmplice (m)	**kaki tangan**	[kaki taŋan]
escapar (vi)	**melarikan diri**	[melarikan diri]
traço (não deixar ~s)	**jejak**	[ʤʲeʤʲaʔ]

194. Polícia. Lei. Parte 2

procura (f)	**pencarian**	[penʧarian]
procurar (vt)	**mencari ...**	[mənʧari ...]

suspeita (f)	kecurigaan	[ketʃuriga'an]
suspeito (adj)	mencurigakan	[məntʃurigakan]
parar (veículo, etc.)	menghentikan	[məŋhentikan]
deter (fazer parar)	menahan	[mənahan]

caso (~ criminal)	kasus, perkara	[kasus], [pərkara]
investigação (f)	investigasi, penyidikan	[investigasi], [penjidikan]
detetive (m)	detektif	[detektif]
investigador (m)	penyidik	[penjidi']
versão (f)	hipotesis	[hipotesis]

motivo (m)	motif	[motif]
interrogatório (m)	interogasi	[interogasi]
interrogar (vt)	menginterogasi	[məninterogasi]
questionar (vt)	menanyai	[mənanjaj]
verificação (f)	pemeriksaan	[pemeriksa'an]

batida (f) policial	razia	[razia]
busca (f)	penggeledahan	[peŋgeledahan]
perseguição (f)	pengejaran, perburuan	[peŋedʒ'aran], [pərburuan]
perseguir (vt)	mengejar	[məŋedʒ'ar]
seguir, rastrear (vt)	melacak	[melatʃa']

prisão (f)	penahanan	[penahanan]
prender (vt)	menahan	[mənahan]
pegar, capturar (vt)	menangkap	[mənaŋkap]
captura (f)	penangkapan	[penaŋkapan]

documento (m)	dokumen	[dokumen]
prova (f)	bukti	[bukti]
provar (vt)	membuktikan	[membuktikan]
pegada (f)	jejak	[dʒ'edʒ'a']
impressões (f pl) digitais	sidik jari	[sidi' dʒ'ari]
prova (f)	barang bukti	[baraŋ bukti]

álibi (m)	alibi	[alibi]
inocente (adj)	tidak bersalah	[tida' bərsalah]
injustiça (f)	ketidakadilan	[ketidakadilan]
injusto (adj)	tidak adil	[tida' adil]

criminal (adj)	pidana	[pidana]
confiscar (vt)	menyita	[mənjita]
droga (f)	narkoba	[narkoba]
arma (f)	senjata	[sendʒ'ata]
desarmar (vt)	melucuti	[melutʃuti]
ordenar (vt)	memerintahkan	[memerintahkan]
desaparecer (vi)	menghilang	[məŋhilaŋ]

lei (f)	hukum	[hukum]
legal (adj)	sah	[sah]
ilegal (adj)	tidak sah	[tida' sah]

| responsabilidade (f) | tanggung jawab | [taŋguŋ dʒ'awab] |
| responsável (adj) | bertanggung jawab | [bərtaŋguŋ dʒ'awab] |

NATUREZA

A Terra. Parte 1

195. Espaço sideral

espaço, cosmo (m)	angkasa	[aŋkasa]
espacial, cósmico (adj)	angkasa	[aŋkasa]
espaço (m) cósmico	ruang angkasa	[ruaŋ aŋkasa]
mundo (m)	dunia	[dunia]
universo (m)	jagat raya	[dʒʲagat raja]
galáxia (f)	galaksi	[galaksi]
estrela (f)	bintang	[bintaŋ]
constelação (f)	gugusan bintang	[gugusan bintaŋ]
planeta (m)	planet	[planet]
satélite (m)	satelit	[satelit]
meteorito (m)	meteorit	[meteorit]
cometa (m)	komet	[komet]
asteroide (m)	asteroid	[asteroid]
órbita (f)	orbit	[orbit]
girar (vi)	berputar	[bərputar]
atmosfera (f)	atmosfer	[atmosfer]
Sol (m)	matahari	[matahari]
Sistema (m) Solar	tata surya	[tata surja]
eclipse (m) solar	gerhana matahari	[gerhana matahari]
Terra (f)	Bumi	[bumi]
Lua (f)	Bulan	[bulan]
Marte (m)	Mars	[mars]
Vênus (f)	Venus	[venus]
Júpiter (m)	Yupiter	[yupiter]
Saturno (m)	Saturnus	[saturnus]
Mercúrio (m)	Merkurius	[merkurius]
Urano (m)	Uranus	[uranus]
Netuno (m)	Neptunus	[neptunus]
Plutão (m)	Pluto	[pluto]
Via Láctea (f)	Bimasakti	[bimasakti]
Ursa Maior (f)	Ursa Major	[ursa madʒor]
Estrela Polar (f)	Bintang Utara	[bintaŋ utara]
marciano (m)	makhluk Mars	[mahlu' mars]
extraterrestre (m)	makhluk ruang angkasa	[mahlu' ruaŋ aŋkasa]

| alienígena (m) | alien, makhluk asing | [alien], [mahlu' asiŋ] |
| disco (m) voador | piring terbang | [piriŋ tərbaŋ] |

espaçonave (f)	kapal antariksa	[kapal antariksa]
estação (f) orbital	stasiun antariksa	[stasiun antariksa]
lançamento (m)	peluncuran	[peluntʃuran]

motor (m)	mesin	[mesin]
bocal (m)	nosel	[nosel]
combustível (m)	bahan bakar	[bahan bakar]

cabine (f)	kokpit	[kokpit]
antena (f)	antena	[antena]
vigia (f)	jendela	[dʒ'endela]
bateria (f) solar	sel surya	[sel surja]
traje (m) espacial	pakaian antariksa	[pakajan antariksa]

| imponderabilidade (f) | keadaan tanpa bobot | [keada'an tanpa bobot] |
| oxigênio (m) | oksigen | [oksigen] |

| acoplagem (f) | penggabungan | [peŋgabuŋan] |
| fazer uma acoplagem | bergabung | [bərgabuŋ] |

observatório (m)	observatorium	[observatorium]
telescópio (m)	teleskop	[teleskop]
observar (vt)	mengamati	[məŋamati]
explorar (vt)	mengeksplorasi	[məŋeksplorasi]

196. A Terra

Terra (f)	Bumi	[bumi]
globo terrestre (Terra)	bola Bumi	[bola bumi]
planeta (m)	planet	[planet]

atmosfera (f)	atmosfer	[atmosfer]
geografia (f)	geografi	[geografi]
natureza (f)	alam	[alam]

globo (mapa esférico)	globe	[globe]
mapa (m)	peta	[peta]
atlas (m)	atlas	[atlas]

| Europa (f) | Eropa | [eropa] |
| Ásia (f) | Asia | [asia] |

| África (f) | Afrika | [afrika] |
| Austrália (f) | Australia | [australia] |

América (f)	Amerika	[amerika]
América (f) do Norte	Amerika Utara	[amerika utara]
América (f) do Sul	Amerika Selatan	[amerika selatan]

| Antártida (f) | Antartika | [antartika] |
| Ártico (m) | Arktika | [arktika] |

197. Pontos cardeais

norte (m)	utara	[utara]
para norte	ke utara	[ke utara]
no norte	di utara	[di utara]
do norte (adj)	utara	[utara]
sul (m)	selatan	[selatan]
para sul	ke selatan	[ke selatan]
no sul	di selatan	[di selatan]
do sul (adj)	selatan	[selatan]
oeste, ocidente (m)	barat	[barat]
para oeste	ke barat	[ke barat]
no oeste	di barat	[di barat]
ocidental (adj)	barat	[barat]
leste, oriente (m)	timur	[timur]
para leste	ke timur	[ke timur]
no leste	di timur	[di timur]
oriental (adj)	timur	[timur]

198. Mar. Oceano

mar (m)	laut	[laut]
oceano (m)	samudra	[samudra]
golfo (m)	teluk	[telu']
estreito (m)	selat	[selat]
terra (f) firme	daratan	[daratan]
continente (m)	benua	[benua]
ilha (f)	pulau	[pulau]
península (f)	semenanjung, jazirah	[semenandʒ'uŋ], [dʒ'azirah]
arquipélago (m)	kepulauan	[kepulauan]
baía (f)	teluk	[telu']
porto (m)	pelabuhan	[pelabuhan]
lagoa (f)	laguna	[laguna]
cabo (m)	tanjung	[tandʒ'uŋ]
atol (m)	pulau karang	[pulau karaŋ]
recife (m)	terumbu	[terumbu]
coral (m)	karang	[karaŋ]
recife (m) de coral	terumbu karang	[terumbu karaŋ]
profundo (adj)	dalam	[dalam]
profundidade (f)	kedalaman	[kedalaman]
abismo (m)	jurang	[dʒ'uraŋ]
fossa (f) oceânica	palung	[paluŋ]
corrente (f)	arus	[arus]
banhar (vt)	berbatasan dengan	[berbatasan deŋan]

| litoral (m) | pantai | [pantaj] |
| costa (f) | pantai | [pantaj] |

maré (f) alta	air pasang	[air pasaŋ]
refluxo (m)	air surut	[air surut]
restinga (f)	beting	[betiŋ]
fundo (m)	dasar	[dasar]

onda (f)	gelombang	[gelombaŋ]
crista (f) da onda	puncak gelombang	[puntʃaʼ gelombaŋ]
espuma (f)	busa, buih	[busa], [buih]

tempestade (f)	badai	[badaj]
furacão (m)	topan	[topan]
tsunami (m)	tsunami	[tsunami]
calmaria (f)	angin tenang	[aŋin tenaŋ]
calmo (adj)	tenang	[tenaŋ]

| polo (m) | kutub | [kutub] |
| polar (adj) | kutub | [kutub] |

latitude (f)	lintang	[lintaŋ]
longitude (f)	garis bujur	[garis budʒʲur]
paralela (f)	sejajar	[sedʒʲadʒʲar]
equador (m)	khatulistiwa	[hatulistiwa]

céu (m)	langit	[laŋit]
horizonte (m)	horizon	[horizon]
ar (m)	udara	[udara]

farol (m)	mercusuar	[mertʃusuar]
mergulhar (vi)	menyelam	[mənjelam]
afundar-se (vr)	karam	[karam]
tesouros (m pl)	harta karun	[harta karun]

199. Nomes de Mares e Oceanos

Oceano (m) Atlântico	Samudra Atlantik	[samudra atlantiʼ]
Oceano (m) Índico	Samudra Hindia	[samudra hindia]
Oceano (m) Pacífico	Samudra Pasifik	[samudra pasifiʼ]
Oceano (m) Ártico	Samudra Arktik	[samudra arktiʼ]

Mar (m) Negro	Laut Hitam	[laut hitam]
Mar (m) Vermelho	Laut Merah	[laut merah]
Mar (m) Amarelo	Laut Kuning	[laut kuniŋ]
Mar (m) Branco	Laut Putih	[laut putih]

Mar (m) Cáspio	Laut Kaspia	[laut kaspia]
Mar (m) Morto	Laut Mati	[laut mati]
Mar (m) Mediterrâneo	Laut Tengah	[laut teŋah]

Mar (m) Egeu	Laut Aegean	[laut aegean]
Mar (m) Adriático	Laut Adriatik	[laut adriatiʼ]
Mar (m) Arábico	Laut Arab	[laut arab]

Mar (m) do Japão	Laut Jepang	[laut dʒʲepaŋ]
Mar (m) de Bering	Laut Bering	[laut beriŋ]
Mar (m) da China Meridional	Laut Cina Selatan	[laut tʃina selatan]

Mar (m) de Coral	Laut Karang	[laut karaŋ]
Mar (m) de Tasman	Laut Tasmania	[laut tasmania]
Mar (m) do Caribe	Laut Karibia	[laut karibia]

| Mar (m) de Barents | Laut Barents | [laut barents] |
| Mar (m) de Kara | Laut Kara | [laut kara] |

Mar (m) do Norte	Laut Utara	[laut utara]
Mar (m) Báltico	Laut Baltik	[laut baltiˀ]
Mar (m) da Noruega	Laut Norwegia	[laut norwegia]

200. Montanhas

montanha (f)	gunung	[gunuŋ]
cordilheira (f)	jajaran gunung	[dʒʲadʒʲaran gunuŋ]
serra (f)	sisir gunung	[sisir gunuŋ]

cume (m)	puncak	[puntʃaˀ]
pico (m)	puncak	[puntʃaˀ]
pé (m)	kaki	[kaki]
declive (m)	lereng	[lereŋ]

vulcão (m)	gunung api	[gunuŋ api]
vulcão (m) ativo	gunung api yang aktif	[gunuŋ api yaŋ aktif]
vulcão (m) extinto	gunung api yang tidak aktif	[gunuŋ api yaŋ tidaˀ aktif]

erupção (f)	erupsi, letusan	[erupsi], [letusan]
cratera (f)	kawah	[kawah]
magma (m)	magma	[magma]
lava (f)	lava, lahar	[lava], [lahar]
fundido (lava ~a)	pijar	[pidʒʲar]

cânion, desfiladeiro (m)	kanyon	[kanjon]
garganta (f)	jurang	[dʒʲuraŋ]
fenda (f)	celah	[tʃelah]
precipício (m)	jurang	[dʒʲuraŋ]

passo, colo (m)	pass, celah	[pass], [tʃelah]
planalto (m)	plato, dataran tinggi	[plato], [dataran tiŋgi]
falésia (f)	tebing	[tebiŋ]
colina (f)	bukit	[bukit]

geleira (f)	gletser	[gletser]
cachoeira (f)	air terjun	[air tərdʒʲun]
gêiser (m)	geiser	[geyser]
lago (m)	danau	[danau]

planície (f)	dataran	[dataran]
paisagem (f)	landskap	[landskap]
eco (m)	gema	[gema]

alpinista (m)	pendaki gunung	[pendaki gunuŋ]
escalador (m)	pemanjat tebing	[pemandʒˈat tebiŋ]
conquistar (vt)	menaklukkan	[mənaklu'kan]
subida, escalada (f)	pendakian	[pendakian]

201. Nomes de montanhas

Alpes (m pl)	Alpen	[alpen]
Monte Branco (m)	Mont Blanc	[mon blan]
Pirineus (m pl)	Pirenia	[pirenia]

Cárpatos (m pl)	Pegunungan Karpatia	[pegununan karpatia]
Urais (m pl)	Pegunungan Ural	[pegununan ural]
Cáucaso (m)	Kaukasus	[kaukasus]
Elbrus (m)	Elbrus	[elbrus]

Altai (m)	Altai	[altaj]
Tian Shan (m)	Tien Shan	[tjen ʃan]
Pamir (m)	Pegunungan Pamir	[pegununan pamir]
Himalaia (m)	Himalaya	[himalaja]
monte Everest (m)	Everest	[everest]

| Cordilheira (f) dos Andes | Andes | [andes] |
| Kilimanjaro (m) | Kilimanjaro | [kilimandʒˈaro] |

202. Rios

rio (m)	sungai	[suŋaj]
fonte, nascente (f)	mata air	[mata air]
leito (m) de rio	badan sungai	[badan suŋaj]
bacia (f)	basin	[basin]
desaguar no ...	mengalir ke ...	[məŋalir ke ...]

| afluente (m) | anak sungai | [ana' suŋaj] |
| margem (do rio) | tebing sungai | [tebiŋ suŋaj] |

corrente (f)	arus	[arus]
rio abaixo	ke hilir	[ke hilir]
rio acima	ke hulu	[ke hulu]

inundação (f)	banjir	[bandʒir]
cheia (f)	banjir	[bandʒir]
transbordar (vi)	membanjiri	[membandʒiri]
inundar (vt)	membanjiri	[membandʒiri]

| banco (m) de areia | beting | [betiŋ] |
| corredeira (f) | jeram | [dʒˈeram] |

barragem (f)	dam, bendungan	[dam], [benduŋan]
canal (m)	kanal, terusan	[kanal], [tərusan]
reservatório (m) de água	waduk	[wadu']
eclusa (f)	pintu air	[pintu air]

corpo (m) de água	kolam	[kolam]
pântano (m)	rawa	[rawa]
lamaçal (m)	bencah, paya	[bentʃah], [paja]
redemoinho (m)	pusaran air	[pusaran air]

riacho (m)	selokan	[selokan]
potável (adj)	minum	[minum]
doce (água)	tawar	[tawar]

gelo (m)	es	[es]
congelar-se (vr)	membeku	[membeku]

203. Nomes de rios

rio Sena (m)	Seine	[seine]
rio Loire (m)	Loire	[loire]

rio Tâmisa (m)	Thames	[tems]
rio Reno (m)	Rein	[reyn]
rio Danúbio (m)	Donau	[donau]

rio Volga (m)	Volga	[volga]
rio Don (m)	Don	[don]
rio Lena (m)	Lena	[lena]

rio Amarelo (m)	Suang Kuning	[suaŋ kuniŋ]
rio Yangtzé (m)	Yangtze	[yaŋtze]
rio Mekong (m)	Mekong	[mekoŋ]
rio Ganges (m)	Gangga	[gaŋga]

rio Nilo (m)	Sungai Nil	[suŋaj nil]
rio Congo (m)	Kongo	[koŋo]
rio Cubango (m)	Okavango	[okavaŋo]
rio Zambeze (m)	Zambezi	[zambezi]
rio Limpopo (m)	Limpopo	[limpopo]
rio Mississippi (m)	Mississippi	[misisipi]

204. Floresta

floresta (f), bosque (m)	hutan	[hutan]
florestal (adj)	hutan	[hutan]

mata (f) fechada	hutan lebat	[hutan lebat]
arvoredo (m)	hutan kecil	[hutan ketʃil]
clareira (f)	pembukaan hutan	[pembuka²an hutan]

matagal (m)	semak belukar	[sema² belukar]
mato (m), caatinga (f)	belukar	[belukar]

pequena trilha (f)	jalan setapak	[dʒ¡alan setapa²]
ravina (f)	parit	[parit]
árvore (f)	pohon	[pohon]

folha (f)	daun	[daun]
folhagem (f)	daun-daunan	[daun-daunan]
queda (f) das folhas	daun berguguran	[daun berguguran]
cair (vi)	luruh	[luruh]
topo (m)	puncak	[puntʃaʔ]
ramo (m)	cabang	[tʃabaŋ]
galho (m)	dahan	[dahan]
botão (m)	tunas	[tunas]
agulha (f)	daun jarum	[daun dʒˈarum]
pinha (f)	buah pinus	[buah pinus]
buraco (m) de árvore	lubang pohon	[lubaŋ pohon]
ninho (m)	sarang	[saraŋ]
toca (f)	lubang	[lubaŋ]
tronco (m)	batang	[bataŋ]
raiz (f)	akar	[akar]
casca (f) de árvore	kulit	[kulit]
musgo (m)	lumut	[lumut]
arrancar pela raiz	mencabut	[mentʃabut]
cortar (vt)	menebang	[menebaŋ]
desflorestar (vt)	deforestasi, penggundulan hutan	[deforestasi], [peŋgundulan hutan]
toco, cepo (m)	tunggul	[tuŋgul]
fogueira (f)	api unggun	[api uŋgun]
incêndio (m) florestal	kebakaran hutan	[kebakaran hutan]
apagar (vt)	memadamkan	[memadamkan]
guarda-parque (m)	penjaga hutan	[pendʒaga hutan]
proteção (f)	perlindungan	[perlinduŋan]
proteger (a natureza)	melindungi	[melinduŋi]
caçador (m) furtivo	pemburu ilegal	[pemburu ilegal]
armadilha (f)	perangkap	[peraŋkap]
colher (cogumelos, bagas)	memetik	[memetiʔ]
perder-se (vr)	tersesat	[tersesat]

205. Recursos naturais

recursos (m pl) naturais	sumber daya alam	[sumber daja alam]
minerais (m pl)	bahan tambang	[bahan tambaŋ]
depósitos (m pl)	endapan	[endapan]
jazida (f)	ladang	[ladaŋ]
extrair (vt)	menambang	[menambaŋ]
extração (f)	pertambangan	[pertambaŋan]
minério (m)	bijih	[bidʒih]
mina (f)	tambang	[tambaŋ]
poço (m) de mina	sumur tambang	[sumur tambaŋ]
mineiro (m)	penambang	[penambaŋ]

gás (m)	gas	[gas]
gasoduto (m)	pipa saluran gas	[pipa saluran gas]

petróleo (m)	petroleum, minyak	[petroleum], [minja']
oleoduto (m)	pipa saluran minyak	[pipa saluran minja']
poço (m) de petróleo	sumur minyak	[sumur minja']
torre (f) petrolífera	menara bor minyak	[mənara bor minja']
petroleiro (m)	kapal tangki	[kapal taŋki]

areia (f)	pasir	[pasir]
calcário (m)	batu kapur	[batu kapur]
cascalho (m)	kerikil	[kerikil]
turfa (f)	gambut	[gambut]
argila (f)	tanah liat	[tanah liat]
carvão (m)	arang	[araŋ]

ferro (m)	besi	[besi]
ouro (m)	emas	[emas]
prata (f)	perak	[pera']
níquel (m)	nikel	[nikel]
cobre (m)	tembaga	[tembaga]

zinco (m)	seng	[seŋ]
manganês (m)	mangan	[maŋan]
mercúrio (m)	air raksa	[air raksa]
chumbo (m)	timbal	[timbal]

mineral (m)	mineral	[mineral]
cristal (m)	kristal, hablur	[kristal], [hablur]
mármore (m)	marmer	[marmer]
urânio (m)	uranium	[uranium]

A Terra. Parte 2

206. Tempo

tempo (m)	cuaca	[ʧuaʧa]
previsão (f) do tempo	prakiraan cuaca	[prakira'an ʧuaʧa]
temperatura (f)	temperatur, suhu	[temperatur], [suhu]
termômetro (m)	termometer	[tərmometər]
barômetro (m)	barometer	[barometer]
úmido (adj)	lembap	[lembap]
umidade (f)	kelembapan	[kelembapan]
calor (m)	panas, gerah	[panas], [gerah]
tórrido (adj)	panas terik	[panas təri']
está muito calor	panas	[panas]
está calor	hangat	[haŋat]
quente (morno)	hangat	[haŋat]
está frio	dingin	[diŋin]
frio (adj)	dingin	[diŋin]
sol (m)	matahari	[matahari]
brilhar (vi)	bersinar	[bərsinar]
de sol, ensolarado	cerah	[ʧerah]
nascer (vi)	terbit	[terbit]
pôr-se (vr)	terbenam	[tərbenam]
nuvem (f)	awan	[awan]
nublado (adj)	berawan	[bərawan]
nuvem (f) preta	awan mendung	[awan menduŋ]
escuro, cinzento (adj)	mendung	[menduŋ]
chuva (f)	hujan	[huʤian]
está a chover	hujan turun	[huʤian turun]
chuvoso (adj)	hujan	[huʤian]
chuviscar (vi)	gerimis	[gerimis]
chuva (f) torrencial	hujan lebat	[huʤian lebat]
aguaceiro (m)	hujan lebat	[huʤian lebat]
forte (chuva, etc.)	lebat	[lebat]
poça (f)	kubangan	[kubaŋan]
molhar-se (vr)	kehujanan	[kehuʤianan]
nevoeiro (m)	kabut	[kabut]
de nevoeiro	berkabut	[bərkabut]
neve (f)	salju	[salʤiu]
está nevando	turun salju	[turun salʤiu]

207. Tempo extremo. Catástrofes naturais

trovoada (f)	hujan badai	[hudʒian badaj]
relâmpago (m)	kilat	[kilat]
relampejar (vi)	berkilau	[bərkilau]
trovão (m)	petir	[petir]
trovejar (vi)	bergemuruh	[bərgemuruh]
está trovejando	bergemuruh	[bərgemuruh]
granizo (m)	hujan es	[hudʒian es]
está caindo granizo	hujan es	[hudʒian es]
inundar (vt)	membanjiri	[membandʒiri]
inundação (f)	banjir	[bandʒir]
terremoto (m)	gempa bumi	[gempa bumi]
abalo, tremor (m)	gempa	[gempa]
epicentro (m)	episentrum	[episentrum]
erupção (f)	erupsi, letusan	[erupsi], [letusan]
lava (f)	lava, lahar	[lava], [lahar]
tornado (m)	puting beliung	[putiŋ beliuŋ]
tornado (m)	tornado	[tornado]
tufão (m)	topan	[topan]
furacão (m)	topan	[topan]
tempestade (f)	badai	[badaj]
tsunami (m)	tsunami	[tsunami]
ciclone (m)	siklon	[siklon]
mau tempo (m)	cuaca buruk	[tʃuatʃa buruʔ]
incêndio (m)	kebakaran	[kebakaran]
catástrofe (f)	bencana	[bentʃana]
meteorito (m)	meteorit	[meteorit]
avalanche (f)	longsor	[loŋsor]
deslizamento (m) de neve	salju longsor	[saldʒiu loŋsor]
nevasca (f)	badai salju	[badaj saldʒiu]
tempestade (f) de neve	badai salju	[badaj saldʒiu]

208. Ruídos. Sons

silêncio (m)	kesunyian	[kesunjian]
som (m)	bunyi	[bunji]
ruído, barulho (m)	bising	[bisiŋ]
fazer barulho	membuat bising	[membuat bisiŋ]
ruidoso, barulhento (adj)	bising	[bisiŋ]
alto	keras	[keras]
alto (ex. voz ~a)	lantang	[lantaŋ]
constante (ruído, etc.)	terus menerus	[terus menerus]

grito (m)	teriakan	[təriakan]
gritar (vi)	berteriak	[bərteria']
sussurro (m)	bisikan	[bisikan]
sussurrar (vi, vt)	berbisik	[bərbisi']

| latido (m) | salak | [sala'] |
| latir (vi) | menyalak | [mənjala'] |

gemido (m)	rintihan	[rintihan]
gemer (vi)	merintih	[merintih]
tosse (f)	batuk	[batu']
tossir (vi)	batuk	[batu']

assobio (m)	siulan	[siulan]
assobiar (vi)	bersiul	[bərsiul]
batida (f)	ketukan	[ketukan]
bater (à porta)	mengetuk	[məŋetu']

| estalar (vi) | retak | [reta'] |
| estalido (m) | gemeretak | [gemereta'] |

sirene (f)	sirene	[sirene]
apito (m)	peluit	[peluit]
apitar (vi)	membunyikan peluit	[membunjikan peluit]
buzina (f)	klakson	[klakson]
buzinar (vi)	membunyikan klakson	[membunjikan klakson]

209. Inverno

inverno (m)	musim dingin	[musim diŋin]
de inverno	musim dingin	[musim diŋin]
no inverno	pada musim dingin	[pada musim diŋin]

neve (f)	salju	[saldʒʲu]
está nevando	turun salju	[turun saldʒʲu]
queda (f) de neve	hujan salju	[hudʒʲan saldʒʲu]
amontoado (m) de neve	timbunan salju	[timbunan saldʒʲu]

floco (m) de neve	kepingan salju	[kepiŋan saldʒʲu]
bola (f) de neve	bola salju	[bola saldʒʲu]
boneco (m) de neve	patung salju	[patuŋ saldʒʲu]
sincelo (m)	tetes air beku	[tetes air beku]

dezembro (m)	Desember	[desember]
janeiro (m)	Januari	[dʒʲanuari]
fevereiro (m)	Februari	[februari]

| gelo (m) | dingin | [diŋin] |
| gelado (tempo ~) | dingin | [diŋin] |

abaixo de zero	di bawah nol	[di bawah nol]
primeira geada (f)	es pertama	[es pərtama]
geada (f) branca	embun beku	[embun beku]
frio (m)	cuaca dingin	[ʧuaʧa diŋin]

está frio	**dingin**	[diŋin]
casaco (m) de pele	**mantel bulu**	[mantel bulu]
mitenes (f pl)	**sarung tangan**	[saruŋ taŋan]
adoecer (vi)	**sakit, jatuh sakit**	[sakit], [ʤʲatuh sakit]
resfriado (m)	**pilek, selesma**	[pilek], [selesma]
ficar resfriado	**masuk angin**	[masuˀ aŋin]
gelo (m)	**es**	[es]
gelo (m) na estrada	**es hitam**	[es hitam]
congelar-se (vr)	**membeku**	[membeku]
bloco (m) de gelo	**gumpalan es terapung**	[gumpalan es tərapuŋ]
esqui (m)	**ski**	[ski]
esquiador (m)	**pemain ski**	[pemajn ski]
esquiar (vi)	**bermain ski**	[bərmajn ski]
patinar (vi)	**berseluncur**	[bərseluntʃur]

Fauna

210. Mamíferos. Predadores

predador (m)	predator, pemangsa	[predator], [pemaŋsa]
tigre (m)	harimau	[harimau]
leão (m)	singa	[siŋa]
lobo (m)	serigala	[serigala]
raposa (f)	rubah	[rubah]
jaguar (m)	jaguar	[dʒʲaguar]
leopardo (m)	leopard, macan tutul	[leopard], [matʃan tutul]
chita (f)	cheetah	[tʃeetah]
pantera (f)	harimau kumbang	[harimau kumbaŋ]
puma (m)	singa gunung	[siŋa gunuŋ]
leopardo-das-neves (m)	harimau bintang salju	[harimau bintaŋ saldʒʲu]
lince (m)	lynx	[links]
coiote (m)	koyote	[koyot]
chacal (m)	jakal	[dʒʲakal]
hiena (f)	hiena	[hiena]

211. Animais selvagens

animal (m)	binatang	[binataŋ]
besta (f)	binatang buas	[binataŋ buas]
esquilo (m)	bajing	[badʒiŋ]
ouriço (m)	landak susu	[landa' susu]
lebre (f)	terwelu	[tərwelu]
coelho (m)	kelinci	[kelintʃi]
texugo (m)	luak	[lua']
guaxinim (m)	rakun	[rakun]
hamster (m)	hamster	[hamster]
marmota (f)	marmut	[marmut]
toupeira (f)	tikus mondok	[tikus mondo']
rato (m)	tikus	[tikus]
ratazana (f)	tikus besar	[tikus besar]
morcego (m)	kelelawar	[kelelawar]
arminho (m)	ermin	[ermin]
zibelina (f)	sabel	[sabel]
marta (f)	marten	[marten]
doninha (f)	musang	[musaŋ]
visom (m)	cerpelai	[tʃerpelaj]

castor (m)	beaver	[beaver]
lontra (f)	berang-berang	[bəraŋ-bəraŋ]
cavalo (m)	kuda	[kuda]
alce (m)	rusa besar	[rusa besar]
veado (m)	rusa	[rusa]
camelo (m)	unta	[unta]
bisão (m)	bison	[bison]
auroque (m)	aurochs	[oroks]
búfalo (m)	kerbau	[kerbau]
zebra (f)	kuda belang	[kuda belaŋ]
antílope (m)	antelop	[antelop]
corça (f)	kijang	[kidʒˈaŋ]
gamo (m)	rusa	[rusa]
camurça (f)	chamois	[ʃemva]
javali (m)	babi hutan jantan	[babi hutan dʒˈantan]
baleia (f)	ikan paus	[ikan paus]
foca (f)	anjing laut	[andʒiŋ laut]
morsa (f)	walrus	[walrus]
urso-marinho (m)	anjing laut berbulu	[andʒiŋ laut bərbulu]
golfinho (m)	lumba-lumba	[lumba-lumba]
urso (m)	beruang	[bəruaŋ]
urso (m) polar	beruang kutub	[bəruaŋ kutub]
panda (m)	panda	[panda]
macaco (m)	monyet	[monjet]
chimpanzé (m)	simpanse	[simpanse]
orangotango (m)	orang utan	[oraŋ utan]
gorila (m)	gorila	[gorila]
macaco (m)	kera	[kera]
gibão (m)	siamang, ungka	[siamaŋ], [uŋka]
elefante (m)	gajah	[gadʒˈah]
rinoceronte (m)	badak	[badaʔ]
girafa (f)	jerapah	[dʒˈerapah]
hipopótamo (m)	kuda nil	[kuda nil]
canguru (m)	kanguru	[kaŋuru]
coala (m)	koala	[koala]
mangusto (m)	garangan	[garaŋan]
chinchila (f)	chinchilla	[tʃintʃilla]
cangambá (f)	sigung	[siguŋ]
porco-espinho (m)	landak	[landaʔ]

212. Animais domésticos

gata (f)	kucing betina	[kutʃiŋ betina]
gato (m) macho	kucing jantan	[kutʃiŋ dʒˈantan]
cão (m)	anjing	[andʒiŋ]

cavalo (m)	kuda	[kuda]
garanhão (m)	kuda jantan	[kuda ʤ!antan]
égua (f)	kuda betina	[kuda betina]

vaca (f)	sapi	[sapi]
touro (m)	sapi jantan	[sapi ʤ!antan]
boi (m)	lembu jantan	[lembu ʤ!antan]

ovelha (f)	domba	[domba]
carneiro (m)	domba jantan	[domba ʤ!antan]
cabra (f)	kambing betina	[kambiŋ betina]
bode (m)	kambing jantan	[kambiŋ ʤ!antan]

burro (m)	keledai	[keledaj]
mula (f)	bagal	[bagal]

porco (m)	babi	[babi]
leitão (m)	anak babi	[ana' babi]
coelho (m)	kelinci	[kelintʃi]

galinha (f)	ayam betina	[ajam betina]
galo (m)	ayam jago	[ajam ʤ!ago]

pata (f), pato (m)	bebek	[bebe']
pato (m)	bebek jantan	[bebe' ʤ!antan]
ganso (m)	angsa	[aŋsa]

peru (m)	kalkun jantan	[kalkun ʤ!antan]
perua (f)	kalkun betina	[kalkun betina]

animais (m pl) domésticos	binatang piaraan	[binataŋ piara'an]
domesticado (adj)	jinak	[ʤina']
domesticar (vt)	menjinakkan	[menʤina'kan]
criar (vt)	membiakkan	[membia'kan]

fazenda (f)	peternakan	[peternakan]
aves (f pl) domésticas	unggas	[uŋgas]
gado (m)	ternak	[terna']
rebanho (m), manada (f)	kawanan	[kawanan]

estábulo (m)	kandang kuda	[kandaŋ kuda]
chiqueiro (m)	kandang babi	[kandaŋ babi]
estábulo (m)	kandang sapi	[kandaŋ sapi]
coelheira (f)	sangkar kelinci	[saŋkar kelintʃi]
galinheiro (m)	kandang ayam	[kandaŋ ajam]

213. Cães. Raças de cães

cão (m)	anjing	[anʤiŋ]
cão pastor (m)	anjing gembala	[anʤiŋ gembala]
pastor-alemão (m)	anjing gembala jerman	[anʤiŋ gembala ʤ!erman]
poodle (m)	pudel	[pudel]
linguicinha (m)	anjing tekel	[anʤiŋ tekel]
buldogue (m)	buldog	[buldog]

boxer (m)	boxer	[bokser]
mastim (m)	Mastiff	[mastiff]
rottweiler (m)	Rottweiler	[rotweyler]
dóberman (m)	Doberman	[doberman]

basset (m)	Basset	[basset]
pastor inglês (m)	bobtail	[bobteyl]
dálmata (m)	Dalmatian	[dalmatian]
cocker spaniel (m)	Cocker Spaniel	[koker spaniel]

| terra-nova (m) | Newfoundland | [njufaundland] |
| são-bernardo (m) | Saint Bernard | [sen bərnar] |

husky (m) siberiano	Husky	[haski]
Chow-chow (m)	Chow Chow	[tʃau tʃau]
spitz alemão (m)	Spitz	[spits]
pug (m)	Pug	[pag]

214. Sons produzidos pelos animais

latido (m)	salak	[salaʔ]
latir (vi)	menyalak	[mənjalaʔ]
miar (vi)	mengeong	[məŋeoŋ]
ronronar (vi)	mendengkur	[məndeŋkur]

mugir (vaca)	melenguh	[meleŋuh]
bramir (touro)	menguak	[məŋuaʔ]
rosnar (vi)	menggeram	[məŋgeram]

uivo (m)	auman	[auman]
uivar (vi)	mengaum	[məŋaum]
ganir (vi)	merengek	[mereŋeʔ]

balir (vi)	mengembik	[məŋembiʔ]
grunhir (vi)	menguik	[məŋuiʔ]
guinchar (vi)	memekik	[memekiʔ]

coaxar (sapo)	berdengkang	[bərdeŋkaŋ]
zumbir (inseto)	mendengung	[məndeŋuŋ]
ziziar (vi)	mencicit	[məntʃitʃit]

215. Animais jovens

cria (f), filhote (m)	anak	[anaʔ]
gatinho (m)	anak kucing	[anaʔ kutʃiŋ]
ratinho (m)	anak tikus	[anaʔ tikus]
cachorro (m)	anak anjing	[anaʔ andʒiŋ]

filhote (m) de lebre	anak terwelu	[anaʔ tərwelu]
coelhinho (m)	anak kelinci	[anaʔ kelintʃi]
lobinho (m)	anak serigala	[anaʔ serigala]
filhote (m) de raposa	anak rubah	[anaʔ rubah]

filhote (m) de urso	anak beruang	[ana' bəruaŋ]
filhote (m) de leão	anak singa	[ana' siŋa]
filhote (m) de tigre	anak harimau	[ana' harimau]
filhote (m) de elefante	anak gajah	[ana' gadʒ'ah]

leitão (m)	anak babi	[ana' babi]
bezerro (m)	anak sapi	[ana' sapi]
cabrito (m)	anak kambing	[ana' kambiŋ]
cordeiro (m)	anak domba	[ana' domba]
filhote (m) de veado	anak rusa	[ana' rusa]
cria (f) de camelo	anak unta	[ana' unta]

| filhote (m) de serpente | anak ular | [ana' ular] |
| filhote (m) de rã | anak katak | [ana' kata'] |

cria (f) de ave	anak burung	[ana' buruŋ]
pinto (m)	anak ayam	[ana' ajam]
patinho (m)	anak bebek	[ana' bebe']

216. Pássaros

pássaro (m), ave (f)	burung	[buruŋ]
pombo (m)	burung dara	[buruŋ dara]
pardal (m)	burung gereja	[buruŋ geredʒ'a]
chapim-real (m)	burung tit	[buruŋ tit]
pega-rabuda (f)	burung murai	[buruŋ muraj]

corvo (m)	burung raven	[buruŋ raven]
gralha-cinzenta (f)	burung gagak	[buruŋ gaga']
gralha-de-nuca-cinzenta (f)	burung gagak kecil	[buruŋ gaga' ketʃil]
gralha-calva (f)	burung rook	[buruŋ roo']

pato (m)	bebek	[bebe']
ganso (m)	angsa	[aŋsa]
faisão (m)	burung kuau	[buruŋ kuau]

águia (f)	rajawali	[radʒ'awali]
açor (m)	elang	[elaŋ]
falcão (m)	alap-alap	[alap-alap]
abutre (m)	hering	[heriŋ]
condor (m)	kondor	[kondor]

cisne (m)	angsa	[aŋsa]
grou (m)	burung jenjang	[buruŋ dʒ'endʒ'aŋ]
cegonha (f)	bangau	[baŋau]

papagaio (m)	burung nuri	[buruŋ nuri]
beija-flor (m)	burung kolibri	[buruŋ kolibri]
pavão (m)	burung merak	[buruŋ mera']

avestruz (m)	burung unta	[buruŋ unta]
garça (f)	kuntul	[kuntul]
flamingo (m)	burung flamingo	[buruŋ flamiŋo]
pelicano (m)	pelikan	[pelikan]

rouxinol (m)	burung bulbul	[buruŋ bulbul]
andorinha (f)	burung walet	[buruŋ walet]
tordo-zornal (m)	burung jalak	[buruŋ dʒ¡alaʔ]
tordo-músico (m)	burung jalak suren	[buruŋ dʒ¡ala' suren]
melro-preto (m)	burung jalak hitam	[buruŋ dʒ¡ala' hitam]
andorinhão (m)	burung apus-apus	[buruŋ apus-apus]
cotovia (f)	burung lark	[buruŋ lar']
codorna (f)	burung puyuh	[buruŋ puyuh]
pica-pau (m)	burung pelatuk	[buruŋ pelatu']
cuco (m)	burung kukuk	[buruŋ kuku']
coruja (f)	burung hantu	[buruŋ hantu]
bufo-real (m)	burung hantu bertanduk	[buruŋ hantu bərtandu']
tetraz-grande (m)	burung murai kayu	[buruŋ muraj kaju]
tetraz-lira (m)	burung belibis hitam	[buruŋ belibis hitam]
perdiz-cinzenta (f)	ayam hutan	[ajam hutan]
estorninho (m)	burung starling	[buruŋ starliŋ]
canário (m)	burung kenari	[buruŋ kenari]
galinha-do-mato (f)	ayam hutan hazel	[ajam hutan hazel]
tentilhão (m)	burung chaffinch	[buruŋ tʃaffintʃ]
dom-fafe (m)	burung bullfinch	[buruŋ bullfintʃ]
gaivota (f)	burung camar	[buruŋ tʃamar]
albatroz (m)	albatros	[albatros]
pinguim (m)	penguin	[peŋuin]

217. Pássaros. Canto e sons

cantar (vi)	menyanyi	[mənjanji]
gritar, chamar (vi)	berteriak	[bərteria']
cantar (o galo)	berkokok	[bərkoko']
cocorocó (m)	kukuruyuk	[kukuruyu']
cacarejar (vi)	berkotek	[bərkote']
crocitar (vi)	berkaok-kaok	[berkao'-kao']
grasnar (vi)	meleter	[meleter]
piar (vi)	berdecit	[bərdetʃit]
chilrear, gorjear (vi)	berkicau	[bərkitʃau]

218. Peixes. Animais marinhos

brema (f)	ikan bream	[ikan bream]
carpa (f)	ikan karper	[ikan karper]
perca (f)	ikan tilapia	[ikan tilapia]
siluro (m)	lais junggang	[lajs dʒ¡uŋgaŋ]
lúcio (m)	ikan pike	[ikan paik]
salmão (m)	salmon	[salmon]
esturjão (m)	ikan sturgeon	[ikan sturdʒ¡en]

arenque (m)	ikan haring	[ikan hariŋ]
salmão (m) do Atlântico	ikan salem	[ikan salem]
cavala, sarda (f)	ikan kembung	[ikan kembuŋ]
solha (f), linguado (m)	ikan sebelah	[ikan sebelah]
lúcio perca (m)	ikan seligi tenggeran	[ikan seligi teŋgeran]
bacalhau (m)	ikan kod	[ikan kod]
atum (m)	tuna	[tuna]
truta (f)	ikan forel	[ikan forel]
enguia (f)	belut	[belut]
raia (f) elétrica	ikan pari listrik	[ikan pari listri']
moreia (f)	belut moray	[belut morey]
piranha (f)	ikan piranha	[ikan piranha]
tubarão (m)	ikan hiu	[ikan hiu]
golfinho (m)	lumba-lumba	[lumba-lumba]
baleia (f)	ikan paus	[ikan paus]
caranguejo (m)	kepiting	[kepitiŋ]
água-viva (f)	ubur-ubur	[ubur-ubur]
polvo (m)	gurita	[gurita]
estrela-do-mar (f)	bintang laut	[bintaŋ laut]
ouriço-do-mar (m)	landak laut	[landa' laut]
cavalo-marinho (m)	kuda laut	[kuda laut]
ostra (f)	tiram	[tiram]
camarão (m)	udang	[udaŋ]
lagosta (f)	udang karang	[udaŋ karaŋ]
lagosta (f)	lobster berduri	[lobster bərduri]

219. Anfíbios. Répteis

cobra (f)	ular	[ular]
venenoso (adj)	berbisa	[bərbisa]
víbora (f)	ular viper	[ular viper]
naja (f)	kobra	[kobra]
píton (m)	ular sanca	[ular santʃa]
jiboia (f)	ular boa	[ular boa]
cobra-de-água (f)	ular tanah	[ular tanah]
cascavel (f)	ular derik	[ular deri']
anaconda (f)	ular anakonda	[ular anakonda]
lagarto (m)	kadal	[kadal]
iguana (f)	iguana	[iguana]
varano (m)	biawak	[biawa']
salamandra (f)	salamander	[salamander]
camaleão (m)	bunglon	[buŋlon]
escorpião (m)	kalajengking	[kaladʒ'eŋkiŋ]
tartaruga (f)	kura-kura	[kura-kura]
rã (f)	katak	[kata']

sapo (m)	**kodok**	[kodoʔ]
crocodilo (m)	**buaya**	[buaja]

220. Insetos

inseto (m)	**serangga**	[seraŋga]
borboleta (f)	**kupu-kupu**	[kupu-kupu]
formiga (f)	**semut**	[semut]
mosca (f)	**lalat**	[lalat]
mosquito (m)	**nyamuk**	[njamuʔ]
escaravelho (m)	**kumbang**	[kumbaŋ]
vespa (f)	**tawon**	[tawon]
abelha (f)	**lebah**	[lebah]
mamangaba (f)	**kumbang**	[kumbaŋ]
moscardo (m)	**lalat kerbau**	[lalat kerbau]
aranha (f)	**laba-laba**	[laba-laba]
teia (f) de aranha	**sarang laba-laba**	[saraŋ laba-laba]
libélula (f)	**capung**	[ʧapuŋ]
gafanhoto (m)	**belalang**	[belalaŋ]
traça (f)	**ngengat**	[ŋeŋat]
barata (f)	**kecoa**	[keʧoa]
carrapato (m)	**kutu**	[kutu]
pulga (f)	**kutu loncat**	[kutu lonʧat]
borrachudo (m)	**agas**	[agas]
gafanhoto (m)	**belalang**	[belalaŋ]
caracol (m)	**siput**	[siput]
grilo (m)	**jangkrik**	[ʤ'aŋkriʔ]
pirilampo, vaga-lume (m)	**kunang-kunang**	[kunaŋ-kunaŋ]
joaninha (f)	**kumbang koksi**	[kumbaŋ koksi]
besouro (m)	**kumbang Cockchafer**	[kumbaŋ kokʃafer]
sanguessuga (f)	**lintah**	[lintah]
lagarta (f)	**ulat**	[ulat]
minhoca (f)	**cacing**	[ʧaʧiŋ]
larva (f)	**larva**	[larva]

221. Animais. Partes do corpo

bico (m)	**paruh**	[paruh]
asas (f pl)	**sayap**	[sajap]
pata (f)	**kaki**	[kaki]
plumagem (f)	**bulu-bulu**	[bulu-bulu]
pena, pluma (f)	**bulu**	[bulu]
crista (f)	**jambul**	[ʤ'ambul]
brânquias, guelras (f pl)	**insang**	[insaŋ]
ovas (f pl)	**telur ikan**	[telur ikan]

larva (f)	larva	[larva]
barbatana (f)	sirip	[sirip]
escama (f)	sisik	[sisi']

presa (f)	taring	[tariŋ]
pata (f)	kaki	[kaki]
focinho (m)	moncong	[montʃoŋ]
boca (f)	mulut	[mulut]
cauda (f), rabo (m)	ekor	[ekor]
bigodes (m pl)	kumis	[kumis]

| casco (m) | tapak, kuku | [tapak], [kuku] |
| corno (m) | tanduk | [tandu'] |

carapaça (f)	cangkang	[tʃaŋkaŋ]
concha (f)	kerang	[keraŋ]
casca (f) de ovo	kulit telur	[kulit telur]

| pelo (m) | bulu | [bulu] |
| pele (f), couro (m) | kulit | [kulit] |

222. Ações dos animais

| voar (vi) | terbang | [tərbaŋ] |
| dar voltas | berputar-putar | [bərputar-putar] |

| voar (para longe) | terbang | [tərbaŋ] |
| bater as asas | mengepakkan | [məŋepa'kan] |

| bicar (vi) | mematuk | [mematu'] |
| incubar (vt) | mengeram | [məŋeram] |

| sair do ovo | menetas | [mənetas] |
| fazer o ninho | membuat sarang | [membuat saraŋ] |

rastejar (vi)	merayap, merangkak	[merajap], [məraŋka']
picar (vt)	menyengat	[mənjeŋat]
morder (cachorro, etc.)	menggigit	[məŋgigit]

cheirar (vt)	mencium	[məntʃium]
latir (vi)	menyalak	[mənjala']
silvar (vi)	mendesis	[məndesis]

| assustar (vt) | menakuti | [mənakuti] |
| atacar (vt) | menyerang | [mənjeraŋ] |

roer (vt)	menggerogoti	[məŋgerogoti]
arranhar (vt)	mencakar	[məntʃakar]
esconder-se (vr)	bersembunyi	[bərsembunji]

brincar (vi)	bermain	[bərmajn]
caçar (vi)	berburu	[bərburu]
hibernar (vi)	hibernasi, tidur	[hibernasi], [tidur]
extinguir-se (vr)	punah	[punah]

223. Animais. Habitats

hábitat (m)	habitat	[habitat]
migração (f)	migrasi	[migrasi]
montanha (f)	gunung	[gunuŋ]
recife (m)	terumbu	[tərumbu]
falésia (f)	tebing	[tebiŋ]
floresta (f)	hutan	[hutan]
selva (f)	rimba	[rimba]
savana (f)	sabana	[sabana]
tundra (f)	tundra	[tundra]
estepe (f)	stepa	[stepa]
deserto (m)	gurun	[gurun]
oásis (m)	oasis, oase	[oasis], [oase]
mar (m)	laut	[laut]
lago (m)	danau	[danau]
oceano (m)	samudra	[samudra]
pântano (m)	rawa	[rawa]
de água doce	air tawar	[air tawar]
lagoa (f)	kolam	[kolam]
rio (m)	sungai	[suŋaj]
toca (f) do urso	goa	[goa]
ninho (m)	sarang	[saraŋ]
buraco (m) de árvore	lubang pohon	[lubaŋ pohon]
toca (f)	lubang	[lubaŋ]
formigueiro (m)	sarang semut	[saraŋ semut]

224. Cuidados com os animais

jardim (m) zoológico	kebun binatang	[kebun binataŋ]
reserva (f) natural	cagar alam	[ʧagar alam]
viveiro (m)	peternak, penangkar	[peternak], [penaŋkar]
jaula (f) de ar livre	kandang terbuka	[kandaŋ tərbuka]
jaula, gaiola (f)	sangkar	[saŋkar]
casinha (f) de cachorro	rumah anjing	[rumah anʤiŋ]
pombal (m)	rumah burung dara	[rumah buruŋ dara]
aquário (m)	akuarium	[akuarium]
delfinário (m)	dolfinarium	[dolfinarium]
criar (vt)	mengembangbiakkan	[məŋembaŋbiaʔkan]
cria (f)	mengerami	[məŋerami]
domesticar (vt)	menjinakkan	[mənʤinaʔkan]
adestrar (vt)	melatih	[melatih]
ração (f)	pakan	[pakan]
alimentar (vt)	memberi pakan	[memberi pakan]

loja (f) de animais	toko binatang piaraan	[toko binataŋ piara'an]
focinheira (m)	berangus	[bəraŋus]
coleira (f)	kalung anjing	[kaluŋ andʒiŋ]
nome (do animal)	nama	[nama]
pedigree (m)	silsilah, trah	[silsilah], [trah]

225. Animais. Diversos

alcateia (f)	kawanan	[kawanan]
bando (pássaros)	kawanan	[kawanan]
cardume (peixes)	kawanan	[kawanan]
manada (cavalos)	kawanan	[kawanan]
macho (m)	jantan	[dʒˈantan]
fêmea (f)	betina	[betina]
faminto (adj)	lapar	[lapar]
selvagem (adj)	liar	[liar]
perigoso (adj)	berbahaya	[bərbahaja]

226. Cavalos

cavalo (m)	kuda	[kuda]
raça (f)	keturunan	[keturunan]
potro (m)	anak kuda	[ana' kuda]
égua (f)	kuda betina	[kuda betina]
mustangue (m)	mustang	[mustaŋ]
pônei (m)	kuda poni	[kuda poni]
cavalo (m) de tiro	kuda penarik	[kuda penari']
crina (f)	surai	[suraj]
rabo (m)	ekor	[ekor]
casco (m)	tapak, kuku	[tapak], [kuku]
ferradura (f)	ladam	[ladam]
ferrar (vt)	memakaikan ladam	[memakajkan ladam]
ferreiro (m)	tukang besi	[tukaŋ besi]
sela (f)	pelana	[pelana]
estribo (m)	sanggurdi	[saŋgurdi]
brida (f)	kendali	[kendali]
rédeas (f pl)	tali kendali	[tali kendali]
chicote (m)	cemeti	[tʃemeti]
cavaleiro (m)	penunggang	[penuŋgaŋ]
colocar sela	memelanai	[memelanaj]
montar no cavalo	berpelana	[bərpelana]
galope (m)	congklang	[derap]
galopar (vi)	mencongklang	[məntʃoŋlaŋ]

| trote (m) | derap, drap | [derap], [drap] |
| ir a trote | menderap | [mənderap] |

| cavalo (m) de corrida | kuda pacuan | [kuda patʃuan] |
| corridas (f pl) | pacuan kuda | [patʃuan kuda] |

estábulo (m)	kandang kuda	[kandaŋ kuda]
alimentar (vt)	memberi pakan	[memberi pakan]
feno (m)	rumput kering	[rumput keriŋ]
dar água	memberi minum	[memberi minum]
limpar (vt)	membersihkan	[membersihkan]

carroça (f)	pedati	[pedati]
pastar (vi)	bergembala	[bərgembala]
relinchar (vi)	meringkuk	[meriŋkuʔ]
dar um coice	menendang	[mənendaŋ]

Flora

227. Árvores

árvore (f)	pohon	[pohon]
decídua (adj)	daun luruh	[daun luruh]
conífera (adj)	pohon jarum	[pohon dʒarum]
perene (adj)	selalu hijau	[selalu hidʒau]

macieira (f)	pohon apel	[pohon apel]
pereira (f)	pohon pir	[pohon pir]
cerejeira (f)	pohon ceri manis	[pohon tʃeri manis]
ginjeira (f)	pohon ceri asam	[pohon tʃeri asam]
ameixeira (f)	pohon plum	[pohon plum]

bétula (f)	pohon berk	[pohon berʔ]
carvalho (m)	pohon eik	[pohon eiʔ]
tília (f)	pohon linden	[pohon linden]
choupo-tremedor (m)	pohon aspen	[pohon aspen]
bordo (m)	pohon mapel	[pohon mapel]
espruce (m)	pohon den	[pohon den]
pinheiro (m)	pohon pinus	[pohon pinus]
alerce, lariço (m)	pohon larch	[pohon lartʃ]
abeto (m)	pohon fir	[pohon fir]
cedro (m)	pohon aras	[pohon aras]

choupo, álamo (m)	pohon poplar	[pohon poplar]
tramazeira (f)	pohon rowan	[pohon rowan]
salgueiro (m)	pohon dedalu	[pohon dedalu]
amieiro (m)	pohon alder	[pohon alder]
faia (f)	pohon nothofagus	[pohon notofagus]
ulmeiro, olmo (m)	pohon elm	[pohon elm]
freixo (m)	pohon abu	[pohon abu]
castanheiro (m)	kastanye	[kastanje]

magnólia (f)	magnolia	[magnolia]
palmeira (f)	palem	[palem]
cipreste (m)	pokok cipres	[pokoʔ sipres]

mangue (m)	bakau	[bakau]
embondeiro, baobá (m)	baobab	[baobab]
eucalipto (m)	kayu putih	[kaju putih]
sequoia (f)	sequoia	[sekuoia]

228. Arbustos

arbusto (m)	rumpun	[rumpun]
arbusto (m), moita (f)	semak	[semaʔ]

videira (f)	**pohon anggur**	[pohon aŋgur]
vinhedo (m)	**kebun anggur**	[kebun aŋgur]
framboeseira (f)	**pohon frambus**	[pohon frambus]
groselheira-negra (f)	**pohon blackcurrant**	[pohon bleʔkaren]
groselheira-vermelha (f)	**pohon redcurrant**	[pohon redkaren]
groselheira (f) espinhosa	**pohon arbei hijau**	[pohon arbei hiʤʲau]
acácia (f)	**pohon akasia**	[pohon akasia]
bérberis (f)	**pohon barberis**	[pohon barberis]
jasmim (m)	**melati**	[melati]
junípero (m)	**pohon juniper**	[pohon ʤʲuniper]
roseira (f)	**pohon mawar**	[pohon mawar]
roseira (f) brava	**pohon mawar liar**	[pohon mawar liar]

229. Cogumelos

cogumelo (m)	**jamur**	[ʤʲamur]
cogumelo (m) comestível	**jamur makanan**	[ʤʲamur makanan]
cogumelo (m) venenoso	**jamur beracun**	[ʤʲamur bəratʃun]
chapéu (m)	**kepala jamur**	[kepala ʤʲamur]
pé, caule (m)	**batang jamur**	[bataŋ ʤʲamur]
boleto, porcino (m)	**jamur boletus**	[ʤʲamur boletus]
boleto (m) alaranjado	**jamur topi jingga**	[ʤʲamur topi ʤiŋga]
boleto (m) de bétula	**jamur boletus berk**	[ʤʲamur boletus bərʔ]
cantarelo (m)	**jamur chanterelle**	[ʤʲamur tʃanterelle]
rússula (f)	**jamur rusula**	[ʤʲamur rusula]
morchella (f)	**jamur morel**	[ʤʲamur morel]
agário-das-moscas (m)	**jamur Amanita muscaria**	[ʤʲamur amanita mustʃaria]
cicuta (f) verde	**jamur topi kematian**	[ʤʲamur topi kematian]

230. Frutos. Bagas

fruta (f)	**buah**	[buah]
frutas (f pl)	**buah-buahan**	[buah-buahan]
maçã (f)	**apel**	[apel]
pera (f)	**pir**	[pir]
ameixa (f)	**plum**	[plum]
morango (m)	**stroberi**	[stroberi]
ginja (f)	**buah ceri asam**	[buah tʃeri asam]
cereja (f)	**buah ceri manis**	[buah tʃeri manis]
uva (f)	**buah anggur**	[buah aŋgur]
framboesa (f)	**buah frambus**	[buah frambus]
groselha (f) negra	**blackcurrant**	[bleʔkaren]
groselha (f) vermelha	**redcurrant**	[redkaren]
groselha (f) espinhosa	**buah arbei hijau**	[buah arbei hiʤʲau]

oxicoco (m)	buah kranberi	[buah kranberi]
laranja (f)	jeruk manis	[dʒʲeru' manis]
tangerina (f)	jeruk mandarin	[dʒʲeru' mandarin]
abacaxi (m)	nanas	[nanas]
banana (f)	pisang	[pisaŋ]
tâmara (f)	buah kurma	[buah kurma]

limão (m)	jeruk sitrun	[dʒʲeru' sitrun]
damasco (m)	aprikot	[aprikot]
pêssego (m)	persik	[persi']
quiuí (m)	kiwi	[kiwi]
toranja (f)	jeruk Bali	[dʒʲeru' bali]

baga (f)	buah beri	[buah beri]
bagas (f pl)	buah-buah beri	[buah-buah beri]
arando (m) vermelho	buah cowberry	[buah kowberi]
morango-silvestre (m)	stroberi liar	[stroberi liar]
mirtilo (m)	buah bilberi	[buah bilberi]

231. Flores. Plantas

flor (f)	bunga	[buŋa]
buquê (m) de flores	buket	[buket]

rosa (f)	mawar	[mawar]
tulipa (f)	tulip	[tulip]
cravo (m)	bunga anyelir	[buŋa anjelir]
gladíolo (m)	bunga gladiol	[buŋa gladiol]

centáurea (f)	cornflower	[kornflawa]
campainha (f)	bunga lonceng biru	[buŋa lontʃeŋ biru]
dente-de-leão (m)	dandelion	[dandelion]
camomila (f)	bunga margrit	[buŋa margrit]

aloé (m)	lidah buaya	[lidah buaja]
cacto (m)	kaktus	[kaktus]
fícus (m)	pohon ara	[pohon ara]

lírio (m)	bunga lili	[buŋa lili]
gerânio (m)	geranium	[geranium]
jacinto (m)	bunga bakung lembayung	[buŋa bakuŋ lembajuŋ]

mimosa (f)	putri malu	[putri malu]
narciso (m)	bunga narsis	[buŋa narsis]
capuchinha (f)	bunga nasturtium	[buŋa nasturtium]

orquídea (f)	anggrek	[aŋgre']
peônia (f)	bunga peoni	[buŋa peoni]
violeta (f)	bunga violet	[buŋa violet]

amor-perfeito (m)	bunga pansy	[buŋa pansi]
não-me-esqueças (m)	bunga jangan-lupakan-daku	[buŋa dʒʲaŋan-lupakan-daku]
margarida (f)	bunga desi	[buŋa desi]

papoula (f)	bunga madat	[buŋa madat]
cânhamo (m)	rami	[rami]
hortelã, menta (f)	mint	[min]

| lírio-do-vale (m) | lili lembah | [lili lembah] |
| campânula-branca (f) | bunga tetesan salju | [buŋa tetesan saldʒʲu] |

urtiga (f)	jelatang	[dʒʲelataŋ]
azedinha (f)	daun sorrel	[daun sorrel]
nenúfar (m)	lili air	[lili air]
samambaia (f)	pakis	[pakis]
líquen (m)	lichen	[litʃen]

estufa (f)	rumah kaca	[rumah katʃa]
gramado (m)	halaman berumput	[halaman bərumput]
canteiro (m) de flores	bedeng bunga	[bedeŋ buŋa]

planta (f)	tumbuhan	[tumbuhan]
grama (f)	rumput	[rumput]
folha (f) de grama	sehelai rumput	[sehelaj rumput]

folha (f)	daun	[daun]
pétala (f)	kelopak	[kelopaʔ]
talo (m)	batang	[bataŋ]
tubérculo (m)	ubi	[ubi]

| broto, rebento (m) | tunas | [tunas] |
| espinho (m) | duri | [duri] |

florescer (vi)	berbunga	[bərbuŋa]
murchar (vi)	layu	[laju]
cheiro (m)	bau	[bau]
cortar (flores)	memotong	[memotoŋ]
colher (uma flor)	memetik	[memetiʔ]

232. Cereais, grãos

grão (m)	biji-bijian	[bidʒi-bidʒian]
cereais (plantas)	padi-padian	[padi-padian]
espiga (f)	bulir	[bulir]

trigo (m)	gandum	[gandum]
centeio (m)	gandum hitam	[gandum hitam]
aveia (f)	oat	[oat]
painço (m)	jawawut	[dʒʲawawut]
cevada (f)	jelai	[dʒʲelaj]

milho (m)	jagung	[dʒʲaguŋ]
arroz (m)	beras	[beras]
trigo-sarraceno (m)	buckwheat	[bakvit]

ervilha (f)	kacang polong	[katʃaŋ poloŋ]
feijão (m) roxo	kacang buncis	[katʃaŋ buntʃis]
soja (f)	kacang kedelai	[katʃaŋ kedelaj]

| lentilha (f) | kacang lentil | [katʃaŋ lentil] |
| feijão (m) | kacang-kacangan | [katʃaŋ-katʃaŋan] |

233. Vegetais. Verduras

| vegetais (m pl) | sayuran | [sajuran] |
| verdura (f) | sayuran hijau | [sajuran hidʒⁱau] |

tomate (m)	tomat	[tomat]
pepino (m)	mentimun, ketimun	[məntimun], [ketimun]
cenoura (f)	wortel	[wortel]
batata (f)	kentang	[kentaŋ]
cebola (f)	bawang	[bawaŋ]
alho (m)	bawang putih	[bawaŋ putih]

couve (f)	kol	[kol]
couve-flor (f)	kembang kol	[kembaŋ kol]
couve-de-bruxelas (f)	kol Brussels	[kol brusels]
brócolis (m pl)	brokoli	[brokoli]

beterraba (f)	ubi bit merah	[ubi bit merah]
berinjela (f)	terung, terong	[teruŋ], [teroŋ]
abobrinha (f)	labu siam	[labu siam]
abóbora (f)	labu	[labu]
nabo (m)	turnip	[turnip]

salsa (f)	peterseli	[peterseli]
endro, aneto (m)	adas sowa	[adas sowa]
alface (f)	selada	[selada]
aipo (m)	seledri	[seledri]
aspargo (m)	asparagus	[asparagus]
espinafre (m)	bayam	[bajam]

ervilha (f)	kacang polong	[katʃaŋ poloŋ]
feijão (~ soja, etc.)	kacang-kacangan	[katʃaŋ-katʃaŋan]
milho (m)	jagung	[dʒⁱaguŋ]
feijão (m) roxo	kacang buncis	[katʃaŋ buntʃis]

pimentão (m)	cabai	[tʃabaj]
rabanete (m)	radis	[radis]
alcachofra (f)	artisyok	[artiʃoʔ]

GEOGRAFIA REGIONAL

Países. Nacionalidades

234. Europa Ocidental

Europa (f)	Eropa	[eropa]
União (f) Europeia	Uni Eropa	[uni eropa]
europeu (m)	orang Eropa	[oraŋ eropa]
europeu (adj)	Eropa	[eropa]
Áustria (f)	Austria	[austria]
austríaco (m)	lelaki Austria	[lelaki austria]
austríaca (f)	wanita Austria	[wanita austria]
austríaco (adj)	Austria	[austria]
Grã-Bretanha (f)	Britania Raya	[britania raja]
Inglaterra (f)	Inggris	[iŋgris]
inglês (m)	lelaki Inggris	[lelaki iŋgris]
inglesa (f)	wanita Inggris	[wanita iŋgris]
inglês (adj)	Inggris	[iŋgris]
Bélgica (f)	Belgia	[belgia]
belga (m)	lelaki Belgia	[lelaki belgia]
belga (f)	wanita Belgia	[wanita belgia]
belga (adj)	Belgia	[belgia]
Alemanha (f)	Jerman	[dʒʲerman]
alemão (m)	lelaki Jerman	[lelaki dʒʲerman]
alemã (f)	wanita Jerman	[wanita dʒʲerman]
alemão (adj)	Jerman	[dʒʲerman]
Países Baixos (m pl)	Belanda	[belanda]
Holanda (f)	Belanda	[belanda]
holandês (m)	lelaki Belanda	[lelaki belanda]
holandesa (f)	wanita Belanda	[wanita belanda]
holandês (adj)	Belanda	[belanda]
Grécia (f)	Yunani	[yunani]
grego (m)	lelaki Yunani	[lelaki yunani]
grega (f)	wanita Yunani	[wanita yunani]
grego (adj)	Yunani	[yunani]
Dinamarca (f)	Denmark	[denmarʔ]
dinamarquês (m)	lelali Denmark	[lelali denmarʔ]
dinamarquesa (f)	wanita Denmark	[wanita denmarʔ]
dinamarquês (adj)	Denmark	[denmarʔ]
Irlanda (f)	Irlandia	[irlandia]
irlandês (m)	lelaki Irlandia	[lelaki irlandia]

| irlandesa (f) | wanita Irlandia | [wanita irlandia] |
| irlandês (adj) | Irlandia | [irlandia] |

Islândia (f)	Islandia	[islandia]
islandês (m)	lelaki Islandia	[lelaki islandia]
islandesa (f)	wanita Islandia	[wanita islandia]
islandês (adj)	Islandia	[islandia]

Espanha (f)	Spanyol	[spanjol]
espanhol (m)	lelaki Spanyol	[lelaki spanjol]
espanhola (f)	wanita Spanyol	[wanita spanjol]
espanhol (adj)	Spanyol	[spanjol]

Itália (f)	Italia	[italia]
italiano (m)	lelaki Italia	[lelaki italia]
italiana (f)	wanita Italia	[wanita italia]
italiano (adj)	Italia	[italia]

Chipre (m)	Siprus	[siprus]
cipriota (m)	lelaki Siprus	[lelaki siprus]
cipriota (f)	wanita Siprus	[wanita siprus]
cipriota (adj)	Siprus	[siprus]

Malta (f)	Malta	[malta]
maltês (m)	lelaki Malta	[lelaki malta]
maltesa (f)	wanita Malta	[wanita malta]
maltês (adj)	Malta	[malta]

Noruega (f)	Norwegia	[norwegia]
norueguês (m)	lelaki Norwegia	[lelaki norwegia]
norueguesa (f)	wanita Norwegia	[wanita norwegia]
norueguês (adj)	Norwegia	[norwegia]

Portugal (m)	Portugal	[portugal]
português (m)	lelaki Portugis	[lelaki portugis]
portuguesa (f)	wanita Portugis	[wanita portugis]
português (adj)	Portugis	[portugis]

Finlândia (f)	Finlandia	[finlandia]
finlandês (m)	lelaki Finlandia	[lelaki finlandia]
finlandesa (f)	wanita Finlandia	[wanita finlandia]
finlandês (adj)	Finlandia	[finlandia]

França (f)	Prancis	[prantʃis]
francês (m)	lelaki Prancis	[lelaki prantʃis]
francesa (f)	wanita Prancis	[wanita prantʃis]
francês (adj)	Prancis	[prantʃis]

Suécia (f)	Swedia	[swedia]
sueco (m)	lelaki Swedia	[lelaki swedia]
sueca (f)	wanita Swedia	[wanita swedia]
sueco (adj)	Swedia	[swedia]

Suíça (f)	Swiss	[swiss]
suíço (m)	lelaki Swiss	[lelaki swiss]
suíça (f)	wanita Swiss	[wanita swiss]

suíço (adj)	**Swiss**	[swiss]
Escócia (f)	**Skotlandia**	[skotlandia]
escocês (m)	**lelaki Skotlandia**	[lelaki skotlandia]
escocesa (f)	**wanita Skotlandia**	[wanita skotlandia]
escocês (adj)	**Skotlandia**	[skotlandia]
Vaticano (m)	**Vatikan**	[vatikan]
Liechtenstein (m)	**Liechtenstein**	[lajhtensteyn]
Luxemburgo (m)	**Luksemburg**	[luksemburg]
Mônaco (m)	**Monako**	[monako]

235. Europa Central e de Leste

Albânia (f)	**Albania**	[albania]
albanês (m)	**lelaki Albania**	[lelaki albania]
albanesa (f)	**wanita Albania**	[wanita albania]
albanês (adj)	**Albania**	[albania]
Bulgária (f)	**Bulgaria**	[bulgaria]
búlgaro (m)	**lelaki Bulgaria**	[lelaki bulgaria]
búlgara (f)	**wanita Bulgaria**	[wanita bulgaria]
búlgaro (adj)	**Bulgaria**	[bulgaria]
Hungria (f)	**Hongaria**	[hoŋaria]
húngaro (m)	**lelaki Hongaria**	[lelaki hoŋaria]
húngara (f)	**wanita Hongaria**	[wanita hoŋaria]
húngaro (adj)	**Hongaria**	[hoŋaria]
Letônia (f)	**Latvia**	[latvia]
letão (m)	**lelaki Latvia**	[lelaki latvia]
letã (f)	**wanita Latvia**	[wanita latvia]
letão (adj)	**Latvia**	[latvia]
Lituânia (f)	**Lituania**	[lituania]
lituano (m)	**lelaki Lituania**	[lelaki lituania]
lituana (f)	**wanita Lituania**	[wanita lituania]
lituano (adj)	**Lituania**	[lituania]
Polônia (f)	**Polandia**	[polandia]
polonês (m)	**lelaki Polandia**	[lelaki polandia]
polonesa (f)	**wanita Polandia**	[wanita polandia]
polonês (adj)	**Polandia**	[polandia]
Romênia (f)	**Romania**	[romania]
romeno (m)	**lelaki Romania**	[lelaki romania]
romena (f)	**wanita Romania**	[wanita romania]
romeno (adj)	**Romania**	[romania]
Sérvia (f)	**Serbia**	[serbia]
sérvio (m)	**lelaki Serbia**	[lelaki serbia]
sérvia (f)	**wanita Serbia**	[wanita serbia]
sérvio (adj)	**Serbia**	[serbia]
Eslováquia (f)	**Slowakia**	[slowakia]
eslovaco (m)	**lelaki Slowakia**	[lelaki slowakia]

| eslovaca (f) | wanita Slowakia | [wanita slowakia] |
| eslovaco (adj) | Slowakia | [slowakia] |

Croácia (f)	Kroasia	[kroasia]
croata (m)	lelaki Kroasia	[lelaki kroasia]
croata (f)	wanita Kroasia	[wanita kroasia]
croata (adj)	Kroasia	[kroasia]

República (f) Checa	Republik Ceko	[republi' tʃeko]
checo (m)	lelaki Ceko	[lelaki tʃeko]
checa (f)	wanita Ceko	[wanita tʃeko]
checo (adj)	Ceko	[tʃeko]

Estônia (f)	Estonia	[estonia]
estônio (m)	lelaki Estonia	[lelaki estonia]
estônia (f)	wanita Estonia	[wanita estonia]
estônio (adj)	Estonia	[estonia]

Bósnia e Herzegovina (f)	Bosnia-Hercegovina	[bosnia-hersegovina]
Macedônia (f)	Makedonia	[makedonia]
Eslovênia (f)	Slovenia	[slovenia]
Montenegro (m)	Montenegro	[montenegro]

236. Países da ex-URSS

Azerbaijão (m)	Azerbaijan	[azerbajdʒʲan]
azeri (m)	lelaki Azerbaijan	[lelaki azerbajdʒʲan]
azeri (f)	wanita Azerbaijan	[wanita azerbajdʒʲan]
azeri, azerbaijano (adj)	Azerbaijan	[azerbajdʒʲan]

Armênia (f)	Armenia	[armenia]
armênio (m)	lelaki Armenia	[lelaki armenia]
armênia (f)	wanita Armenia	[wanita armenia]
armênio (adj)	Armenia	[armenia]

Belarus	Belarusia	[belarusia]
bielorrusso (m)	lelaki Belarusia	[lelaki belarusia]
bielorrussa (f)	wanita Belarusia	[wanita belarusia]
bielorrusso (adj)	Belarusia	[belarusia]

Geórgia (f)	Georgia	[dʒordʒia]
georgiano (m)	lelaki Georgia	[lelaki dʒordʒia]
georgiana (f)	wanita Georgia	[wanita georgia]
georgiano (adj)	Georgia	[dʒordʒia]

Cazaquistão (m)	Kazakistan	[kazakstan]
cazaque (m)	lelaki Kazakh	[lelaki kazah]
cazaque (f)	wanita Kazakh	[wanita kazah]
cazaque (adj)	Kazakh	[kazah]

Quirguistão (m)	Kirgizia	[kirgizia]
quirguiz (m)	lelaki Kirgiz	[lelaki kirgiz]
quirguiz (f)	wanita Kirgiz	[wanita kirgiz]
quirguiz (adj)	Kirgiz	[kirgiz]

Moldávia (f)	Moldova	[moldova]
moldavo (m)	lelaki Moldova	[lelaki moldova]
moldava (f)	wanita Moldova	[wanita moldova]
moldavo (adj)	Moldova	[moldova]

Rússia (f)	Rusia	[rusia]
russo (m)	lelaki Rusia	[lelaki rusia]
russa (f)	wanita Rusia	[wanita rusia]
russo (adj)	Rusia	[rusia]

Tajiquistão (m)	Tajikistan	[tadʒikistan]
tajique (m)	lelaki Tajik	[lelaki tadʒiʔ]
tajique (f)	wanitaTajik	[wanitatadʒiʔ]
tajique (adj)	Tajik	[tadʒiʔ]

Turquemenistão (m)	Turkmenistan	[turkmenistan]
turcomeno (m)	lelaki Turkmen	[lelaki turkmen]
turcomena (f)	wanita Turkmen	[wanita turkmen]
turcomeno (adj)	Turkmen	[turkmen]

Uzbequistão (f)	Uzbekistan	[uzbekistan]
uzbeque (m)	lelaki Uzbek	[lelaki uzbeʔ]
uzbeque (f)	wanita Uzbek	[wanita uzbeʔ]
uzbeque (adj)	Uzbek	[uzbeʔ]

Ucrânia (f)	Ukraina	[ukrajna]
ucraniano (m)	lelaki Ukraina	[lelaki ukrajna]
ucraniana (f)	wanita Ukraina	[wanita ukrajna]
ucraniano (adj)	Ukraina	[ukrajna]

237. Asia

Ásia (f)	Asia	[asia]
asiático (adj)	Asia	[asia]

Vietnã (m)	Vietnam	[vjetnam]
vietnamita (m)	lelaki Vietnam	[lelaki vjetnam]
vietnamita (f)	wanita Vietnam	[wanita vjetnam]
vietnamita (adj)	Vietnam	[vjetnam]

Índia (f)	India	[india]
indiano (m)	lelaki India	[lelaki india]
indiana (f)	wanita India	[wanita india]
indiano (adj)	India	[india]

Israel (m)	Israel	[israel]
israelense (m)	lelaki Israel	[lelaki israel]
israelita (f)	wanita Israel	[wanita israel]
israelense (adj)	Israel	[israel]

judeu (m)	lelaki Yahudi	[lelaki yahudi]
judia (f)	wanita Yahudi	[wanita yahudi]
judeu (adj)	Yahudi	[yahudi]
China (f)	Tiongkok	[tjoŋkoʔ]

chinês (m)	Ielaki Tionghoa	[Ielaki tioŋhoa]
chinesa (f)	wanita Tionghoa	[wanita tioŋhoa]
chinês (adj)	Tionghua	[tjoŋhua]

coreano (m)	Ielaki Korea	[Ielaki korea]
coreana (f)	wanita Korea	[wanita korea]
coreano (adj)	Korea	[korea]

Líbano (m)	Lebanon	[lebanon]
libanês (m)	Ielaki Lebanon	[Ielaki lebanon]
libanesa (f)	wanita Lebanon	[wanita lebanon]
libanês (adj)	Lebanon	[lebanon]

Mongólia (f)	Mongolia	[moŋolia]
mongol (m)	Ielaki Mongolia	[Ielaki moŋolia]
mongol (f)	wanita Mongolia	[wanita moŋolia]
mongol (adj)	Mongolia	[moŋolia]

Malásia (f)	Malaysia	[malajsia]
malaio (m)	Ielaki Malaysia	[Ielaki malajsia]
malaia (f)	wanita Malaysia	[wanita malajsia]
malaio (adj)	Melayu	[melaju]

Paquistão (m)	Pakistan	[pakistan]
paquistanês (m)	Ielaki Pakistan	[Ielaki pakistan]
paquistanesa (f)	wanita Pakistan	[wanita pakistan]
paquistanês (adj)	Pakistan	[pakistan]

Arábia (f) Saudita	Arab Saudi	[arab saudi]
árabe (m)	Ielaki Arab	[Ielaki arab]
árabe (f)	wanita Arab	[wanita arab]
árabe (adj)	Arab	[arab]

Tailândia (f)	Thailand	[tajland]
tailandês (m)	Ielaki Thai	[Ielaki taj]
tailandesa (f)	wanita Thai	[wanita tajwan]
tailandês (adj)	Thai	[taj]

Taiwan (m)	Taiwan	[tajwan]
taiwanês (m)	Ielaki Taiwan	[Ielaki tajwan]
taiwanesa (f)	wanita Taiwan	[wanita tajwan]
taiwanês (adj)	Taiwan	[tajwan]

Turquia (f)	Turki	[turki]
turco (m)	Ielaki Turki	[Ielaki turki]
turca (f)	wanita Turki	[wanita turki]
turco (adj)	Turki	[turki]

Japão (m)	Jepang	[dʒⁱepaŋ]
japonês (m)	Ielaki Jepang	[Ielaki dʒⁱepaŋ]
japonesa (f)	wanita Jepang	[wanita dʒⁱepaŋ]
japonês (adj)	Jepang	[dʒⁱepaŋ]

Afeganistão (m)	Afghanistan	[afganistan]
Bangladesh (m)	Bangladesh	[baŋladeʃ]
Indonésia (f)	Indonesia	[indonesia]

Jordânia (f)	Yordania	[yordania]
Iraque (m)	Irak	[iraʔ]
Irã (m)	Iran	[iran]
Camboja (f)	Kamboja	[kamboʤa]
Kuwait (m)	Kuwait	[kuweyt]

Laos (m)	Laos	[laos]
Birmânia (f)	Myanmar	[myanmar]
Nepal (m)	Nepal	[nepal]
Emirados Árabes Unidos	Uni Emirat Arab	[uni emirat arab]

Síria (f)	Suriah	[suriah]
Palestina (f)	Palestina	[palestina]
Coreia (f) do Sul	Korea Selatan	[korea selatan]
Coreia (f) do Norte	Korea Utara	[korea utara]

238. América do Norte

Estados Unidos da América	Amerika Serikat	[amerika serikat]
americano (m)	lelaki Amerika	[lelaki amerika]
americana (f)	wanita Amerika	[wanita amerika]
americano (adj)	Amerika	[amerika]

Canadá (m)	Kanada	[kanada]
canadense (m)	lelaki Kanada	[lelaki kanada]
canadense (f)	wanita Kanada	[wanita kanada]
canadense (adj)	Kanada	[kanada]

México (m)	Meksiko	[meksiko]
mexicano (m)	lelaki Meksiko	[lelaki meksiko]
mexicana (f)	wanita Meksiko	[wanita meksiko]
mexicano (adj)	Meksiko	[meksiko]

239. América Central do Sul

Argentina (f)	Argentina	[argentina]
argentino (m)	lelaki Argentina	[lelaki argentina]
argentina (f)	wanita Argentina	[wanita argentina]
argentino (adj)	Argentina	[argentina]

Brasil (m)	Brasil	[brasil]
brasileiro (m)	lelaki Brasil	[lelaki brasil]
brasileira (f)	wanita Brasil	[wanita brasil]
brasileiro (adj)	Brasil	[brasil]

Colômbia (f)	Kolombia	[kolombia]
colombiano (m)	lelaki Kolombia	[lelaki kolombia]
colombiana (f)	wanita Kolombia	[wanita kolombia]
colombiano (adj)	Kolombia	[kolombia]

| Cuba (f) | Kuba | [kuba] |
| cubano (m) | lelaki Kuba | [lelaki kuba] |

| cubana (f) | wanita Kuba | [wanita kuba] |
| cubano (adj) | Kuba | [kuba] |

Chile (m)	Chili	[ʧili]
chileno (m)	lelaki Chili	[lelaki ʧili]
chilena (f)	wanita Chili	[wanita ʧili]
chileno (adj)	Chili	[ʧili]

Bolívia (f)	Bolivia	[bolivia]
Venezuela (f)	Venezuela	[venezuela]
Paraguai (m)	Paraguay	[paraguaj]
Peru (m)	Peru	[peru]

Suriname (m)	Suriname	[suriname]
Uruguai (m)	Uruguay	[uruguaj]
Equador (m)	Ekuador	[ekuador]

Bahamas (f pl)	Kepulauan Bahama	[kepulauan bahama]
Haiti (m)	Haiti	[haiti]
República Dominicana	Republik Dominika	[republiʔ dominika]
Panamá (m)	Panama	[panama]
Jamaica (f)	Jamaika	[ʤˈamajka]

240. Africa

Egito (m)	Mesir	[mesir]
egípcio (m)	lelaki Mesir	[lelaki mesir]
egípcia (f)	wanita Mesir	[wanita mesir]
egípcio (adj)	Mesir	[mesir]

Marrocos	Maroko	[maroko]
marroquino (m)	lelaki Maroko	[lelaki maroko]
marroquina (f)	wanita Maroko	[wanita maroko]
marroquino (adj)	Maroko	[maroko]

Tunísia (f)	Tunisia	[tunisia]
tunisiano (m)	lelaki Tunisia	[lelaki tunisia]
tunisiana (f)	wanita Tunisia	[wanita tunisia]
tunisiano (adj)	Tunisia	[tunisia]

Gana (f)	Ghana	[gana]
Zanzibar (m)	Zanzibar	[zanzibar]
Quênia (f)	Kenya	[kenia]
Líbia (f)	Libia	[libia]
Madagascar (m)	Madagaskar	[madagaskar]

Namíbia (f)	Namibia	[namibia]
Senegal (m)	Senegal	[senegal]
Tanzânia (f)	Tanzania	[tanzania]
África (f) do Sul	Afrika Selatan	[afrika selatan]

africano (m)	lelaki Afrika	[lelaki afrika]
africana (f)	wanita Afrika	[wanita afrika]
africano (adj)	Afrika	[afrika]

241. Austrália. Oceania

Austrália (f)	Australia	[australia]
australiano (m)	Ielaki Australia	[lelaki australia]
australiana (f)	wanita Australia	[wanita australia]
australiano (adj)	Australia	[australia]
Nova Zelândia (f)	Selandia Baru	[selandia baru]
neozelandês (m)	Ielaki Selandia Baru	[lelaki selandia baru]
neozelandesa (f)	wanita Selandia Baru	[wanita selandia baru]
neozelandês (adj)	Selandia Baru	[selandia baru]
Tasmânia (f)	Tasmania	[tasmania]
Polinésia (f) Francesa	Polinesia Prancis	[polinesia prantʃis]

242. Cidades

Amesterdã, Amsterdã	Amsterdam	[amsterdam]
Ancara	Ankara	[ankara]
Atenas	Athena	[atena]
Bagdade	Bagdad	[bagdad]
Bancoque	Bangkok	[baŋko']
Barcelona	Barcelona	[bartʃelona]
Beirute	Beirut	[beyrut]
Berlim	Berlin	[berlin]
Bonn	Bonn	[bonn]
Bordéus	Bordeaux	[bordo]
Bratislava	Bratislava	[bratislava]
Bruxelas	Brussel	[brusel]
Bucareste	Bukares	[bukares]
Budapeste	Budapest	[budapest]
Cairo	Kairo	[kajro]
Calcutá	Kolkata	[kolkata]
Chicago	Chicago	[tʃikago]
Cidade do México	Meksiko	[meksiko]
Copenhague	Kopenhagen	[kopenhagen]
Dar es Salaam	Darussalam	[darussalam]
Deli	Delhi	[delhi]
Dubai	Dubai	[dubaj]
Dublim	Dublin	[dublin]
Düsseldorf	Düsseldorf	[dyuseldorf]
Estocolmo	Stockholm	[stokholm]
Florença	Firenze	[firenze]
Frankfurt	Frankfurt	[frankfurt]
Genebra	Jenewa	[dʒʲenewa]
Haia	Den Hague	[den hag]
Hamburgo	Hamburg	[hamburg]
Hanói	Hanoi	[hanoi]

Havana	Havana	[havana]
Helsinque	Helsinki	[helsinki]
Hiroshima	Hiroshima	[hiroʃima]
Hong Kong	Hong Kong	[hoŋ koŋ]
Istambul	Istambul	[istambul]

Jerusalém	Yerusalem	[erusalem]
Kiev, Quieve	Kiev	[kiev]
Kuala Lumpur	Kuala Lumpur	[kuala lumpur]
Lion	Lyons	[lion]
Lisboa	Lisbon	[lisbon]

Londres	London	[london]
Los Angeles	Los Angeles	[los enzheles]
Madrid	Madrid	[madrid]
Marselha	Marseille	[marseille]
Miami	Miami	[miami]

Montreal	Montréal	[montreal]
Moscou	Moskow	[moskow]
Mumbai	Mumbai	[mumbaj]
Munique	Munich	[munitʃ]
Nairóbi	Nairobi	[najrobi]
Nápoles	Napoli	[napoli]

Nice	Nice	[nitʃe]
Nova York	New York	[nju yorʔ]
Oslo	Oslo	[oslo]
Ottawa	Ottawa	[ottawa]
Paris	Paris	[paris]

Pequim	Beijing	[beydʒiŋ]
Praga	Praha	[praha]
Rio de Janeiro	Rio de Janeiro	[rio de dʒlaneyro]
Roma	Roma	[roma]
São Petersburgo	Saint Petersburg	[sajnt petersburg]
Seul	Seoul	[seoul]

Singapura	Singapura	[siŋapura]
Sydney	Sydney	[sidni]
Taipé	Taipei	[tajpey]
Tóquio	Tokyo	[tokio]
Toronto	Toronto	[toronto]

Varsóvia	Warsawa	[warsawa]
Veneza	Venesia	[venesia]
Viena	Wina	[wina]
Washington	Washington	[waʃiŋton]
Xangai	Shanghai	[ʃanhaj]

243. Política. Governo. Parte 1

| política (f) | politik | [politiʔ] |
| político (adj) | politis | [politis] |

político (m)	politisi, politikus	[politisi], [politikus]
estado (m)	negara	[negara]
cidadão (m)	warganegara	[warganegara]
cidadania (f)	kewarganegaraan	[kewarganegara'an]

brasão (m) de armas	lambang negara	[lambaŋ negara]
hino (m) nacional	lagu kebangsaan	[lagu kebaŋsa'an]

governo (m)	pemerintah	[pemerintah]
Chefe (m) de Estado	kepala negara	[kepala negara]
parlamento (m)	parlemen	[parlemen]
partido (m)	partai	[partaj]

capitalismo (m)	kapitalisme	[kapitalisme]
capitalista (adj)	kapitalis	[kapitalis]

socialismo (m)	sosialisme	[sosialisme]
socialista (adj)	sosialis	[sosialis]

comunismo (m)	komunisme	[komunisme]
comunista (adj)	komunis	[komunis]
comunista (m)	orang komunis	[oraŋ komunis]

democracia (f)	demokrasi	[demokrasi]
democrata (m)	demokrat	[demokrat]
democrático (adj)	demokratis	[demokratis]
Partido (m) Democrático	Partai Demokrasi	[partaj demokrasi]

liberal (m)	orang liberal	[oraŋ liberal]
liberal (adj)	liberal	[liberal]
conservador (m)	orang yang konservatif	[oraŋ yaŋ konservatif]
conservador (adj)	konservatif	[konservatif]

república (f)	republik	[republi']
republicano (m)	pendukung Partai Republik	[pendukuŋ partaj republi']
Partido (m) Republicano	Partai Republik	[partaj republi']

eleições (f pl)	pemilu	[pemilu]
eleger (vt)	memilih	[memilih]
eleitor (m)	pemilih	[pemilih]
campanha (f) eleitoral	kampanye pemilu	[kampane pemilu]

votação (f)	pemungutan suara	[pemuŋutan suara]
votar (vi)	memberikan suara	[memberikan suara]
sufrágio (m)	hak suara	[ha' suara]

candidato (m)	kandidat, calon	[kandidat], [tʃalon]
candidatar-se (vi)	mencalonkan diri	[məntʃalonkan diri]
campanha (f)	kampanye	[kampanje]

da oposição	oposisi	[oposisi]
oposição (f)	oposisi	[oposisi]

visita (f)	kunjungan	[kundʒʲuŋan]
visita (f) oficial	kunjungan resmi	[kundʒʲuŋan resmi]
internacional (adj)	internasional	[internasional]

negociações (f pl)   negosiasi, perundingan   [negosiasi], [pərundiŋan]
negociar (vi)   bernegosiasi   [bərnegosiasi]

244. Política. Governo. Parte 2

sociedade (f)	masyarakat	[maʃarakat]
constituição (f)	Konstitusi, Undang-Undang Dasar	[konstitusi], [undaŋ-undaŋ dasar]
poder (ir para o ~)	kekuasaan	[kekuasaʔan]
corrupção (f)	korupsi	[korupsi]
lei (f)	hukum	[hukum]
legal (adj)	sah	[sah]
justeza (f)	keadilan	[keadilan]
justo (adj)	adil	[adil]
comitê (m)	komite	[komite]
projeto-lei (m)	rancangan undang-undang	[rantʃaŋan undaŋ-undaŋ]
orçamento (m)	anggaran belanja	[aŋgaran belandʒʲa]
política (f)	kebijakan	[kebidʒʲakan]
reforma (f)	reformasi	[reformasi]
radical (adj)	radikal	[radikal]
força (f)	kuasa	[kuasa]
poderoso (adj)	adikuasa, berkuasa	[adikuasa], [bərkuasa]
partidário (m)	pendukung	[pendukuŋ]
influência (f)	pengaruh	[peŋaruh]
regime (m)	rezim	[rezim]
conflito (m)	konflik	[konfliʔ]
conspiração (f)	komplotan	[komplotan]
provocação (f)	provokasi	[provokasi]
derrubar (vt)	menggulingkan	[məŋguliŋkan]
derrube (m), queda (f)	penggulingan	[peŋguliŋan]
revolução (f)	revolusi	[revolusi]
golpe (m) de Estado	kudeta	[kudeta]
golpe (m) militar	kudeta militer	[kudeta militer]
crise (f)	krisis	[krisis]
recessão (f) econômica	resesi ekonomi	[resesi ekonomi]
manifestante (m)	pendemo	[pendemo]
manifestação (f)	demonstrasi	[demonstrasi]
lei (f) marcial	darurat militer	[darurat militer]
base (f) militar	pangkalan militer	[paŋkalan militer]
estabilidade (f)	stabilitas	[stabilitas]
estável (adj)	stabil	[stabil]
exploração (f)	eksploitasi	[eksploitasi]
explorar (vt)	mengeksploitasi	[məŋeksploitasi]
racismo (m)	rasisme	[rasisme]

racista (m)	rasis	[rasis]
fascismo (m)	fasisme	[fasisme]
fascista (m)	fasis	[fasis]

245. Países. Diversos

estrangeiro (m)	orang asing	[oraŋ asiŋ]
estrangeiro (adj)	asing	[asiŋ]
no estrangeiro	di luar negeri	[di luar negeri]

emigrante (m)	emigran	[emigran]
emigração (f)	emigrasi	[emigrasi]
emigrar (vi)	beremigrasi	[bəremigrasi]

Ocidente (m)	Barat	[barat]
Oriente (m)	Timur	[timur]
Extremo Oriente (m)	Timur Jauh	[timur dʒ'auh]
civilização (f)	peradaban	[pəradaban]
humanidade (f)	umat manusia	[umat manusia]
mundo (m)	dunia	[dunia]
paz (f)	perdamaian	[pərdamajan]
mundial (adj)	sedunia	[sedunia]

pátria (f)	tanah air	[tanah air]
povo (população)	rakyat	[rakjat]
população (f)	populasi, penduduk	[populasi], [penduduʔ]
gente (f)	orang-orang	[oraŋ-oraŋ]
nação (f)	bangsa	[baŋsa]
geração (f)	generasi	[generasi]
território (m)	wilayah	[wilajah]
região (f)	kawasan	[kawasan]
estado (m)	negara bagian	[negara bagian]

tradição (f)	tradisi	[tradisi]
costume (m)	adat	[adat]
ecologia (f)	ekologi	[ekologi]

índio (m)	orang Indian	[oraŋ indian]
cigano (m)	lelaki Gipsi	[lelaki gipsi]
cigana (f)	wanita Gipsi	[wanita gipsi]
cigano (adj)	Gipsi, Rom	[gipsi], [rom]

império (m)	kekaisaran	[kekajsaran]
colônia (f)	koloni, negeri jajahan	[koloni], [negeri dʒ'adʒ'ahan]
escravidão (f)	perbudakan	[pərbudakan]
invasão (f)	invasi, penyerbuan	[invasi], [penerbuan]
fome (f)	kelaparan, paceklik	[kelaparan], [patʃekliʔ]

246. Grupos religiosos mais importantes. Confissões

| religião (f) | agama | [agama] |
| religioso (adj) | religius | [religius] |

crença (f)	keyakinan, iman	[keyakinan], [iman]
crer (vt)	percaya	[pərtʃaja]
crente (m)	penganut agama	[peŋanut agama]
ateísmo (m)	ateisme	[ateisme]
ateu (m)	ateis	[ateis]
cristianismo (m)	agama Kristen	[agama kristen]
cristão (m)	orang Kristen	[oraŋ kristen]
cristão (adj)	Kristen	[kristen]
catolicismo (m)	agama Katolik	[agama katoliʔ]
católico (m)	orang Katolik	[oraŋ katoliʔ]
católico (adj)	Katolik	[katoliʔ]
protestantismo (m)	Protestanisme	[protestanisme]
Igreja (f) Protestante	Gereja Protestan	[geredʒʲa protestan]
protestante (m)	Protestan	[protestan]
ortodoxia (f)	Kristen Ortodoks	[kristen ortodoks]
Igreja (f) Ortodoxa	Gereja Kristen Ortodoks	[geredʒʲak kristen ortodoks]
ortodoxo (m)	Ortodoks	[ortodoks]
presbiterianismo (m)	Gereja Presbiterian	[geredʒʲa presbiterian]
Igreja (f) Presbiteriana	Gereja Presbiterian	[geredʒʲa presbiterian]
presbiteriano (m)	penganut	[peŋanut
	Gereja Presbiterian	geredʒʲa presbiterian]
luteranismo (m)	Gereja Lutheran	[geredʒʲa luteran]
luterano (m)	pengikut Gereja Lutheran	[peŋikut geredʒʲa luteran]
Igreja (f) Batista	Gereja Baptis	[geredʒʲa baptis]
batista (m)	penganut Gereja Baptis	[peŋanut geredʒʲa baptis]
Igreja (f) Anglicana	Gereja Anglikan	[geredʒʲa aŋlikan]
anglicano (m)	penganut Anglikanisme	[peŋanut aŋlikanisme]
mormonismo (m)	Mormonisme	[mormonisme]
mórmon (m)	Mormon	[mormon]
Judaísmo (m)	agama Yahudi	[agama yahudi]
judeu (m)	orang Yahudi	[oraŋ yahudi]
budismo (m)	agama Buddha	[agama budda]
budista (m)	penganut Buddha	[peŋanut budda]
hinduísmo (m)	agama Hindu	[agama hindu]
hindu (m)	penganut Hindu	[peŋanut hindu]
Islã (m)	Islam	[islam]
muçulmano (m)	Muslim	[muslim]
muçulmano (adj)	Muslim	[muslim]
xiismo (m)	Syi'ah	[ʃi-a]
xiita (m)	penganut Syi'ah	[peŋanut ʃi-a]
sunismo (m)	Sunni	[sunni]
sunita (m)	ahli Sunni	[ahli sunni]

247. Religiões. Padres

padre (m)	pendeta	[pendeta]
Papa (m)	Paus	[paus]
monge (m)	biarawan, rahib	[biarawan], [rahib]
freira (f)	biarawati	[biarawati]
pastor (m)	pastor	[pastor]
abade (m)	abbas	[abbas]
vigário (m)	vikaris	[vikaris]
bispo (m)	uskup	[uskup]
cardeal (m)	kardinal	[kardinal]
pregador (m)	pengkhotbah	[peŋhotbah]
sermão (m)	khotbah	[hotbah]
paroquianos (pl)	ahli paroki	[ahli paroki]
crente (m)	penganut agama	[peŋanut agama]
ateu (m)	ateis	[ateis]

248. Fé. Cristianismo. Islão

Adão	Adam	[adam]
Eva	Hawa	[hawa]
Deus (m)	Tuhan	[tuhan]
Senhor (m)	Tuhan	[tuhan]
Todo Poderoso (m)	Yang Maha Kuasa	[yaŋ maha kuasa]
pecado (m)	dosa	[dosa]
pecar (vi)	berdosa	[bərdosa]
pecador (m)	pedosa lelaki	[pedosa lelaki]
pecadora (f)	pedosa wanita	[pedosa wanita]
inferno (m)	neraka	[neraka]
paraíso (m)	surga	[surga]
Jesus	Yesus	[yesus]
Jesus Cristo	Yesus Kristus	[yesus kristus]
Espírito (m) Santo	Roh Kudus	[roh kudus]
Salvador (m)	Juru Selamat	[dʒiuru selamat]
Virgem Maria (f)	Perawan Maria	[pərawan maria]
Diabo (m)	Iblis	[iblis]
diabólico (adj)	setan	[setan]
Satanás (m)	setan	[setan]
satânico (adj)	setan	[setan]
anjo (m)	malaikat	[malajkat]
anjo (m) da guarda	malaikat pelindung	[malajkat pelinduŋ]
angelical	malaikat	[malajkat]

apóstolo (m)	rasul	[rasul]
arcanjo (m)	malaikat utama	[malajkat utama]
anticristo (m)	Antikristus	[antikristus]
Igreja (f)	Gereja	[geredʒˈa]
Bíblia (f)	Alkitab	[alkitab]
bíblico (adj)	Alkitab	[alkitab]
Velho Testamento (m)	Perjanjian Lama	[pərdʒˈandʒian lama]
Novo Testamento (m)	Perjanjian Baru	[pərdʒˈandʒian baru]
Evangelho (m)	Injil	[indʒil]
Sagradas Escrituras (f pl)	Kitab Suci	[kitab sutʃi]
Céu (sete céus)	Surga	[surga]
mandamento (m)	Perintah Allah	[pərintah allah]
profeta (m)	nabi	[nabi]
profecia (f)	ramalan	[ramalan]
Alá (m)	Allah	[alah]
Maomé (m)	Muhammad	[muhammad]
Alcorão (m)	Al Quran	[al kur'an]
mesquita (f)	masjid	[masdʒid]
mulá (m)	mullah	[mullah]
oração (f)	sembahyang, doa	[sembahjaŋ], [doa]
rezar, orar (vi)	bersembahyang, berdoa	[bərsembahjaŋ], [bərdoa]
peregrinação (f)	ziarah	[ziarah]
peregrino (m)	peziarah	[peziarah]
Meca (f)	Mekah	[mekah]
igreja (f)	gereja	[geredʒˈa]
templo (m)	kuil, candi	[kuil], [tʃandi]
catedral (f)	katedral	[katedral]
gótico (adj)	Gotik	[goti']
sinagoga (f)	sinagoga, kanisah	[sinagoga], [kanisah]
mesquita (f)	masjid	[masdʒid]
capela (f)	kapel	[kapel]
abadia (f)	keabbasan	[keabbasan]
convento (m)	biara	[biara]
monastério (m)	biara	[biara]
sino (m)	lonceng	[lontʃeŋ]
campanário (m)	menara lonceng	[mənara lontʃeŋ]
repicar (vi)	berbunyi	[bərbunji]
cruz (f)	salib	[salib]
cúpula (f)	kubah	[kubah]
ícone (m)	ikon	[ikon]
alma (f)	jiwa	[dʒiwa]
destino (m)	takdir	[takdir]
mal (m)	kejahatan	[kedʒˈahatan]
bem (m)	kebaikan	[kebajkan]
vampiro (m)	vampir	[vampir]

bruxa (f)	tukang sihir	[tukaŋ sihir]
demônio (m)	iblis	[iblis]
espírito (m)	roh	[roh]
redenção (f)	penebusan	[penebusan]
redimir (vt)	menebus	[mənebus]
missa (f)	misa	[misa]
celebrar a missa	menyelenggarakan misa	[mənjeleŋgarakan misa]
confissão (f)	pengakuan dosa	[peŋakuan dosa]
confessar-se (vr)	mengaku dosa	[məŋaku dosa]
santo (m)	santo	[santo]
sagrado (adj)	suci, kudus	[sutʃi], [kudus]
água (f) benta	air suci	[air sutʃi]
ritual (m)	ritus	[ritus]
ritual (adj)	ritual	[ritual]
sacrifício (m)	pengorbangan	[peŋorbaŋan]
superstição (f)	takhayul	[tahajul]
supersticioso (adj)	bertakhayul	[bərtahajul]
vida (f) após a morte	akhirat	[ahirat]
vida (f) eterna	hidup abadi	[hidup abadi]

TEMAS DIVERSOS

249. Várias palavras úteis

ajuda (f)	bantuan	[bantuan]
barreira (f)	rintangan	[rintaŋan]
base (f)	basis, dasar	[basis], [dasar]
categoria (f)	kategori	[kategori]
causa (f)	sebab	[sebab]
coincidência (f)	kebetulan	[kebetulan]
coisa (f)	barang	[baraŋ]
começo, início (m)	permulaan	[pərmulaʔan]
cômodo (ex. poltrona ~a)	nyaman	[njaman]
comparação (f)	perbandingan	[pərbandiŋan]
compensação (f)	kompensasi, ganti rugi	[kompensasi], [ganti rugi]
crescimento (m)	pertumbuhan	[pərtumbuhan]
desenvolvimento (m)	perkembangan	[pərkembaŋan]
diferença (f)	perbedaan	[pərbedaʔan]
efeito (m)	efek, pengaruh	[efek], [peŋaruh]
elemento (m)	unsur	[unsur]
equilíbrio (m)	keseimbangan	[keseimbaŋan]
erro (m)	kesalahan	[kesalahan]
esforço (m)	usaha	[usaha]
estilo (m)	gaya	[gaja]
exemplo (m)	contoh	[tʃontoh]
fato (m)	fakta	[fakta]
fim (m)	akhir	[ahir]
forma (f)	bentuk, rupa	[bentuk], [rupa]
frequente (adj)	kerap, sering	[kerap], [seriŋ]
fundo (ex. ~ verde)	latar belakang	[latar belakaŋ]
gênero (tipo)	jenis	[dʒ'enis]
grau (m)	tingkat	[tiŋkat]
ideal (m)	ideal	[ideal]
labirinto (m)	labirin	[labirin]
modo (m)	cara	[tʃara]
momento (m)	saat, waktu	[saʔat], [waktu]
objeto (m)	objek	[obdʒ'eʔ]
obstáculo (m)	rintangan	[rintaŋan]
original (m)	orisinal, dokumen asli	[orisinal], [dokumen asli]
padrão (adj)	standar	[standar]
padrão (m)	standar	[standar]
paragem (pausa)	perhentian	[pərhentian]
parte (f)	bagian	[bagian]

partícula (f)	partikel, bagian kecil	[partikel], [bagian ketʃil]
pausa (f)	istirahat	[istirahat]
posição (f)	posisi	[posisi]
princípio (m)	prinsip	[prinsip]
problema (m)	masalah	[masalah]
processo (m)	proses	[proses]
progresso (m)	kemajuan	[kemadʒʲuan]
propriedade (qualidade)	sifat	[sifat]
reação (f)	reaksi	[reaksi]
risco (m)	risiko	[risiko]
ritmo (m)	tempo, laju	[tempo], [ladʒʲu]
segredo (m)	rahasia	[rahasia]
série (f)	rangkaian	[raŋkajan]
sistema (m)	sistem	[sistem]
situação (f)	situasi	[situasi]
solução (f)	solusi, penyelesaian	[solusi], [penjelesajan]
tabela (f)	tabel	[tabel]
termo (ex. ~ técnico)	istilah	[istilah]
tipo (m)	jenis	[dʒʲenis]
urgente (adj)	segera	[segera]
urgentemente	segera	[segera]
utilidade (f)	kegunaan	[keguna'an]
variante (f)	varian	[varian]
variedade (f)	pilihan	[pilihan]
verdade (f)	kebenaran	[kebenaran]
vez (f)	giliran	[giliran]
zona (f)	zona	[zona]

250. Modificadores. Adjetivos. Parte 1

aberto (adj)	terbuka	[tərbuka]
afetuoso (adj)	lembut	[lembut]
afiado (adj)	tajam	[tadʒʲam]
agradável (adj)	indah	[indah]
agradecido (adj)	berterima kasih	[bərterima kasih]
alegre (adj)	riang, gembira	[riaŋ], [gembira]
alto (ex. voz ~a)	lantang	[lantaŋ]
amargo (adj)	pahit	[pahit]
amplo (adj)	lapang, luas	[lapaŋ], [luas]
antigo (adj)	kuno	[kuno]
apertado (sapatos ~s)	ketat	[ketat]
apropriado (adj)	sesuai	[sesuaj]
arriscado (adj)	riskan	[riskan]
artificial (adj)	buatan	[buatan]
azedo (adj)	masam	[masam]
baixo (voz ~a)	lirih	[lirih]

barato (adj)	murah	[murah]
belo (adj)	cantik	[ʧanti']
bom (adj)	baik	[baj']
bondoso (adj)	baik hati	[baj' hati]
bonito (adj)	cantik	[ʧanti']
bronzeado (adj)	hitam terbakar matahari	[hitam terbakar matahari]
burro, estúpido (adj)	bodoh	[bodoh]
calmo (adj)	tenang	[tenaŋ]
cansado (adj)	lelah	[lelah]
cansativo (adj)	melelahkan	[melelahkan]
carinhoso (adj)	penuh perhatian	[penuh perhatian]
caro (adj)	mahal	[mahal]
cego (adj)	buta	[buta]
central (adj)	sentral	[sentral]
cerrado (ex. nevoeiro ~)	tebal	[tebal]
cheio (xícara ~a)	penuh	[penuh]
civil (adj)	sipil	[sipil]
clandestino (adj)	rahasia, diam-diam	[rahasia], [diam-diam]
claro (explicação ~a)	jelas	[dʒ'elas]
claro (pálido)	muda	[muda]
compatível (adj)	serasi, cocok	[serasi], [ʧoʧo']
comum, normal (adj)	biasa	[biasa]
congelado (adj)	beku	[beku]
conjunto (adj)	bersama	[bersama]
considerável (adj)	signifikan, luar biasa	[signifikan], [luar biasa]
contente (adj)	puas	[puas]
contínuo (adj)	panjang	[pandʒ'aŋ]
contrário (ex. o efeito ~)	bertentangan	[bertentaŋan]
correto (resposta ~a)	benar	[benar]
cru (não cozinhado)	mentah	[mentah]
curto (adj)	pendek	[pende']
de curta duração	sebentar	[sebentar]
de sol, ensolarado	cerah	[ʧerah]
de trás	belakang	[belakaŋ]
denso (fumaça ~a)	pekat	[pekat]
desanuviado (adj)	tak berawan	[ta' berawan]
descuidado (adj)	ceroboh	[ʧeroboh]
diferente (adj)	berbeda	[berbeda]
difícil (decisão)	sukar, sulit	[sukar], [sulit]
difícil, complexo (adj)	rumit	[rumit]
direito (lado ~)	kanan	[kanan]
distante (adj)	jauh	[dʒ'auh]
diverso (adj)	berbagai	[berbagaj]
doce (açucarado)	manis	[manis]
doce (água)	tawar	[tawar]
doente (adj)	sakit	[sakit]
duro (material ~)	keras	[keras]

| educado (adj) | sopan | [sopan] |
| encantador (agradável) | baik | [baj'] |

enigmático (adj)	misterius	[misterius]
enorme (adj)	sangat besar	[saŋat besar]
escuro (quarto ~)	gelap	[gelap]
especial (adj)	khusus	[husus]
esquerdo (lado ~)	kiri	[kiri]

estrangeiro (adj)	asing	[asiŋ]
estreito (adj)	sempit	[sempit]
exato (montante ~)	tepat	[tepat]
excelente (adj)	sangat baik	[saŋat bai']
excessivo (adj)	berlebihan	[bərlebihan]

externo (adj)	luar	[luar]
fácil (adj)	mudah	[mudah]
faminto (adj)	lapar	[lapar]
fechado (adj)	tertutup	[tərtutup]
feliz (adj)	bahagia	[bahagia]

fértil (terreno ~)	subur	[subur]
forte (pessoa ~)	kuat	[kuat]
fraco (luz ~a)	redup	[redup]
frágil (adj)	rapuh	[rapuh]
fresco (pão ~)	segar	[segar]

fresco (tempo ~)	sejuk	[sedʒʲu']
frio (adj)	dingin	[diŋin]
gordo (alimentos ~s)	berlemak	[bərlema']
gostoso, saboroso (adj)	enak	[ena']

grande (adj)	besar	[besar]
gratuito, grátis (adj)	gratis	[gratis]
grosso (camada ~a)	tebal	[tebal]
hostil (adj)	bermusuhan	[bərmusuhan]

251. Modificadores. Adjetivos. Parte 2

igual (adj)	sama, serupa	[sama], [serupa]
imóvel (adj)	tak bergerak	[ta' bərgera']
importante (adj)	penting	[pentiŋ]
impossível (adj)	mustahil	[mustahil]
incompreensível (adj)	tak dapat dimengerti	[ta' dapat dimeŋerti]

indigente (muito pobre)	papa, sangat miskin	[papa], [saŋat miskin]
indispensável (adj)	tak tergantikan	[ta' tərgantikan]
inexperiente (adj)	tak berpengalaman	[ta' bərpeɲalaman]
infantil (adj)	kanak-kanak	[kana'-kana']

ininterrupto (adj)	kontinu, terus menerus	[kontinu], [tərus menerus]
insignificante (adj)	kecil	[ketʃil]
inteiro (completo)	seluruh	[seluruh]
inteligente (adj)	pandai, pintar	[pandaj], [pintar]

interno (adj)	dalam	[dalam]
jovem (adj)	muda	[muda]
largo (caminho ~)	lebar	[lebar]
legal (adj)	sah	[sah]
leve (adj)	ringan	[riŋan]

limitado (adj)	terbatas	[tərbatas]
limpo (adj)	bersih	[bərsih]
líquido (adj)	cair	[tʃair]
liso (adj)	rata, halus	[rata], [halus]
liso (superfície ~a)	rata, datar	[rata], [datar]

livre (adj)	bebas	[bebas]
longo (ex. cabelo ~)	panjang	[pandʒ¹aŋ]
maduro (ex. fruto ~)	masak	[masaʔ]
magro (adj)	kurus	[kurus]
mais próximo (adj)	terdekat	[tərdekat]

mais recente (adj)	lalu	[lalu]
mate (adj)	kusam	[kusam]
mau (adj)	buruk, jelek	[buruk], [dʒ¹eleʔ]
meticuloso (adj)	cermat	[tʃermat]
míope (adj)	rabun jauh	[rabun dʒ¹auh]

mole (adj)	empuk	[empuʔ]
molhado (adj)	basah	[basah]
moreno (adj)	berkulit hitam	[bərkulit hitam]
morto (adj)	mati	[mati]
muito magro (adj)	ramping	[rampiŋ]

não difícil (adj)	tidak sukar	[tida' sukar]
não é clara (adj)	tidak jelas	[tida' dʒ¹elas]
não muito grande (adj)	tidak besar	[tida' besar]
natal (país ~)	asli	[asli]
necessário (adj)	perlu	[perlu]

negativo (resposta ~a)	negatif	[negatif]
nervoso (adj)	gugup, grogi	[gugup], [grogi]
normal (adj)	normal	[normal]
novo (adj)	baru	[baru]
o mais importante (adj)	paling penting	[paliŋ pentiŋ]

obrigatório (adj)	wajib	[wadʒib]
original (incomum)	orisinal, asli	[orisinal], [asli]
passado (adj)	lalu	[lalu]
pequeno (adj)	kecil	[ketʃil]
perigoso (adj)	berbahaya	[bərbahaja]

permanente (adj)	tetap	[tetap]
perto (adj)	dekat	[dekat]
pesado (adj)	berat	[berat]
pessoal (adj)	pribadi	[pribadi]
plano (ex. ecrã ~ a)	datar	[datar]

| pobre (adj) | miskin | [miskin] |
| pontual (adj) | tepat waktu | [tepat waktu] |

possível (adj)	mungkin	[muŋkin]
pouco fundo (adj)	dangkal	[daŋkal]
presente (ex. momento ~)	sekarang ini, saat ini	[sekaraŋ ini], [sa²at ini]
prévio (adj)	sebelumnya	[sebelumnja]
primeiro (principal)	utama	[utama]
principal (adj)	utama	[utama]
privado (adj)	pribadi	[pribadi]
provável (adj)	mungkin	[muŋkin]
próximo (adj)	dekat	[dekat]
público (adj)	umum	[umum]
quente (cálido)	panas	[panas]
quente (morno)	hangat	[haŋat]
rápido (adj)	cepat	[ʧepat]
raro (adj)	jarang	[dʒ¹araŋ]
remoto, longínquo (adj)	jauh	[dʒ¹auh]
reto (linha ~a)	lurus	[lurus]
salgado (adj)	asin	[asin]
satisfeito (adj)	puas	[puas]
seco (roupa ~a)	kering	[keriŋ]
seguinte (adj)	depan	[depan]
seguro (não perigoso)	aman	[aman]
similar (adj)	mirip	[mirip]
simples (fácil)	mudah, sederhana	[mudah], [sederhana]
soberbo, perfeito (adj)	cemerlang	[ʧemerlaŋ]
sólido (parede ~a)	kuat, kukuh	[kuat], [kukuh]
sombrio (adj)	suram	[suram]
sujo (adj)	kotor	[kotor]
superior (adj)	tertinggi	[tertiŋgi]
suplementar (adj)	tambahan	[tambahan]
tranquilo (adj)	sunyi	[sunji]
transparente (adj)	transparan	[transparan]
triste (pessoa)	sedih	[sedih]
triste (um ar ~)	sedih	[sedih]
último (adj)	terakhir	[terahir]
úmido (adj)	lembap	[lembap]
único (adj)	unik	[uni²]
usado (adj)	bekas	[bekas]
vazio (meio ~)	kosong	[kosoŋ]
velho (adj)	tua	[tua]
vizinho (adj)	tetangga	[tetaŋga]

500 VERBOS PRINCIPAIS

252. Verbos A-B

abraçar (vt)	memeluk	[memelu']
abrir (vt)	membuka	[membuka]
acalmar (vt)	menenangkan	[mənenaŋkan]
acariciar (vt)	mengusap	[məŋusap]
acenar (com a mão)	melambaikan	[melambajkan]
acender (~ uma fogueira)	menyalakan	[mənjalakan]
achar (vt)	yakin	[yakin]
acompanhar (vt)	menemani	[mənemani]
aconselhar (vt)	menasihati	[mənasihati]
acordar, despertar (vt)	membangunkan	[membaŋunkan]
acrescentar (vt)	menambah	[mənambah]
acusar (vt)	menuduh	[mənuduh]
adestrar (vt)	melatih	[melatih]
adivinhar (vt)	menerka	[mənerka]
admirar (vt)	mengagumi	[məŋagumi]
adorar (~ fazer)	suka	[suka]
advertir (vt)	memperingatkan	[memperiŋatkan]
afirmar (vt)	menegaskan	[mənegaskan]
afogar-se (vr)	tenggelam	[teŋgelam]
afugentar (vt)	mengusir	[məŋusir]
agir (vi)	bertindak	[bərtinda']
agitar, sacudir (vt)	mengguncang	[məŋgunʧaŋ]
agradecer (vt)	mengucapkan terima kasih	[məŋuʧapkan tərima kasih]
ajudar (vt)	membantu	[membantu]
alcançar (objetivos)	mencapai	[mənʧapaj]
alimentar (dar comida)	memberi makan	[memberi makan]
almoçar (vi)	makan siang	[makan siaŋ]
alugar (~ o barco, etc.)	menyewa	[mənjewa]
alugar (~ um apartamento)	menyewa	[mənjewa]
amar (pessoa)	mencintai	[mənʧintaj]
amarrar (vt)	mengikat	[məŋikat]
ameaçar (vt)	mengancam	[mənanʧam]
amputar (vt)	mengamputasi	[mənamputasi]
anotar (escrever)	mencatat	[mənʧatat]
anotar (escrever)	mencatat	[mənʧatat]
anular, cancelar (vt)	membatalkan	[membatalkan]
apagar (com apagador, etc.)	menghapuskan	[mənhapuskan]
apagar (um incêndio)	memadamkan	[memadamkan]

apaixonar-se ...	jatuh cinta (dengan ...)	[ʤatuh ʧinta (deŋan ...)]
aparecer (vi)	muncul	[munʧul]
aplaudir (vi)	bertepuk tangan	[bərtepuʔ taŋan]

apoiar (vt)	mendukung	[məndukuŋ]
apontar para ...	membidik	[membidiʔ]
apresentar	memperkenalkan	[memperkenalkan]
(alguém a alguém)		
apresentar (Gostaria de ~)	memperkenalkan	[memperkenalkan]

apressar (vt)	menggesa-gesakan	[məŋgesa-gesakan]
apressar-se (vr)	tergesa-gesa	[tərgesa-gesa]
aproximar-se (vr)	mendekati	[məndekati]
aquecer (vt)	memanaskan	[memanaskan]

arrancar (vt)	merobek	[merobeʔ]
arranhar (vt)	mencakar	[mənʧakar]
arrepender-se (vr)	menyesal	[mənjesal]
arriscar (vt)	merisikokan	[merisikokan]

arrumar, limpar (vt)	membereskan	[membereskan]
aspirar a ...	bercita-cita ...	[bərʧita-ʧita ...]
assinar (vt)	menandatangani	[mənandataŋani]
assistir (vt)	membantu	[membantu]
atacar (vt)	menyerang	[mənjeraŋ]

atar (vt)	mengikat ke ...	[məŋikat ke ...]
atracar (vi)	merapat	[merapat]
aumentar (vi)	bertambah	[bərtambah]
aumentar (vt)	menambah	[mənambah]

avançar (vi)	maju	[maʤu]
avistar (vt)	memperhatikan	[memperhatikan]
baixar (guindaste, etc.)	menurunkan	[mənurunkan]
barbear-se (vr)	bercukur	[bərʧukur]
basear-se (vr)	berdasarkan ...	[bərdasarkan ...]

bastar (vi)	cukup	[ʧukup]
bater (à porta)	mengetuk	[məŋetuʔ]
bater (espancar)	memukul	[memukul]
bater-se (vr)	berkelahi	[bərkelahi]

beber, tomar (vt)	minum	[minum]
brilhar (vi)	bersinar	[bərsinar]
brincar, jogar (vi, vt)	bermain	[bərmajn]
buscar (vt)	mencari ...	[mənʧari ...]

253. Verbos C-D

caçar (vi)	berburu	[bərburu]
calar-se (parar de falar)	berhenti berbicara	[bərhenti bərbiʧara]
calcular (vt)	menghitung	[məŋhituŋ]
carregar (o caminhão, etc.)	memuat	[memuat]
carregar (uma arma)	mengisi	[məŋisi]

casar-se (vr)	menikah, beristri	[mənikah], [bəristri]
causar (vt)	menyebabkan ...	[mənebabkan ...]
cavar (vt)	menggali	[məŋgali]

ceder (não resistir)	mengalah	[məɲalah]
cegar, ofuscar (vt)	menyilaukan	[mənjilaukan]
censurar (vt)	menegur	[mənegur]
chamar (~ por socorro)	memanggil	[memaŋgil]

chamar (alguém para ...)	memanggil	[memaŋgil]
chegar (a algum lugar)	mencapai	[mənʧapaj]
chegar (vi)	datang	[dataŋ]
cheirar (~ uma flor)	mencium	[mənʧium]

cheirar (tem o cheiro)	berbau	[berbau]
chorar (vi)	menangis	[mənaŋis]
citar (vt)	mengutip	[məŋutip]
colher (flores)	memetik	[memeti']

colocar (vt)	meletakkan	[meleta'kan]
combater (vi, vt)	bertempur	[bərtempur]
começar (vt)	memulai	[memulaj]
comer (vt)	makan	[makan]
comparar (vt)	membandingkan	[membandiŋkan]

compensar (vt)	mengganti rugi	[məŋganti rugi]
competir (vi)	bersaing	[bərsajŋ]
complicar (vt)	memperumit	[memperumit]
compor (~ música)	menggubah	[məŋgubah]

comportar-se (vr)	berkelakuan	[bərkelakuan]
comprar (vt)	membeli	[membeli]
comprometer (vt)	mencemarkan	[mənʧemarkan]
concentrar-se (vr)	berkonsentrasi	[bərkonsentrasi]
concordar (dizer "sim")	setuju	[setudʒ'u]

condecorar (dar medalha)	menganugerahi	[məɲanugerahi]
confessar-se (vr)	mengaku salah	[məɲaku salah]
confiar (vt)	mempercayai	[memperʧajaj]
confundir (equivocar-se)	bingung membedakan	[biɲuŋ membedakan]
conhecer (vt)	kenal	[kenal]

conhecer-se (vr)	berkenalan	[bərkenalan]
consertar (vt)	membereskan	[membereskan]
consultar ...	berkonsultasi dengan	[bərkonsultasi deɲan]
contagiar-se com ...	terinfeksi, tertular ...	[tərinfeksi], [tərtular ...]

contar (vt)	menceritakan	[mənʧeritakan]
contar com ...	mengharapkan ...	[məɲharapkan ...]
continuar (vt)	meneruskan	[məneruskan]
contratar (vt)	mempekerjakan	[mempekerdʒ'akan]

controlar (vt)	mengontrol	[məŋontrol]
convencer (vt)	meyakinkan	[meyakinkan]
convidar (vt)	mengundang	[məɲundaŋ]
cooperar (vi)	bekerja sama	[bekerdʒ'a sama]

coordenar (vt)	mengoordinasikan	[məŋoordinasikan]
corar (vi)	tersipu	[tərsipu]
correr (vi)	berlari	[bərlari]
corrigir (~ um erro)	mengoreksi	[məŋoreksi]

cortar (com um machado)	memotong	[memotoŋ]
cortar (com uma faca)	memotong	[memotoŋ]
cozinhar (vt)	memasak	[memasaʔ]
crer (pensar)	percaya	[pərtʃaja]

criar (vt)	menciptakan	[məntʃiptakan]
cultivar (~ plantas)	menanam	[mənanam]
cuspir (vi)	meludah	[meludah]
custar (vt)	berharga	[bərharga]
dar (vt)	memberi	[memberi]

dar banho, lavar (vt)	memandikan	[memandikan]
datar (vi)	berasal dari tahun ...	[bərasal dari tahun ...]
decidir (vt)	memutuskan	[memutuskan]
decorar (enfeitar)	menghiasi	[məŋhiasi]

dedicar (vt)	mendedikasikan	[məndedikasikan]
defender (vt)	membela	[membela]
defender-se (vr)	membela diri	[membela diri]
deixar (~ a mulher)	meninggalkan	[məniŋgalkan]

deixar (esquecer)	meninggalkan	[məniŋgalkan]
deixar (permitir)	membenarkan	[membenarkan]
deixar cair (vt)	menjatuhkan	[məndʒʲatuhkan]
denominar (vt)	menamakan	[mənamakan]

denunciar (vt)	mengadukan	[məŋadukan]
depender de ...	tergantung pada ...	[tərgantuŋ pada ...]
derramar (~ líquido)	menumpahkan	[mənumpahkan]
derramar-se (vr)	tercecer	[tərtʃetʃer]

desaparecer (vi)	menghilang	[məŋhilaŋ]
desatar (vt)	membuka ikatan	[membuka ikatan]
desatracar (vi)	bertolak	[bərtolaʔ]
descansar (um pouco)	beristirahat	[bəristirahat]
descer (para baixo)	turun	[turun]

descobrir (novas terras)	menemukan	[mənemukan]
descolar (avião)	lepas landas	[lepas landas]
desculpar (vt)	memaafkan	[memaʔafkan]
desculpar-se (vr)	meminta maaf	[meminta maʔaf]

desejar (vt)	menghendaki	[məŋhendaki]
desempenhar (papel)	berperan	[bərperan]
desligar (vt)	mematikan	[mematikan]
desprezar (vt)	benci, membenci	[bentʃi], [membentʃi]

destruir (documentos, etc.)	menghancurkan	[məŋhantʃurkan]
dever (vi)	harus	[harus]
devolver (vt)	mengirim kembali	[məŋirim kembali]
direcionar (vt)	mengarahkan	[məŋarahkan]

dirigir (~ um carro)	menyetir mobil	[mənjetir mobil]
dirigir (~ uma empresa)	memimpin	[memimpin]
dirigir-se	memanggil	[memaŋgil]
(a um auditório, etc.)		
discutir (notícias, etc.)	membicarakan	[membitʃarakan]

disparar, atirar (vi)	menembak	[mənemba']
distribuir (folhetos, etc.)	mengedarkan	[məŋedarkan]
distribuir (vt)	membagi-bagikan	[membagi-bagikan]
divertir (vt)	menghibur	[məŋhibur]

divertir-se (vr)	bersukaria	[bərsukaria]
dividir (mat.)	membagi	[membagi]
dizer (vt)	berkata	[bərkata]
dobrar (vt)	menggandakan	[məŋgandakan]
duvidar (vt)	ragu-ragu	[ragu-ragu]

254. Verbos E-J

elaborar (uma lista)	menyusun	[mənyusun]
elevar-se acima de ...	mejulang tinggi ...	[medʒʲulaŋ tiŋgi ...]
eliminar (um obstáculo)	menyingkirkan	[mənjiŋkirkan]
embrulhar (com papel)	membungkus	[membuŋkus]

emergir (submarino)	timbul ke permukaan air	[timbul ke pərmuka'an air]
emitir (~ cheiro)	memancarkan	[memantʃarkan]
empreender (vt)	mengusahakan	[məŋusahakan]
empurrar (vt)	mendorong	[məndoroŋ]

encabeçar (vt)	memimpin	[memimpin]
encher (~ a garrafa, etc.)	memenuhi	[memenuhi]
encontrar (achar)	menemukan	[mənemukan]
enganar (vt)	menipu	[mənipu]

ensinar (vt)	mengajar	[məŋadʒʲar]
entediar-se (vr)	bosan	[bosan]
entender (vt)	mengerti	[məŋerti]
entrar (na sala, etc.)	masuk, memasuki	[masuk], [memasuki]

enviar (uma carta)	mengirim	[məŋirim]
equipar (vt)	memperlengkapi	[memperleŋkapi]
errar (enganar-se)	salah	[salah]
escolher (vt)	memilih	[memilih]

esconder (vt)	menyembunyikan	[mənjembunjikan]
escrever (vt)	menulis	[mənulis]
escutar (vt)	mendengarkan	[məndeŋarkan]
escutar atrás da porta	mencuri dengar	[məntʃuri deŋar]
esmagar (um inseto, etc.)	menghancurkan	[məŋhantʃurkan]

esperar (aguardar)	menunggu	[mənuŋgu]
esperar (contar com)	mengharapkan	[məŋharapkan]
esperar (ter esperança)	berharap	[berharap]
espreitar (vi)	mencuri lihat	[məntʃuri lihat]

esquecer (vt)	melupakan	[melupakan]
estar	terletak	[tərleta⁷]
estar (vi)	sedang	[sedaŋ]
estar convencido	yakin	[yakin]

estar deitado	berbaring	[bərbariŋ]
estar perplexo	bingung	[biŋuŋ]
estar preocupado	khawatir	[hawatir]
estar sentado	duduk	[dudu⁷]

estremecer (vi)	tersentak	[tərsenta⁷]
estudar (vt)	mempelajari	[mempeladʒʲari]
evitar (~ o perigo)	mengelak	[məŋela⁷]
examinar (~ uma proposta)	mempertimbangkan	[mempertimbaŋkan]

exigir (vt)	menuntut	[mənuntut]
existir (vi)	ada	[ada]
explicar (vt)	menjelaskan	[məndʒʲelaskan]
expressar (vt)	mengungkapkan	[məŋuŋkapkan]

expulsar (~ da escola, etc.)	memecat	[memetʃat]
facilitar (vt)	meringankan	[meriŋankan]
falar com ...	bebicara dengan ...	[bebitʃara deŋan ...]
faltar (a la escuela, etc.)	absen	[absen]

fascinar (vt)	memesona	[memesona]
fatigar (vt)	melelahkan	[melelahkan]
fazer (vt)	membuat	[membuat]
fazer lembrar	mengingatkan ...	[məŋiŋatkan ...]
fazer piadas	bergurau	[bərgurau]

fazer publicidade	mengiklankan	[məŋiklankan]
fazer uma tentativa	mencoba	[məntʃoba]
fechar (vt)	menutup	[mənutup]
felicitar (vt)	mengucapkan selamat	[məŋutʃapkan selamat]

ficar cansado	lelah	[lelah]
ficar em silêncio	diam	[diam]
ficar pensativo	termenung	[tərmenuŋ]
forçar (vt)	memaksa	[memaksa]
formar (vt)	membentuk	[membentu⁷]

gabar-se (vr)	membual	[membual]
garantir (vt)	menjamin	[məndʒʲamin]
gostar (apreciar)	suka	[suka]
gritar (vi)	berteriak	[bərteria⁷]

guardar (fotos, etc.)	menyimpan	[mənjimpan]
guardar (no armário, etc.)	membenahi	[membenahi]
guerrear (vt)	berperang	[bərperaŋ]
herdar (vt)	mewarisi	[mewarisi]
iluminar (vt)	menyinari	[mənjinari]

imaginar (vt)	membayangkan	[membajaŋkan]
imitar (vt)	meniru	[məniru]
implorar (vt)	memohon	[memohon]

importar (vt)	mengimpor	[məŋimpor]
indicar (~ o caminho)	menunjuk	[mənundʒʲuʔ]
indignar-se (vr)	marah	[marah]
infetar, contagiar (vt)	menulari	[mənulari]
influenciar (vt)	memengaruhi	[memeŋaruhi]
informar (~ a policia)	memberi tahu	[memberi tahu]

informar (vt)	menginformasikan	[məŋinformasikan]
informar-se (~ sobre)	menanyakan	[mənanjakan]
inscrever (na lista)	mendaftarkan	[məndaftarkan]
inserir (vt)	menyisipkan	[mənjisipkan]

insinuar (vt)	mengisyaratkan	[məŋiʃaratkan]
insistir (vi)	mendesak	[məndesaʔ]
inspirar (vt)	mengilhami	[məŋilhami]
instruir (ensinar)	mengajari	[məŋadʒʲari]

insultar (vt)	menghina	[məŋhina]
interessar (vt)	menimbulkan minat	[mənimbulkan minat]
interessar-se (vr)	menaruh minat pada ...	[mənaruh minat pada ...]
intervir (vi)	campur tangan	[ʧampur taŋan]
invejar (vt)	iri	[iri]

inventar (vt)	menemukan	[mənemukan]
ir (a pé)	berjalan	[bərdʒʲalan]
ir (de carro, etc.)	naik	[naiʔ]
ir nadar	berenang	[bərenaŋ]

ir para a cama	tidur	[tidur]
irritar (vt)	menjengkelkan	[məndʒʲeŋkelkan]
irritar-se (vr)	jengkel	[dʒʲeŋkel]
isolar (vt)	mengisolasi	[məŋisolasi]

jantar (vi)	makan malam	[makan malam]
jogar, atirar (vt)	melemparkan	[melemparkan]
juntar, unir (vt)	menyatukan	[mənjatukan]
juntar-se a ...	ikut, bergabung	[ikut], [bərgabuŋ]

255. Verbos L-P

lançar (novo projeto, etc.)	meluncurkan	[meluntʃurkan]
lavar (vt)	mencuci	[məntʃutʃi]
lavar a roupa	mencuci	[məntʃutʃi]
lavar-se (vr)	mandi	[mandi]

lembrar (vt)	ingat	[iŋat]
ler (vt)	membaca	[membatʃa]
levantar-se (vr)	bangun	[baŋun]
levar (ex. leva isso daqui)	membawa pulang	[membawa pulaŋ]

libertar (cidade, etc.)	membebaskan	[membebaskan]
ligar (~ o radio, etc.)	menyalakan	[mənjalakan]
limitar (vt)	membatasi	[membatasi]
limpar (eliminar sujeira)	membersihkan	[membersihkan]

limpar (tirar o calcário, etc.)	membersihkan	[membersihkan]
lisonjear (vt)	menyanjung	[mənjandʒˈuŋ]
livrar-se de ...	terhindar dari ...	[tərhindar dari ...]
lutar (combater)	berjuang	[bərdʒˈuaŋ]
lutar (esporte)	bergulat	[bərgulat]
marcar (com lápis, etc.)	menandai	[mənandaj]
matar (vt)	membunuh	[membunuh]
memorizar (vt)	menghafalkan	[məŋhafalkan]
mencionar (vt)	menyebut	[mənjebut]
mentir (vi)	berbohong	[bərbohoŋ]
merecer (vt)	patut	[patut]
mergulhar (vi)	menyelam	[mənjelam]
misturar (vt)	mencampur	[məntʃampur]
morar (vt)	tinggal	[tiŋgal]
mostrar (vt)	menunjukkan	[mənundʒˈuʔkan]
mover (vt)	memindahkan	[memindahkan]
mudar (modificar)	mengubah	[məŋubah]
multiplicar (mat.)	mengalikan	[məŋalikan]
nadar (vi)	berenang	[bərenaŋ]
negar (vt)	memungkiri	[memuŋkiri]
negociar (vi)	bernegosiasi	[bərnegosiasi]
nomear (função)	melantik	[melantiʔ]
obedecer (vt)	mematuhi	[mematuhi]
objetar (vt)	berkeberatan	[bərkeberatan]
observar (vt)	mengamati	[məŋamati]
ofender (vt)	menyinggung	[mənjiŋguŋ]
olhar (vt)	melihat	[melihat]
omitir (vt)	menghilangkan	[məniŋgalkan]
ordenar (mil.)	memerintahkan	[memerintahkan]
organizar (evento, etc.)	mengatur	[məŋatur]
ousar (vt)	berani	[bərani]
ouvir (vt)	mendengar	[məndeŋar]
pagar (vt)	membayar	[membajar]
parar (para descansar)	berhenti	[bərhenti]
parar, cessar (vt)	menghentikan	[məŋhentikan]
parecer-se (vr)	menyerupai, mirip	[mənerupaj], [mirip]
participar (vi)	turut serta	[turut serta]
partir (~ para o estrangeiro)	pergi	[pergi]
passar (vt)	melewati	[melewati]
passar a ferro	menyeterika	[mənjeterika]
pecar (vi)	berdosa	[bərdosa]
pedir (comida)	memesan	[memesan]
pedir (um favor, etc.)	meminta	[meminta]
pegar (tomar com a mão)	menangkap	[mənaŋkap]
pegar (tomar)	mengambil	[məŋambil]
pendurar (cortinas, etc.)	menggantungkan	[məŋgantuŋkan]

penetrar (vt)	menyusup	[mənyusup]
pensar (vi, vt)	berpikir	[bərpikir]
pentear-se (vr)	bersisir, menyisir	[bərsisir], [menjisir]
perceber (ver)	memperhatikan	[memperhatikan]
perder (o guarda-chuva, etc.)	kehilangan	[kehilaŋan]

perdoar (vt)	memaafkan	[memaʔafkan]
permitir (vt)	mengizinkan	[məŋizinkan]
pertencer a ...	kepunyaan ...	[kepunjaʔan ...]
perturbar (vt)	mengganggu	[məŋgaŋgu]

pesar (ter o peso)	berbobot	[bərbobot]
pescar (vt)	memancing	[memantʃiŋ]
planejar (vt)	merencanakan	[merentʃanakan]
poder (~ fazer algo)	bisa	[bisa]

pôr (posicionar)	menempatkan	[mənempatkan]
possuir (uma casa, etc.)	memiliki	[memiliki]
predominar (vi, vt)	mendominasi	[məndominasi]
preferir (vt)	lebih suka	[lebih suka]

preocupar (vt)	membuat khawatir	[membuat hawatir]
preocupar-se (vr)	khawatir	[hawatir]
preparar (vt)	menyiapkan	[mənjiapkan]
preservar (ex. ~ a paz)	melestarikan	[melestarikan]

prever (vt)	menduga	[mənduga]
privar (vt)	merampas	[merampas]
proibir (vt)	melarang	[melaraŋ]
projetar, criar (vt)	mendesain	[məndesajn]
prometer (vt)	berjanji	[bərdʒ'andʒi]

pronunciar (vt)	melafalkan	[melafalkan]
propor (vt)	mengusulkan	[məŋusulkan]
proteger (a natureza)	melindungi	[melinduŋi]
protestar (vi)	memprotes	[memprotes]

provar (~ a teoria, etc.)	membuktikan	[membuktikan]
provocar (vt)	memicu	[memitʃu]
punir, castigar (vt)	menghukum	[məŋhukum]
puxar (vt)	menarik	[mənariʔ]

256. Verbos Q-Z

quebrar (vt)	memecahkan	[memetʃahkan]
queimar (vt)	membakar	[membakar]
queixar-se (vr)	mengeluh	[məŋeluh]
querer (desejar)	mau, ingin	[mau], [iŋin]

rachar-se (vr)	retak	[retaʔ]
ralhar, repreender (vt)	memarahi, menegur	[memarahi], [menegur]
realizar (vt)	melaksanakan	[melaksanakan]
recomendar (vt)	merekomendasi	[merekomendasi]
reconhecer (identificar)	mengenali	[məŋenali]

reconhecer (o erro)	**mengakui**	[məŋakui]
recordar, lembrar (vt)	**mengingat**	[məŋiŋat]
recuperar-se (vr)	**sembuh**	[sembuh]
recusar (~ alguém)	**menolak**	[mənolaʔ]
reduzir (vt)	**mengurangi**	[məŋuraŋi]
refazer (vt)	**mengulangi**	[məŋulaŋi]
reforçar (vt)	**mengukuhkan**	[məŋukuhkan]
refrear (vt)	**menahan**	[mənahan]
regar (plantas)	**menyiram**	[mənjiram]
remover (~ uma mancha)	**menghapuskan**	[məŋhapuskan]
reparar (vt)	**memperbaiki**	[memperbajki]
repetir (dizer outra vez)	**mengulangi**	[məŋulaŋi]
reportar (vt)	**melaporkan**	[melaporkan]
reservar (~ um quarto)	**memesan**	[memesan]
resolver (o conflito)	**menyelesaikan**	[mənjelesajkan]
resolver (um problema)	**menyelesaikan**	[mənjelesajkan]
respirar (vi)	**bernapas**	[bərnapas]
responder (vt)	**menjawab**	[məndʒˈawab]
rezar, orar (vi)	**bersembahyang, berdoa**	[bərsembahjaŋ], [bərdoa]
rir (vi)	**tertawa**	[tərtawa]
romper-se (corda, etc.)	**putus**	[putus]
roubar (vt)	**mencuri**	[məntʃuri]
saber (vt)	**tahu**	[tahu]
sair (~ de casa)	**keluar**	[keluar]
sair (ser publicado)	**terbit**	[terbit]
salvar (resgatar)	**menyelamatkan**	[mənjelamatkan]
satisfazer (vt)	**memuaskan**	[memuaskan]
saudar (vt)	**menyambut**	[mənjambut]
secar (vt)	**mengeringkan**	[məŋeriŋkan]
seguir (~ alguém)	**mengikuti ...**	[məŋikuti ...]
selecionar (vt)	**memilih**	[memilih]
semear (vt)	**menanam**	[mənanam]
sentar-se (vr)	**duduk**	[duduʔ]
sentenciar (vt)	**menjatuhkan hukuman**	[məndʒˈatuhkan hukuman]
sentir (vt)	**merasa**	[merasa]
ser (vi)	**ialah, adalah**	[ialah], [adalah]
ser diferente	**berbeza**	[bərbeza]
ser indispensável	**dibutuhkan**	[dibutuhkan]
ser necessário	**dibutuhkan**	[dibutuhkan]
ser preservado	**diawetkan**	[diawetkan]
servir (restaurant, etc.)	**melayani**	[melajani]
servir (roupa, caber)	**pas, cocok**	[pas], [tʃotʃoʔ]
significar (palavra, etc.)	**berarti**	[bərarti]
significar (vt)	**berarti**	[bərarti]
simplificar (vt)	**menyederhanakan**	[mənjederhanakan]
sofrer (vt)	**menderita**	[mənderita]

sonhar (~ com)	bermimpi	[bərmimpi]
sonhar (ver sonhos)	bermimpi	[bərmimpi]
soprar (vi)	meniup	[məniup]
sorrir (vi)	tersenyum	[tərsenyum]
subestimar (vt)	meremehkan	[meremehkan]
sublinhar (vt)	menggaris bawahi	[məŋgaris bawahi]
sujar-se (vr)	kena kotor	[kena kotor]
superestimar (vt)	menilai terlalu tinggi	[mənilaj tərlalu tiŋgi]
supor (vt)	menduga	[mənduga]
suportar (as dores)	menahan	[mənahan]
surpreender (vt)	mengherankan	[məŋherankan]
surpreender-se (vr)	heran	[heran]
suspeitar (vt)	mencurigai	[məntʃurigaj]
suspirar (vi)	mendesah	[məndesah]
tentar (~ fazer)	mencoba	[məntʃoba]
ter (vt)	mempunyai	[mempunjaj]
ter medo	takut	[takut]
terminar (vt)	mengakhiri	[məɲahiri]
tirar (vt)	mengangkat	[məɲaŋkat]
tirar cópias	memperbanyak	[memperbanja']
tirar fotos, fotografar	memotret	[memotret]
tirar uma conclusão	menarik kesimpulan	[mənari' kesimpulan]
tocar (com as mãos)	menyentuh	[mənjentuh]
tomar café da manhã	sarapan	[sarapan]
tomar emprestado	meminjam	[memindʒˈam]
tornar-se (ex. ~ conhecido)	menjadi	[məndʒˈadi]
trabalhar (vi)	bekerja	[bekerdʒˈa]
traduzir (vt)	menerjemahkan	[mənerdʒˈemahkan]
transformar (vt)	mengubah	[məɲubah]
tratar (a doença)	merawat	[merawat]
trazer (vt)	membawa	[membawa]
treinar (vt)	melatih	[melatih]
treinar-se (vr)	berlatih	[bərlatih]
tremer (de frio)	menggigil	[məŋgigil]
trocar (vt)	bertukar	[bərtukar]
trocar, mudar (vt)	menukar	[mənukar]
usar (uma palavra, etc.)	memakai	[memakaj]
utilizar (vt)	menggunakan ...	[məŋgunakan ...]
vacinar (vt)	memvaksinasi	[memvaksinasi]
vender (vt)	menjual	[məndʒˈual]
verter (encher)	menuangkan	[mənuaŋkan]
vingar (vt)	membalas dendam	[membalas dendam]
virar (~ para a direita)	membelok, berbelok	[membelok], [bərbelo']
virar (pedra, etc.)	membalikkan	[membali'kan]
virar as costas	berpaling	[bərpaliŋ]
viver (vi)	hidup	[hidup]

voar (vi)	terbang	[tərbaŋ]
voltar (vi)	kembali	[kembali]
votar (vi)	memberikan suara	[memberikan suara]
zangar (vt)	membuat marah	[membuat marah]
zangar-se com ...	marah (dengan ...)	[marah (deŋan ...)]
zombar (vt)	mencemooh	[mənʧemooh]